Excel for Beginners

엑셀 실전솔루션

강경원 著

 21세기사

이 도서의 국립중앙도서관 출판예정도서목록(CIP)은 서지정보유통지원시스템 홈페이지(http://seoji.nl.go.kr)와 국가자료공동목록시스템 (http://www.nl.go.kr/kolisnet)에서 이용하실 수 있습니다.(CIP제어번호: CIP2018005625)

PREFACE

글로벌 시대에서 정보화 능력은 개인의 성공을 결정하는 중요한 아이템 중 하나가 된지 오래다. 이제 정보화 능력은 특정한 개인이나 전공 분야의 전유물이 아니며 누구나 가지고 있어야 할 필수 능력 중 하나가 된 것이다. 그러나 현대 사회의 비즈니스는 빠른 데이터 분석과 정확한 정보의 획득에 있음에도 불구하고, 아직도 컴퓨터를 게임이나 인터넷을 활용하는 도구 정도로 생각하고 있는 사람들이 적지 않다.

스프레드시트(Spreadsheet)는 학교, 일반 기업, 금융, 병원 등 많은 분야에서 가장 널리 이용되는 응용 패키지 중 한 가지이다. 스프레드시트는 데이터 계산, 데이터 분석, 소규모 데이터베이스 구현 및 통계 처리에 이르기까지 개인 및 특정 분야의 업무 처리에 탁월한 도움을 주는 응용 소프트웨어 중 하나가 된 것이다.

전 세계적으로 가장 널리 사용되고 있는 스프레드시트는 MS(Microsoft)사의 엑셀(Excel) 이다. 엑셀은 스프레드시트의 대명사로 통한다. 또한 전 세계 비즈니스 종사자들이 가장 많이 이용하는 응용 패키지 중 하나다. 많은 기업에서 개인 정보화 능력의 정도를 나타내는 기본적 측도로 엑셀 능력을 요구하고 있으며, 기업의 사원 채용의 필수 자격증으로 엑셀과 관련한 자격증을 요구하고 있는 것이 현실이다.

이 책의 특징은 현장 실무 예제를 타인의 도움 없이 엑셀을 이용하여 스스로 문제를 해결하면서 학습할 수 있도록 한 것이다. 교재의 내용은 새로운 사용자 인터페이스를 반영한 리본 메뉴의 사용을 기반으로 하였고, 다양한 형태의 실무 문제를 타인의 도움 없이 혼자서 해결해가면서 실무적인 경험까지 간접적으로 할 수 있게 하였다. 또한 이 책에서 다루는 연습 문제 및 실기 연습 문제는 실무적 능력을 향상시킬 수 있고 엑셀과 관련한 각종 실기 자격시험 문제에 효과적으로 대응할 수 있다.

이 책을 효과적으로 이용하기 위해서는 다음과 같은 순서에 따라 학습하는 것이 필요하다. 첫째, 각 장의 시작 부분에 제시된 예제를 꼼꼼히 읽어보고 예제가 어떤 해결을 요구하는지를 이해하는 것이 중요하다. 둘째, 예제 해결을 위한 따라하기 단계를 반드시 실습하면서 문제 해결 방법을 익힌다. 이 단계에서 미흡하게 이해한 부분이 있다면 반복하여 실습한다. 셋째, 예제와 유사한 연습문제를 해결하면서 스스로 문제를 해결하는 능력을 키운다. 이 단계에서 문제가 해결되지 않으면 예제의 따라하기 단계를 다시 학습한다. 보충해야 할 부분이나 추가적인 설명은 Tip에서 다루고 있으므로 이를 잘 활용한다.

엑셀을 이용하여 자신의 능력을 높이려면 눈으로 보는 것만으로는 불가능하다. 반드시 데이터를 입력하고 실습하면서 문제의 해결 방법을 모색해야 한다. 현장의 실무는 대부분 자신이 직접 해결해야 하는 문제이므로 학습 단계에서부터 스스로 해결해 가는 습관을 길러야 한다. 이 책은 이와 같은 목적에 맞도록 쓰여 졌고, 더불어 현장 실무를 간접 경험하면서 자격 검정에 대처할 수 있도록 하였다.

끝으로 이 책을 출간하는데 도움을 주신 많은 분들께 머리 숙여 감사드리며, 이 책을 사용하는 모든 독자들에게 많은 발전과 행운이 있기를 진심으로 기원합니다.

저자 강경원

CONTENTS

PRFACE   3

CHAPTER **1**   **엑셀 시작하기**   11

1.1   스프레드시트 이해   12

1.2   엑셀 소개   12

1.3   엑셀 실행 초기 화면   13

    1.3.1 제목 표시줄과 리본 메뉴   14

    1.3.2 워크시트   16

    1.3.3 시트 탭과 시트 이름 변경   17

1.4   셀 주소와 셀 선택   19

    1.4.1 셀 주소   19

    1.4.2 셀 선택   20

1.5   필기 연습 문제   24

CHAPTER **2**   **기본 표 작성하기**   27

2.1   테두리 적용/제거   28

    2.1.1 셀 범위 선택   29

    2.1.2 홈 리본 메뉴   33

    2.1.3 테두리 적용   33

    2.1.4 셀 배경색 채우기   41

2.2   데이터의 입력   44

　　2.2.1 텍스트 데이터   44

　　2.2.2 숫자 데이터   47

　　2.2.3 날짜 데이터   48

2.3   셀 서식 적용   50

　　2.3.1 데이터 맞춤   50

　　2.3.2 쉼표 스타일(,) 적용   52

　　2.3.3 날짜 서식   52

　　2.3.4 셀 병합하여 가운데 맞춤/글꼴 서식 적용   54

2.4   통합 문서의 저장/열기   57

2.5   연습 문제(1)   58

2.6   연습 문제(2)   60

2.7   필기 연습 문제   62

CHAPTER **3**　**수식과 기본 함수 사용**   71

3.1   기본 표 작성   72

　　3.1.1 데이터의 연속 항목 입력   73

　　3.1.2 텍스트 데이터와 숫자 데이터의 입력   74

3.2   수식을 이용한 계산   76

　　3.2.1 수식의 작성   76

　　3.2.2 수식의 복사   77

3.3   함수를 사용한 수식   81

　　3.3.1 SUM 함수를 사용한 합계 수식   81

　　3.3.2 ROUNDDOWN 함수를 이용한 원 단위 절사   82

3.4   표 모양내기   84

　　3.4.1 쉼표 스타일(,) 적용과 데이터 맞춤   84

　　3.4.2 행 삽입과 제목 입력   85

3.5   인쇄 미리 보기와 페이지 설정   87
    3.5.1 인쇄 미리 보기   87
    3.5.2 페이지 설정   89
3.6   연습 문제(1)   92
3.7   연습 문제(2)   95
3.8   연습 문제(3)   98
3.9   필기 연습 문제   101

CHAPTER **4**   **IF 함수 사용과 정렬**   107

4.1   IF 함수의 사용   109
    4.1.1 기본 표 작성   109
    4.1.2 IF 함수를 이용한 값 반환   110
4.2   IF 함수와 논리 함수의 사용   112
4.3   데이터 정렬   115
    4.3.1 정렬 기준의 이해   116
    4.3.2 두 개 이상의 정렬 기준   118
    4.3.3 사용자 지정 목록에 의한 정렬   120
4.4   서식 지정과 요구 사항 처리   122
4.5   연습 문제(1)   125
4.6   연습 문제(2)   128
4.7   연습 문제(3)   131
4.8   필기 연습 문제   134

CHAPTER **5**   **부분합 계산과 차트 그리기**   139

5.1   부분합 계산   142

    5.1.1 부분합의 합계 계산   142

    5.1.2 부분합의 합계를 평균으로 대치하여 계산   145

    5.1.3 부분합의 평균에 합계를 추가하여 계산   146

    5.1.4 부분합 제거와 부분합 합계의 재계산   147

5.2   절대 참조 셀을 이용한 계산식 작성   148

5.3   RANK 함수   151

5.4   서식 지정과 요구 사항 처리   152

5.5   부분합과 총합계의 요약 표시   154

5.6   [부분합 계산] 필기 연습 문제   156

5.7   차트 작성   160

5.8   연습 문제(1)   168

5.9   연습 문제(2)   172

5.10   [차트 작성] 필기 연습 문제   175

CHAPTER **6**   **필터의 이용과 데이터베이스 함수**   183

6.1   필터를 이용한 레코드 검색   186

    6.1.1 자동 필터를 이용한 검색   186

    6.1.2 고급 필터를 이용한 검색   189

6.2   [고급 필터] 필기 연습 문제   196

6.3   데이터베이스 함수   198

    6.3.1 DAVERAGE 함수   198

6.4   연습 문제   201

6.5   [데이터베이스 함수] 필기 연습 문제   204

CHAPTER **7**   VLOOKUP(HLOOKUP) 함수   205

7.1   VLOOKUP(HLOOKUP) 함수   208

7.2   요구 사항의 처리와 머리글/바닥글 추가   212

  7.2.1 출력 형식과 요구 사항의 처리   212

  7.2.2 머리글 및 바닥글 추가   214

7.3   차트 작성과 축 서식 변경   216

  7.3.1 부분합 요약과 차트 작성   216

  7.3.2 축 서식의 표시 단위 변경   217

7.4   연습 문제(1)   220

7.5   연습 문제(2)   225

7.6   필기 연습 문제   229

CHAPTER **8**   양식 컨트롤과 여러 가지 함수   235

8.1   기본 표 작성   239

8.2   AVERAGE, MAX, MIN 함수   240

8.3   COUNTIF, COUNT 함수   241

8.4   날짜 함수의 사용   243

  8.4.1 TODAY 함수   243

  8.4.2 WEEKDAY 함수   244

8.5   양식 컨트롤과 INDEX 함수   247

  8.5.1 콤보 상자(양식 컨트롤)의 삽입   248

  8.5.2 INDEX 함수   251

8.6   완성된 시트의 이용   252

8.7   필기 연습 문제   255

CHAPTER **9**   **피벗 테이블 보고서**   261

     9.1   기본 테이블 작성   264

     9.2   피벗 테이블 보고서 작성   266

         9.2.1 피벗 테이블 만들기 및 필드 축소/확대   266

         9.2.2 피벗 테이블의 데이터 영역 선택   270

         9.2.3 행 레이블의 선택 표시 및 부분합 숨기기와 표시   272

         9.2.4 피벗 테이블의 필드 이동   275

         9.2.5 데이터 영역 필드의 함수 및 표시 형식 변경   277

         9.2.6 피벗 테이블의 행/열 총합계 표시하지 않기   279

         9.2.7 피벗 테이블의 그룹/그룹 해제   280

         9.2.8 피벗 테이블의 데이터 변경과 적용   282

         9.2.9 계산 필드의 삽입/삭제   283

     9.3   필기 연습 문제   287

CHAPTER **10**   **매크로 활용**   291

     10.1   기본 표 작성   294

     10.2   매크로 생성과 실행   295

         10.2.1 매크로 생성   296

         10.2.2 매크로의 실행   299

     10.3   매크로 활용   304

     10.4   연습 문제   308

     10.5   필기 연습 문제   309

     연습문제 해답   315

     INDEX   319

CHAPTER 1

엑셀 시작하기

스프레드시트의 이해 **1.1**

엑셀 소개 **1.2**

엑셀 실행 초기 화면 **1.3**

셀 주소와 셀 선택 **1.4**

필기 연습 문제 **1.5**

1.1 스프레드시트 이해

컴퓨터를 어떤 특정 분야에 맞도록 이용하고자 한다면 업무목적에 맞는 패키지(Package)가 필요하다. 패키지는 컴퓨터 이용자가 일상 업무에서 사용하는 응용 프로그램(Application program)의 한 가지로 특정한 업무목적에 맞도록 만들어진 프로그램을 응용 패키지(Application package)라 하고, 판매용으로 만들어진 상업용 응용 패키를 간단하게 상용 패키지라 부르기도 한다. 응용 패키지에는 워드프로세서(Word processor), 스프레드시트(Spreadsheet), 캐드(CAD, Computer aided design), DBMS(Database management system) 등 다양한 종류가 있으며 각 소프트웨어마다 목적에 맞는 특성을 가지고 있다. 워드프로세서를 사용하면 각종 문서 및 보고서를 손쉽게 작성할 수 있으며, 스프레드시트는 회계, 세무, 원가산출, 통계, 데이터분석, 자료관리 등의 다양한 업무를 신속하고 정확하게 처리할 수 있어 일반기업, 금융, 생산, 보건의료, 물류 분야 등에서 가장 널리 사용되고 있다. 캐드는 건축설계, 기계설계, 전기설계 등 도면 설계에 사용되며, DBMS는 기업에서 필요한 인사관리, 자재관리, 영업관리, 병원정보, 행정정보, 금융정보 등과 같은 정보관리를 위한 데이터베이스를 구현하는데 사용한다.

스프레드시트는 연속적인 행과 열을 가지고 있는 셀 단위로 구성된 작업 화면으로 되어 있고 셀을 이용하여 함수 및 계산식을 만들어 복잡한 계산을 간단하게 처리 할 수 있다. 최초의 상용 스프레드시트는 1978년 8비트 애플용으로 개발된 비지칼크(VisiCalc)가 있다. 1982년 로터스사는 Lotus 123를 개발하였는데, 이것은 MS-DOS 운영체제를 탑재한 IBM PC 호환 기종의 대표적인 스프레드시트로 사용되었다. 마이크로소프트(MS)사에서 개발한 윈도우즈 운영체제가 등장하면서부터 엑셀(Excel)은 전세계에서 가장 널리 사용되는 스프레드시트의 대명사가 되었다. 언급된 스프레드시트 외에도 Quattro Pro, 훈민시트, 넥셀(한글과 컴퓨터) 등 다양한 스프레드시트가 있다.

1.2 엑셀 소개

엑셀(Excel)은 마이크로소프트 오피스 제품군(MS-워드, 파워포인트, 엑셀, 액세스, 아웃룩)에 포함되어 있는 윈도우즈용 스프레드시트이다. 엑셀은 워크시트라는 작업 화면상에 과거의 자료를 기록하고 현재의 자료를 분석하여 미래를 예측하는 기능뿐 아니라, 회

계기록과 재무제표(finantial statement : 대차대조표, 손익계산서)의 작성에 막강한 위력을 보여준다. 뿐만 아니라 데이터베이스에서 생산된 정보를 가져와 손쉽게 문서를 작성할 수 있는 간단한 워드프로세서 기능도 첨부되어 있고, 일상의 사무 처리에 필요한 기능이 하나의 제품 속에 균형 있게 수록되어 있다.

엑셀은 마이크로소프트사의 제품임에도 불구하고 전 세계에서 스프레드시트의 대명사로 불리울 정도로 널리 사용되고 있다. 이러한 이유는 제품의 품질을 개선하기 위한 노력으로 해가 바뀔수록 기능이 막강한 새로운 제품을 출시하는 마이크로소프트사의 노력 때문이기도 하다. 이러한 노력에 힘입어 엑셀은 과거 타사의 스프레드시트 제품에서 볼 수 없는 손쉬운 차트기능, 수치분석기능, 기본적인 데이터베이스 기능, 비주얼베이직에 의한 매크로기능, 파워포인트를 이용한 프리젠테이션 기능 등 많은 기능들을 첨가하여 사용자의 욕구를 충분히 만족시키도록 개선하였다.

소프트웨어 개발 환경의 급속한 변화로, 지금도 엑셀은 새로운 기능을 계속적으로 추가하고 있다. 엑셀5.0, 엑셀7.0, 엑셀97, 엑셀2000, 엑셀2003, 엑셀2007, 엑셀2010, 엑셀2013 … 끊임없는 신제품이 버전업되어 출시되고 있다. 새로운 엑셀 제품이 버전업되어 출시되었음에도 불구하고 스프레드시트의 기본 속성은 그대로 유지되고 있으며 엑셀의 명령 선택 방법은 메뉴와 도구 모음 방식에서 크게 변화를 보이지 않았다. 그러나 엑셀 2007부터는 엑셀의 명령 선택에 있어 리본 메뉴를 사용자 인터페이스로 채택하여 사용자의 편리성을 높였다. 리본 메뉴는 상단의 탭 메뉴를 선택하면 관련된 도구들이 리본 형태로 펼쳐지는 메뉴로서 손쉽게 엑셀 명령을 찾아 사용할 수 있는 구조로 되어 있다.

따라서 본 교재는 리본 메뉴를 사용자 인터페이스로 사용하는 오피스 제품군에 속해있는 엑셀을 기반으로 한다.

1.3 엑셀 실행 초기 화면

엑셀 실행 초기 화면은 엑셀을 시작하는 초보자에게 매우 중요하다. 초기 화면에 빨리 친숙해 지는 것은 엑셀을 잘 사용할 수 있는 지름길이 될 수 있기 때문이다. 엑셀을 실행시키면 〈그림 1.1〉과 같은 초기 화면이 나타난다. 초보자들은 화면에서 가장 필수적인 기능을 중심으로 확실하게 이해하여야 하고, 단시간 내에 초기 화면 전체를 모두 이해해야 된다는 부담을 갖지 말아야 한다. 그러므로 이 절에서는 초보자가 꼭 알아야 하는 엑셀 화면의 기본 구성을 중심으로 설명한다.

〈그림 1.1〉 엑셀 초기 화면

1.3.1 제목 표시줄과 리본 메뉴

엑셀을 실행하면 화면의 상단에는 〈그림 1.2〉와 같은 제목 표시줄과 리본 메뉴와 이 나타난다.

(a)

(b)

〈그림 1.2〉 제목 표시줄과 리본 메뉴

(1) 제목 표시줄

〈그림 1.2〉에서 가장 상단에 있는 제목 표시줄은 사용 중인 프로그램의 전체 정보를 표시한다. 제목 표시줄에서 Microsoft Excel은 엑셀이 실행 중임을 나타낸다. 제목 표시줄에서 Book1, Book2, Book3 …은 엑셀의 임시 통합 문서 이름을 의미한다. 임시 통합 문서를 파일로 저장하면 Book1.xlsx와 같이 임시 통합 문서 이름에 확장자 xlsx가 붙어 저장된다. 그러나 대부분의 엑셀 사용자는 임시로 부여된 통합 문서 이름을 자신의 업무와 연관 지은 문서 이름으로 바꾸어 저장한다. 예를 들어 영업실적과 관련한 통합 문서라면 Boo1.xlsx을 영업실적.xlsx로 바꾸어 저장하고, 환자의 진료기록과 관련한 통합 문서라면 Boo1.xlsx을 진료기록.xlsx로 저장하는 것이 사용자의 관점에서 파일 관리에 편리할 것이다.

(2) 리본 메뉴

리본 메뉴는 〈그림 1.2〉와 같은 구조로 작업에 필요한 명령을 신속하게 찾을 수 있도록 디자인되어 있다. 리본 메뉴 상단의 리본 메뉴 선택 탭은 홈, 삽입, 페이지 레이아웃, 수식, 데이터, 검토, 보기 등의 기본 탭 외에 개발 도구 탭을 추가할 수 있고 차트, 피벗 분석과 같은 작업 상황에 따라 관련 탭이 추가되어 표시된다. 엑셀을 실행하면 기본적으로 홈 탭이 선택되어 있다. 홈 탭의 리본 메뉴는 엑셀에서 가장 빈번하게 사용되는 명령들이 클립보드, 글꼴, 맞춤, 표시형식, 스타일, 셀, 편집 등의 아이콘 그룹별로 사용하기 쉽게 펼쳐져 있고 각 아이콘 그룹에는 해당 그룹의 명령 아이콘들이 있다.

(3) 빠른 실행 도구 모음

제목 표시줄의 왼쪽에 있는 빠른 실행 도구 모음(　　　　　　)은 엑셀에서 빈번하게 사용하는 명령 아이콘을 모아 놓은 곳이다. 기본적으로 [저장], [실행 취소], [다시 실행] 등 세 개의 아이콘이 있지만 사용자가 원하는 아이콘을 추가할 수 있으며 위치를 아래로 옮길 수 있다.

(4) 오피스 버튼

〈그림 1.2〉 (a)와 같이 엑셀 2007버전에는 제목 표시줄의 가장 왼쪽에 오피스 버튼(　)이 있다. 오피스 버튼(　)을 클릭하면 파일 메뉴를 클릭한 것과 같이 [새로 만들기], [열

기], [저장], [인쇄]… 등의 기본적인 메뉴가 펼쳐진다. (b)와 같이 엑셀 2010버전에는 오피스 버튼이 파일 탭(파일)으로 대체되어 있다. 파일 탭(파일)에는 오피스 버튼과 마찬가지로 파일 관리 메뉴가 모여 있으며 백스테이지(Backstage) 뷰를 통해 개인 정보, 저장, 공유, 인쇄, 옵션을 설정할 수 있다.

1.3.2 워크시트

스프레드시트는 화면이 가로 세로로 일정한 간격을 가진 격자 모양으로 구성되어 있다. 엑셀에서는 이러한 격자 모양의 작업 공간을 워크시트(Worksheet)라 하고 줄여서 시트라 한다. 엑셀 실행의 초기 화면에서 워크시트는 〈그림 1.3〉과 같다. 워크시트는 리본 메뉴 아래에 있는 격자 형태의 공간으로 엑셀에서 가장 빈번하게 사용되는 중요한 작업 공간이다. 따라서 엑셀을 잘 사용하려면 워크시트의 구성에 대해서 잘 이해해야 한다. 본 절에서는 기본적인 작업 수행을 위해 필요한 내용만을 간략히 설명한다.

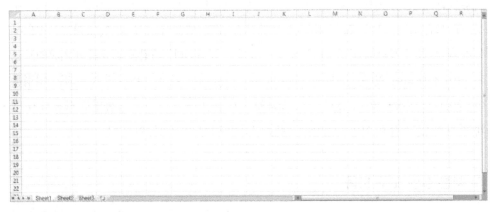

〈그림 1.3〉 워크시트

(1) 열 머리글과 행 번호

〈그림 1.3〉에서 워크시트 상단에 표시된 알파벳 A, B, C …는 열을 나타내는 머리글이다. 워크시트에서 열은 A열, B열, C열 …로 부른다. 워크시트 왼쪽에 표시된 1, 2, 3 …은 행을 나타내는 번호이다. 워크시트에서 행은 1행, 2행, 3행…으로 부른다. 엑셀2007에는 1개의 워크시트에 16,384개의 열과 1,048,576개의 행이 있다.

1.3.3 시트 탭과 시트 이름 변경

엑셀 통합 문서에는 1개의 워크시트를 만들어 저장할 수도 있지만 실무에서는 많은 워크시트, 차트, 데이터 분석 결과 등 다양한 시트를 통합하여 저장할 수 있다. 그러므로 엑셀에는 다수의 워크시트를 다룰 수 있도록 워크시트 하단에 시트 이동 버튼, 시트 탭, 시트 추가 버튼(⧏ ◀ ▶ ⧐ ⟋ Sheet1 ⟋ Sheet2 ⟋ Sheet3 ⟋ ℃ ⟋)이 있다. 시트 탭에는 사용 가능한 워크시트의 이름이 표시되어 있어 워크시트 이름을 클릭하면 원하는 워크시트를 선택할 수 있다. 선택된 워크시트는 워크시트 이름이 흰색으로 표시되어 선택되지 않은 다른 워크시트와 구분된다. 기본적으로 Sheet1, Sheet2, Sheet3 세 개의 워크시트가 시트 탭에 있다. 그러나 시트 탭에서 사용자는 불필요한 워크시트는 삭제할 수 있고 워크시트 이름도 의미 있는 이름으로 변경할 수 있다. 만약 시트 탭에 워크시트를 추가하려면 시트 탭 오른쪽의 시트 추가 버튼을 이용하면 워크시트를 추가할 수 있다. 그리고 시트 탭에 표시된 워크시트가 많을 경우 시트 탭 왼쪽의 시트 이동 버튼을 이용하면 시트 간 이동을 편리하게 할 수 있다.

이와 같이 1개의 통합 문서에는 여러 개의 워크시트를 만들어 저장할 수 있으므로 방대한 데이터를 저장할 수 있고, 차트, 데이터 분석결과 시트 등을 포함하여 1개의 통합 문서에서 효율적으로 관리할 수 있다. 예를 들어 1월에서 12월까지의 영업실적을 엑셀 통합 문서로 관리하면 1월, 2월, 3월 …, 12월 등과 같이 12개의 워크시트를 만들어 1개의 영업실적 통합 문서로 저장하면 된다. 만약 병원에서 중환자실, 특실, 일반실에 입원한 환자를 실별로 구분하여 관리하려면 중환자실, 특실, 일반실 3개의 워크시트를 만들어 1개의 입원환자 통합 문서로 저장하면 된다.

(1) 워크시트 이름 변경

시트 탭의 Sheet1, Sheet2, Sheet3은 엑셀에서 임시로 부여된 워크시트 이름이다. 따라서 1월에서 3월까지의 영업실적을 관리하려면 1월, 2월, 3월…과 같이 워크시트의 이름을 바꾸어 관리하는 것이 편리하다. Sheet1 보다는 1월로 워크시트 이름을 바꾸는 것이 해당 워크시트의 성격을 쉽게 파악할 수 있기 때문이다.

다음 따라하기는 시트 탭의 워크시트 이름 Sheet1을 1월로 변경하는 실습이다.

실습할 때 주의해야 할 점

[따라하기]의 동작1, 동작2, 동작3 …은 반드시 실습해야 하는 내용을 담고 있으므로 꼼꼼히 읽어 지시에 따라야 한다. 실습한 결과는 아래에 간략히 요약되어 그림과 함께 설명되어 있으므로 자신이 정확한 동작을 했는지를 스스로 확인하고 판단해야 한다. 이 교재의 실습은 이와 같은 방법으로 기술되어 있으므로 정확히 읽고 실습 하는 것이 중요하다.

따라하기

▶ **동작 1**   시트 탭의 Sheet1로 마우스 포인터를 옮기고 오른쪽 버튼을 클릭한다.

    ▶ 〈그림 1.4〉와 같은 팝업 메뉴가 표시된다.

〈그림 1.4〉

▶ **동작 2**   팝업 메뉴에서 이름 바꾸기를 클릭한다.

    ▶ Sheet1의 바탕이 검정색으로 표시된다.

▶ **동작 3**   키보드로 1월을 입력하고, ⏎를 친다.

    ▶ 워크시트 이름이 1월로 변경된다.

 워크시트의 이름을 만들 때 주의해야 할 점

워크시트의 이름은 최대 31자까지 입력할 수 있다. 그러나 :, /, ?, *, [,] 등과 같은 특수문자는 워크시트의 이름으로 사용할 수 없다.

지시 1 Sheet2를 **2월**로 워크시트 이름을 변경하라.

지시 2 Sheet3을 **3월**로 워크시트 이름을 변경하라.

1.4 셀 주소와 셀 선택

워크시트에는 열과 행으로 구성된 여러 개의 칸들이 일정한 간격으로 배치되어 있다. 열과 행이 만나는 사각형 형태의 칸을 셀(Cell)이라 하고 엑셀에서 거의 모든 작업은 셀을 중심으로 행해진다. 셀에는 문자나 숫자 등의 데이터와 수식을 입력할 수 있고 원하는 색상으로 변경하거나 다양한 형태의 글꼴 변경 등 다양한 작업을 할 수 있어 사용자가 원하는 양식이나 값을 쉽게 구할 수 있다. 엑셀에는 1개의 워크시트에 16,384개의 열과 1,048,576개의 행으로 구성되어 있으므로 1개의 워크시트에는 17,179,869,184개의 셀이 있다. 또한 한 개의 엑셀 통합 문서 파일에는 256개의 워크시트를 만들 수 있으므로 1개의 엑셀 통합 문서 파일에는 실로 방대한 양의 데이터를 저장할 수 있음을 알 수 있다.

1.4.1 셀 주소

셀 주소는 워크시트의 열과 행을 합쳐서 만들고 수식이나 함수를 구성할 때 이용된다. 예를 들어 A열의 1행에 위치하고 있는 셀 주소는 A1이라 하고 간편하게 A1셀이라 한다. 만약 K열의 20행에 위치하고 있는 셀 주소는 K20이라 하고 간편하게 K20셀 이라 한다. 또한 셀 주소는 필요에 따라 사용자가 임의로 이름을 부여할 수 있다. 예를 들어 워크시트의 특정 셀의 이름을 이자율 또는 할인율과 같은 이름으로 부여하여 수식이나 함수에 활용될 수 있다.

(1) 셀 포인터와 이름 상자

셀 포인터는 워크시트 상에서 특정 셀을 선택하는 박스 형태의 사각형을 말한다. 엑셀을 실행하면 〈그림 1.5〉와 같이 셀 포인터는 A1셀에 위치하고 있고 키보드 또는 마우스를 이용하면 원하는 셀에 이동시킬 수 있다.

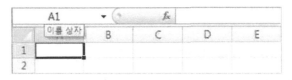

〈그림 1.5〉

이름 상자는 〈그림 1.5〉와 같이 워크시트의 A1셀 상단에 있다. 이름 상자는 셀 포인터가 있는 셀의 셀 이름을 표시하고 사용자가 부여한 이자율 또는 할인율과 같이 특정 셀에 부여한 셀 또는 범위의 이름을 표시한다. 반대로 이름 상자를 이용하면 특정한 셀이나 이름이 부여된 범위를 빠르게 선택할 수 있다. 예를 들어 〈그림 1.5〉에서 셀 포인터는 A1셀에 있으므로 이름 상자에는 A1셀의 이름이 A1으로 표시되어 있다. 이름 상자 오른쪽의 화살표(▼)를 클릭하면 현재 사용 중인 엑셀 통합 문서 전체에서 사용하고 있는 이름을 모두 볼 수 있다. 이름 상자와 관련한 추가적인 내용은 수식과 관련 내용에서 다루고자 한다.

1.4.2 셀 선택

워크시트상의 대부분의 작업은 선택한 셀을 중심으로 진행된다. 그러므로 엑셀 사용자는 셀 포인터를 특정 셀로 빠르고 정확하게 이동시켜 원하는 셀을 선택할 수 있어야 한다. 셀 포인터는 키보드 및 마우스를 이용하여 이동시킬 수 있다.

다음 따라하기1은 키보드를 이용하여 셀 포인터를 이동시켜 셀을 선택하는 방법이다. 키보드를 이용해 셀 포인터를 이동시키면서 이름 상자의 셀 이름의 변화를 살펴본다.

📑 따라하기 1

▶ **동작 1** 키 보드상의 우 방향키(→)를 한 번 친다.

   ▶ 셀 포인터가 B1으로 이동하고 이름 상자에는 B1으로 표시된다.

▶ **동작 2** 키 보드상의 하 방향키(↓)를 한 번 친다.

   ▶ 셀 포인터가 B2로 이동하고 이름 상자에는 B2로 표시된다.

▶ **동작 3** 키 보드상의 좌 방향키(←)를 한 번 친다.

  ▶ 셀 포인터가 A2로 이동하고 이름 상자에는 A2로 표시된다.

▶ **동작 4** 키 보드상의 상 방향키(↑)를 한 번 친다.

  ▶ 셀 포인터가 A1으로 이동하고 이름 상자에는 A1으로 표시된다.

▶ **동작 5** 키 보드상의 상하좌우 방향키를 사용하여 셀 포인터를 H15셀로 이동한다.

  ▶ 이름 상자에는 H15로 표시된다.

▶ **동작 6** 키 보드상의 Ctrl 키를 왼손의 손가락으로 누른 채 Home 키를 친다.

  ▶ 셀 포인터는 워크시트의 왼쪽상단(A1셀)으로 바로 이동한다.
  ▶ **앞으로 Ctrl 키를 누르고 Home 키를 칠 경우, Ctrl + Home로 표기한다.**

▶ **동작 7** 키 보드상의 상하좌우 방향키를 사용하여 셀 포인터를 D17셀로 이동한다.

  ▶ 이름 상자에는 D17로 표시된다.

▶ **동작 8** 키 보드상의 상하좌우 방향키를 사용하여 셀 포인터를 H35셀로 이동한다.

  ▶ 이름 상자에는 H35로 표시된다.

▶ **동작 9** 키 보드상의 상하좌우 방향키를 사용하여 셀 포인터를 Q42셀로 이동한다.

  ▶ 이름 상자에는 Q42로 표시된다.

▶ **동작 10** 키 보드상의 Ctrl + Home 키를 이용해 A1셀로 이동한다.

  ▶ 셀 포인터는 워크시트의 왼쪽상단(A1셀)으로 바로 이동한다.

🔍 혼 자 해 보 기

지시 1 **F9셀**로 셀 포인터를 이동시키고 이름 상자를 확인하라.

지시 2 **H12셀**로 셀 포인터를 이동시키고 이름 상자를 확인하라.

지시 3 **G18셀**로 셀 포인터를 이동시키고 이름 상자를 확인하라.

지시 4 [Ctrl] + [Home] 키를 이용해 **A1셀**로 이동하고 이름 상자를 확인하라.

지시 5 **S30셀**로 셀 포인터를 이동시키고 이름 상자를 확인하라.

지시 6 **Y55셀**로 셀 포인터를 이동시키고 이름 상자를 확인하라.

지시 7 [Ctrl] + [Home] 키를 이용해 **A1셀**로 이동하고 이름 상자를 확인하라.

지시 8 **T44셀**로 셀 포인터를 이동시켜라.

지시 9 **A1셀**로 셀 포인터를 이동시켜라.

다음 따라하기2는 마우스를 이용하여 셀 포인터를 이동시켜 셀을 선택하는 방법이다. 마우스를 이용해 셀 포인터를 이동시키면서 이름 상자의 셀 이름을 살펴본다.

📑 따라하기 2

▶ **동작 1** 마우스 포인터를 A3셀에 이동시키고 클릭한다.

　　▶ 셀 선택 마우스 포인터 모양은 굵은 흰색 십자 모양이다.
　　▶ 셀 포인터가 A3셀로 이동하고 이름 상자에는 A3이 표시된다.

▶ **동작 2** 마우스를 이용하여 G15셀을 선택한다.

　　▶ 셀 포인터가 G15셀로 이동하고 이름 상자에는 G15가 표시된다.

▶ **동작 3** 마우스를 이용하여 A1셀을 선택한다.

　　▶ 셀 포인터가 A1셀로 이동하고 이름 상자에는 A1이 표시된다.

▶ **동작 4** 마우스를 이용하여 F19셀을 선택한다.

　　▶ 셀 포인터가 F19셀로 이동하고 이름 상자에는 F19가 표시된다.

▶ **동작 5** 워크시트의 오른쪽에 있는 수직 스크롤 막대와 아래에 있는 수평 스크롤 막대를 이용하여 P40셀이 보이게 한다.

　　▶ 워크시트의 P열과 40행이 나타난다.

▶ **동작 6**　마우스를 이용하여 P40셀을 선택한다.

　　　　▷ 셀 포인터가 P40셀로 이동하고 이름 상자에는 P40으로 표시된다.

▶ **동작 7**　마우스를 이용하여 A1셀을 선택한다.

▶ **동작 8**　마우스를 이용하여 Y67셀을 선택한다.

▶ **동작 9**　키 보드상의 Ctrl + Home 키를 쳐서 A1셀로 이동한다.

　　　　▷ 셀 포인터가 A1셀로 이동하고 이름 상자에는 A1이 표시된다.

▶ **동작 10**　마우스를 이용하여 F20셀로 셀 포인터를 이동시킨다.

▶ **동작 11**　사용자가 편리하다고 생각하는 방식으로 셀 포인터를 A3셀로 이동한다.

🔍 **혼 자 해 보 기**

지시 1　마우스로 **S66셀**을 선택하라.

지시 2　마우스로 **Y1셀**을 선택하라.

지시 3　마우스로 **F49셀**을 선택하라.

지시 4　마우스로 **X77셀**을 선택하라.

지시 5　마우스로 **F5셀**을 선택하라.

지시 6　마우스로 **R69**셀을 선택하라.

지시 7　마우스로 **B3셀**을 선택하라.

지시 8　마우스로 **Z129셀**을 선택하라.

지시 9　키보드로 **A1셀**을 선택하라.

1.5 필기 연습 문제

1. 다음 중 엑셀의 화면 구성 요소를 설명한 것으로 옳지 않은 것은? 14년 1회 기출

   ① 엑셀에서 열 수 있는 통합 문서 개수는 사용 가능한 메모리와 시스템 리소스에 의해 제한된다.
   ② 워크시트란 숫자, 문자와 같은 데이터를 입력하고 입력된 결과가 표시되는 작업공간이다.
   ③ 각 셀에는 행 번호와 열 번호가 있으며, [A1] 셀은 A행과 1열이 만나는 셀로 그 셀의 주소가 된다.
   ④ 하나의 통합 문서에는 최대 255개의 워크시트를 포함할 수 있다.

2. 다음 중 사용자가 자주 사용하거나 원하는 기능을 해당 하는 명령들을 버튼으로 표시하며, 리본 메뉴의 위쪽이나 아래에 표시하는 엑셀의 화면 구성 요소는? 14년 3회 기출

   ① 오피스 버튼   ② 빠른 실행 도구 모음
   ③ 리본 메뉴   ④ 제목 표시줄

3. 다음 중 워크시트에 대한 설명으로 옳지 않은 것은? 13년 1회 기출

   ① 새 통합 문서의 시트 개수는 [Excel 옵션]-[기본 설정]-[새 통합 문서 만들기]에서 정의할 수 있다.
   ② 행과 열이 만나는 지점을 셀이라 한다.
   ③ 통합 문서 내의 워크시트를 모두 숨기기 할 수 있다.
   ④ 여러 워크시트에 동시에 같은 자료를 입력할 수 있다.

4. 다음 중 시트 관리에 대한 설명으로 옳지 않은 것은? 13년 2회 기출

   ① 〈Shift〉 키를 이용하여 시트 그룹을 설정할 수 있다.
   ② 여러 개의 워크시트를 선택한 후 〈Ctrl〉 키를 누른 채 시트 탭을 드래그하면 선택된 시트들이 복사된다.
   ③ 시트 이름에는 공백을 사용할 수 없으며, 최대 31자 까지 지정할 수 있다.
   ④ 시트 보호를 설정해도 시트의 이름 바꾸기 및 숨기기 작업을 수행할 수 있다.

5. 다음 중 워크시트 작업 및 관리에 대한 설명으로 옳지 않은 것은? 13년 3회 기출

① 시트 삭제 작업은 실행을 취소할 수 없다.

② 〈Shift〉+〈F10〉 키를 누르면 현재 시트의 뒤에 새 워크시트가 삽입된다.

③ 그룹화 된 시트에서 데이터 입력 및 편집 등의 작업을 실행하면 그룹 내 시트에 동일한 작업이 실행된다.

④ 연속된 시트의 선택은 〈Shift〉키를 사용하면 하다.

6. 다음 중 엑셀의 화면 구성에 대한 설명으로 옳지 않은 것은? 2016년 3회

① 화면 상단의 '제목 표시줄'은 현재의 작업 상태나 선택한 명령에 대한 기본적인 정보가 표시되는 곳이다.

② '리본 메뉴'는 엑셀의 다양한 명령들을 용도에 맞게 탭과 그룹으로 분류하여 아이콘으로 표시되는 곳이다.

③ 자주 사용하는 도구들을 모아 두는 곳이 '빠른 실행 도구 모음'이며, 원하는 도구를 추가하거나 제거할 수 있다.

④ '이름 상자'는 현재 작업 중인 셀의 이름이나 주소를 표시하는 부분으로 차트 항목이나 그리기 개체를 선택 하면 개체의 이름이 표시된다.

7. 다음 중 워크시트에 대한 설명으로 옳지 않은 것은? 2015년 3회

① 새 통합 문서에는 [Excel 옵션]에서 설정한 시트 수 만큼 워크시트가 표시되며, 최대 255개까지 워크시트를 추가할 수 있다.

② 워크시트의 이름은 공백 문자를 포함하여 최대 31자까지 사용할 수 있으나 /, ₩, ?, *, [,] 등의 기호는 사용할 수 없다.

③ 선택한 워크시트를 현재 통합 문서 또는 다른 통합 문서에 복사하거나 이동시킬 수 있다.

④ 시트의 삽입 또는 삭제 시 〈Ctrl〉+〈Z〉키로 실행 취소 명령을 실행하여 복구할 수 있다.

8. 다음 중 [보기]탭 [창]그룹의 각 기능에 대한 설명으로 옳지 않은 것은? 2016년 1회

① [새 창]은 현재 활성화되어 있는 문서를 새 창에 하나 더 열어서 두 개 이상의 창을 통해 볼 수 있게 해준다.

② [틀 고정] 기능으로 열을 고정하려면 고정하려는 열의 왼쪽 열을 선택한 후 틀 고정을 실행한다.

③ [나누기]는 워크시트를 여러 개의 창으로 분리하는 기능으로 최대 4개까지 분할할 수 있다.

④ [모두 정렬]은 [창 정렬] 창을 표시하여 화면에 열려있는 통합 문서 창들을 선택 옵션에 따라 나란히 배열한다.

9. 다음 중 [보기] 탭의 [창]–[틀 고정] 기능에 대한 설명으로 옳지 않은 것은? 2016년 3회

① 워크시트를 스크롤 할 때 특정 행이나 열이 한 자리에 계속 표시되도록 선택할 수 있는 기능이다.

② 첫 행과 첫 열을 고정하여 표시되도록 한 번에 설정할 수 있다.

③ 틀 고정 선의 아무 곳이나 더블 클릭하여 틀 고정을 취소할 수 있다.

④ 화면에 표시되는 틀 고정 형태는 인쇄 시 적용되지 않는다.

10. 다음 중 [홈]–[클립보드] 그룹의 [붙여넣기]에서 선택 가능한 붙여넣기 옵션으로 옳지 않은 것은? 2016년 2회

① 하이퍼링크로 붙여넣기　　　　② 선택하여 붙여넣기

③ 테두리만 붙여넣기　　　　　　④ 연결하여 붙여넣기

11. 다음 중 통합 문서와 관련된 바로 가기 키에 대한 설명으로 옳지 않은 것은? 2016년 1회

① 〈Ctrl〉+〈N〉키를 누르면 새 통합 문서를 만든다.

② 〈Shift〉+〈F11〉키를 누르면 새 통합 문서를 만든다.

③ 〈Ctrl〉+〈W〉키를 누르면 현재 통합 문서 창을 닫는다.

④ 〈Ctrl〉+〈F4〉키를 누르면 현재 통합 문서 창을 닫는다.

CHAPTER **2**

기본 표 작성하기

테두리 적용/제거 **2.1**

데이터의 입력 **2.2**

셀 서식 적용 **2.3**

통합 문서의 저장/열기 **2.4**

연습 문제(1) **2.5**

연습 문제(2) **2.6**

필기 연습 문제 **2.7**

엑셀 초기 화면의 리본 메뉴, 워크시트, 셀을 이해하고 시트 탭을 이용해 시트 이름을 변경할 수 있고 셀 포인터로 원하는 셀을 선택할 수 있다면 워크시트에 실무 활용이 가능한 간단한 표를 작성할 수 있다. 이 장에서는 범위 선택, 테두리 적용, 데이터 입력, 행 삽입, 글꼴 변경 등의 다양한 기능을 익히면서 〈표 2.1〉과 같은 (주)코리아 주관 자격증 취득 프로그램 참여자 현황 표를 작성한다.

〈표 2.1〉　　　　**(주)코리아 주관 자격증 취득 프로그램 참여자 현황**

작성자 : 홍 길 동

학생ID	성명	나이	과정	연락처	등록일	지원금액
K55-101	이사방	22	의무기록사	666-9999	17년 07월 07일	245000
K00-303	홍길두	24	병원행정사	202-2222	17년 04월 04일	265000
K11-088	김헌빈	25	병원코디네이터	111-1001	17년 08월 08일	225000
K77-009	박샤방	26	사무자동화산업기사	444-9900	17년 08월 09일	339000
K10-550	다연이	24	전산회계1급	777-2222	17년 05월 05일	189000
K22-665	공팔자	22	보험심사평가사	888-8989	17년 05월 22일	247000
K88-099	이미가	23	병원행정사	999-9898	17년 07월 17일	189000
K44-616	엄청나	25	병원코디네이터	666-9090	17년 06월 10일	245000
K22-909	박구려	22	사무자동화산업기사	222-6060	17년 06월 11일	254000
K66-808	지진희	23	전산회계1급	676-0001	17년 07월 12일	145000
K10-330	이양심	20	의무기록사	343-5558	17년 02월 02일	286000
K00-077	이도팔	22	병원행정사	212-2212	17년 08월 18일	278000
K10-424	감이팔	28	보험심사평가사	333-3377	17년 06월 06일	145000
K33-202	양계수	29	컴퓨터활용능력2급	676-5566	17년 06월 22일	224000
K12-505	구판장	22	사무자동화산업기사	777-7777	17년 07월 17일	224000

2.1 테두리 적용/제거

현장에서 사용되는 대부분의 문서는 업무에 적합한 서식을 만들어 사용한다. 예를 들어 병원을 포함한 보건 의료 분야는 보건 의료 분야에 적합한 서식이 있고, 세무회계 분야는 세무회계에 적합한 서식이 있고, 금융 분야는 금융에 적합한 서식이 있고, 민원 행정 분야에는 민원 행정에 적합한 서식이 있고, 일반 회사에는 회사에 적합한 서식이 있다.

엑셀에서 작업의 기본이 되는 서식을 만들기 위해서는 워크시트의 셀을 이용하여 다양한 모양의 테두리를 자유롭게 적용하거나 제거할 수 있어야 한다. 사용자는 테두리 적용으로 완성된 표에 데이터를 입력하고 글꼴을 변경하여 사용자가 원하는 형태의 표로 완성한다. 따라서 테두리를 적용하거나 제거하는 것은 엑셀의 주요한 기본 기능 중의 하나로 볼 수 있다.

> ### 💡 서식 파일
>
> 어떤 직무 분야의 형식에 적합하도록 미리 만들어 저장한 파일을 서식 파일이라 한다. 엑셀2007, 엑셀 2010의 엑셀 통합 문서는 확장자가 xlsx이지만 서식 파일의 확장자는 xltx이다. 서식 파일로 저장하면 다른 통합 문서를 만드는데 사용될 수 있다. 엑셀에서는 예산, 송장, 영수증, 계획, 보고서, 일정 등과 관련한 다양한 서식 파일을 제공한다.

2.1.1 셀 범위 선택

엑셀에서 가장 빈번하게 사용되는 조작 중의 하나는 셀 범위 선택과 셀 범위 참조이다. 테두리 적용을 하기 위해서는 테두리 적용을 해야 하는 셀 범위를 선택해야 한다. 셀 범위를 선택하는 방법도 셀 선택 방법과 마찬가지로 키보드를 사용하는 방법과 마우스를 사용하는 방법이 있다.

다음 따라하기1은 키보드를 이용하여 셀 범위를 선택하는 방법이다.

📑 따라하기 1

▶ **동작 1**   엑셀을 실행하고 Sheet1의 시트 이름을 **범위선택연습**으로 바꾼다.

　　　　　▷ 시트 이름이 **범위선택연습**으로 변경된다.

▶ **동작 2**   B2셀을 선택한다.

▶ **동작 3**   키 보드상의 [Shift] 키를 왼손으로 누른 채, 하 방향기([↓])키를 5번 친다.

　　　　　▷ 〈그림 2.1〉과 같이 B2에서 B7까지의 범위가 선택된다.

⊳ 검은 색의 박스로 둘러싸인 셀이 선택된 범위이다.

⊳ 선택된 셀 범위는 B2에서 B7이고 이를 수식에서 참조하여 표기 할 때는 B2:B7 로 표기한다.

⊳ 이 책에서는 Shift 키를 누르고 ↓키를 칠 경우, Shift + ↓으로 표기한다.

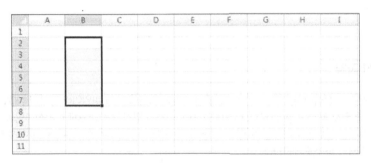

〈그림 2.1〉

⊳ **동작 4** 좌우상하 방향 키 중에서 아무 키나 하나를 친다.

⊳ 화면상에 지정되었던 범위가 해제된다.

⊳ **동작 5** C3셀을 선택한다.

⊳ **동작 6** Shift + ↓ 키를 5번 친 후, Shift + → 키를 4번 친다.

⊳ 〈그림 2.2〉과 같이 C3:G8 범위가 선택된다.

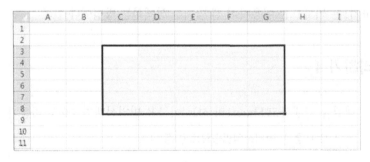

〈그림 2.2〉

⊳ **동작 7** 좌우상하 방향 키 중 하나를 쳐 범위를 해제한다.

⊳ 셀 범위가 해제된다.

혼 자 해 보 기

지시 1 　**A1:G1** 범위를 선택하라.

지시 2 　선택된 범위를 해제하라.

지시 3 　**F3:F15** 범위를 선택하라.

지시 4 　선택된 범위를 해제하라.

지시 5 　**A3:H17** 범위를 선택하라.

지시 6 　선택된 범위를 해제하라.

지시 7 　**N3:P25** 범위를 선택하라.

지시 8 　선택된 범위를 해제하라.

지시 9 　**A3:P35** 범위를 선택하라.

지시 10 　선택된 범위를 해제하라.

지시 11 　**S3:Y33** 범위를 선택하라.

지시 12 　지정된 범위를 해제하라.

다음 따라하기2는 마우스를 이용하여 셀 범위를 선택하는 방법이다.

따라하기 2

⊙ **동작 1** 　마우스를 사용하여 B2셀을 선택한다.

⊙ **동작 2** 　B2셀에서 마우스의 왼쪽버튼을 누른 채 B7셀까지 끈 후, 마우스의 왼쪽 버
튼을 놓는다.
  ⊙ B2:B7 범위가 선택된다.
  ⊙ 왼쪽 버턴을 누른 채 끄는 것을 드래그(drag)라 한다.

⊙ **동작 3** 　마우스로 아무 셀이나 선택한다.
  ⊙ 선택된 범위가 해제된다.

▶ **동작 4** 마우스를 사용하여 C3셀에서 G8셀까지 드래그 한다.

  ▶ C3:G8 범위가 선택된다.

▶ **동작 5** 마우스로 아무 셀이나 선택한다.

  ▶ 선택된 범위가 해제된다.

🔍 혼 자 해 보 기

지시 1 마우스로 A3:G3 범위를 선택하라.

지시 2 선택된 범위를 해제하라.

지시 3 마우스로 F1:F16 범위를 선택하라.

지시 4 선택된 범위를 해제하라.

지시 5 마우스로 B2:H17 범위를 선택하라.

지시 6 지정된 범위를 해제하라.

지시 7 마우스로 M3:P24 범위를 선택하라.

지시 8 선택된 범위를 해제하라.

지시 9 마우스로 A2:R36 범위를 선택하라.

지시 10 선택된 범위를 해제하라.

지시 11 마우스로 S2:Y35 범위를 선택하라.

지시 12 선택된 범위를 해제하라.

셀 범위의 지정방법은 키보드와 마우스 두 가지 장치를 사용할 수 있다. 장치의 선택은 작업 상황 또는 사용자의 취향, 습관에 따라 달라 질 수 있지만 대부분의 사용자는 마우스와 키보드를 병행하여 사용한다.

2.1.2 홈 리본 메뉴

리본 메뉴 상단에는 홈, 삽입, 페이지 레이아웃, 수식, 데이터, 검토, 보기 등의 기본 탭이 있고 각각의 탭 리본 메뉴에는 이와 관련된 아이콘 그룹이 있다. 엑셀을 실행하면 〈그림 2.3〉와 같이 홈 탭의 리본 메뉴가 선택되어 있다. 홈 탭의 리본 메뉴에는 워크시트 작업에서 자주 사용되는 클립보드, 글꼴, 맞춤, 표시 형식, 스타일, 셀, 편집 등의 그룹이 있고 각 그룹에는 해당 그룹의 명령 아이콘들이 있다.

〈그림 2.3〉

2.1.3 테두리 적용

홈 탭의 글꼴 아이콘 그룹은 〈그림 2.4〉와 같다. 글꼴 그룹에서 테두리(⊞)를 사용하면 선택된 셀이나 범위에 테두리를 쉽게 적용할 수 있다.

〈그림 2.4〉

다음 따라하기1은 왼쪽 테두리와 아래쪽 테두리를 선택된 셀에 적용하는 실습이다.

📇 따라하기 1

⊙ **동작 1**   Sheet1의 이름을 테두리적용1로 바꾼다.

⊙ **동작 2**   B2:B7 범위를 선택한다.

▶ **동작 3** 테두리(▦) 옆의 화살표(▾)를 클릭한다.

⊛ 〈그림 2.5〉와 같이 다양한 스타일의 테두리가 표시된다.

〈그림 2.5〉

▶ **동작 4** 왼쪽 테두리(▯)를 클릭하고 선택된 범위를 해제한다.

⊛ B2:B7 범위에 왼쪽 테두리가 적용되어 있다.
⊛ 글꼴 그룹의 테두리는 가장 최근에 적용한 왼쪽 테두리로 표시되어 있다.

▶ **동작 5** C2:C7 범위를 선택한다.

▶ **동작 6** 글꼴 그룹의 왼쪽 테두리(▯)를 클릭하고 선택된 범위를 해제한다.

⊛ C2:C7 범위에 왼쪽 테두리가 적용되어 있다.

▶ **동작 7** D2:D7 범위를 선택한다.

▶ **동작 8** 글꼴 그룹의 왼쪽 테두리(▯)를 클릭하고 선택된 범위를 해제한다.

⊛ D2:D7 범위에 왼쪽 테두리가 적용되어 있다.

▶ **동작 9**   E2:E7 범위를 선택한다.

▶ **동작 10**   글꼴 그룹의 **왼쪽 테두리**(▯)를 클릭하고 선택된 **범위**를 해제한다.

⊙ E2:E7 범위에 왼쪽 테두리가 적용되어 있다.

▶ **동작 11**   F2:F7 범위를 선택한다.

▶ **동작 12**   글꼴 그룹의 **왼쪽 테두리**(▯)를 클릭하고 선택된 **범위**를 해제한다.

⊙ F2:F7 범위에 왼쪽 테두리가 적용되어 있다.

⊙ 지금까지 적용된 테두리는 〈그림 2.6〉과 같다.

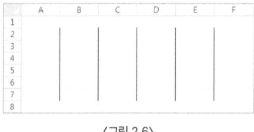

〈그림 2.6〉

▶ **동작 13**   B1:E1 범위를 선택한다.

▶ **동작 14**   **테두리**(▯) 옆의 **화살표**(▾)를 클릭하여 표시된 테두리 모양에서 **아래쪽 테**
두리(▤)를 클릭하고 선택된 **범위**를 해제한다.

⊙ B1:E1 범위에 아래쪽 테두리가 적용되어 있다.

⊙ 글꼴 그룹의 테두리는 가장 최근에 적용한 아래쪽 테두리로 표시되어 있다.

▶ **동작 15**   B2:E2 범위를 선택한다.

▶ **동작 16**   글꼴 그룹의 **아래쪽 테두리**(▤)를 클릭하고 선택된 **범위**를 해제한다.

⊙ B2:E2 범위에 아래쪽 테두리가 적용되어 있다.

▶ **동작 17**   B6:E6 범위를 선택한다.

▶ **동작 18** 아래쪽 테두리(▦)를 클릭하고 선택된 범위를 해제한다.

 ▶ B6:E6 범위에 아래쪽 테두리가 적용되어 있다.

▶ **동작 19** B7:E7 범위를 선택한다.

▶ **동작 20** 아래쪽 테두리(▦)를 클릭하고 선택된 범위를 해제한다.

 ▶ B7:E7 범위에 아래쪽 테두리가 적용되어 있다.

 ▶ 따라하기1에서 모두 적용된 테두리는 〈그림 2.7〉과 같다.

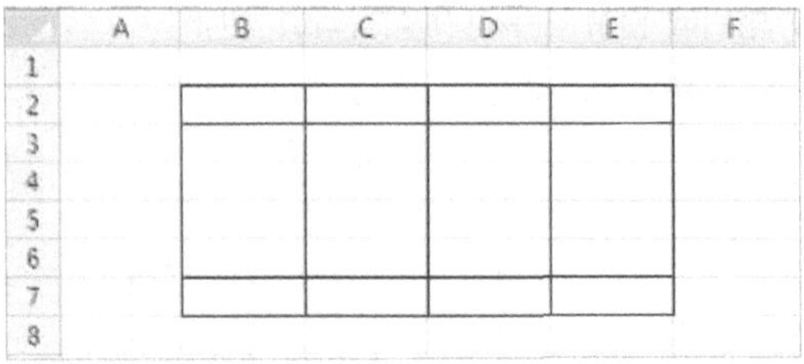

〈그림 2.7〉

다음 따라하기2는 테두리 없음을 선택된 셀에 적용하여 테두리를 모두 없애는 실습이다.

📑 따라하기 2

▶ **동작 1** B2:F7 범위를 선택한다.

▶ **동작 2** 테두리(▦) 옆의 화살표(▾)를 클릭한다.

 ▶ 다양한 스타일의 테두리가 표시된다.

▶ **동작 3** 테두리 없음(▦)을 클릭하고 선택된 범위를 해제한다.

 ▶ B2:F7 범위에 적용된 테두리가 모두 없어진다.

 ▶ 글꼴 그룹의 테두리는 가장 최근에 적용한 테두리 없음으로 표시되어 있다.

혼　자　해　보　기

지시 1　따라하기1과 같은 방법으로 Sheet1(테두리적용1)에 〈그림 2.8〉과 같은 테두 리를 적용하라.

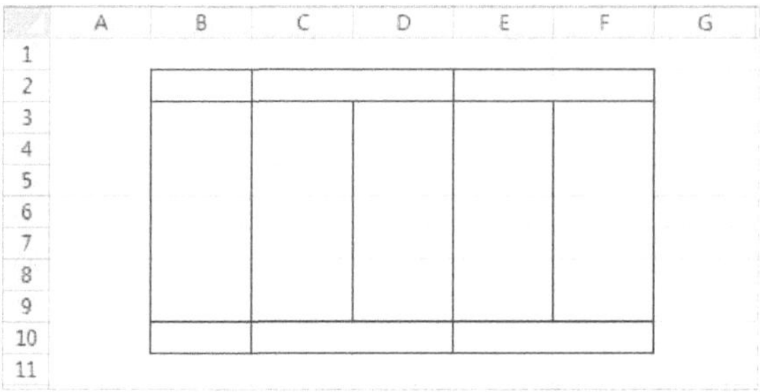

〈그림 2.8〉

지시 2　Sheet2의 이름을 테두리적용2로 바꾸고 〈그림 2.8〉와 같은 테두리를 적용하라.

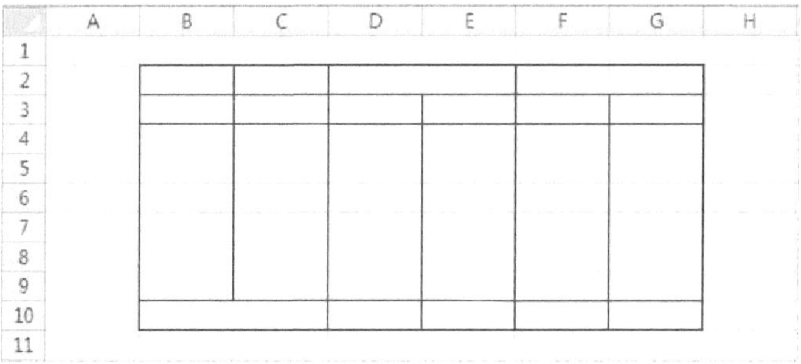

〈그림 2.9〉

다음 따라하기3은 바깥쪽 테두리를 선택된 셀에 적용하는 방법이다.

따라하기 3

▶ **동작 1**　Sheet3의 이름을 테두리적용3으로 바꾼다.

▶ **동작 2**　B2:B7 범위를 선택한다.

▶ **동작 3** 테두리 옆의 화살표(˙)를 클릭하여 표시된 테두리 모양에서 **바깥쪽 테두리**
(▢)를 클릭하고 선택된 범위를 해제한다.

⊙ B2:B7 범위의 바깥쪽을 따라 사각형 모양의 테두리가 적용된다.
⊙ 글꼴 그룹의 테두리는 가장 최근에 적용한 바깥쪽 테두리로 표시되어 있다.

▶ **동작 4** F2:F7 범위를 선택한다.

▶ **동작 5** 바깥쪽 테두리를 클릭하고 선택된 범위를 해제한다.

⊙ F2:F7 범위의 바깥쪽을 따라 사각형 모양의 테두리가 적용된다.

▶ **동작 6** C2:E2 범위를 선택한다.

▶ **동작 7** 바깥쪽 테두리를 클릭하고 선택된 범위를 해제한다.

⊙ C2:E2 범위의 바깥쪽을 따라 사각형 모양의 테두리가 적용된다.

▶ **동작 8** C7:E7 범위를 선택한다.

▶ **동작 9** 바깥쪽 테두리를 클릭하고 선택된 범위를 해제한다.

→ C7:E7 범위의 바깥쪽을 따라 사각형 모양의 테두리가 적용된다.

▶ **동작 10** D3:D7 범위를 선택한다.

▶ **동작 11** 바깥쪽 테두리를 클릭하고 선택된 범위를 해제한다.

⊙ D3:D7 범위의 바깥쪽을 따라 사각형 모양의 테두리가 적용된다.
⊙ 따라하기3에서 모두 적용된 테두리는 〈그림 2.10〉과 같다.

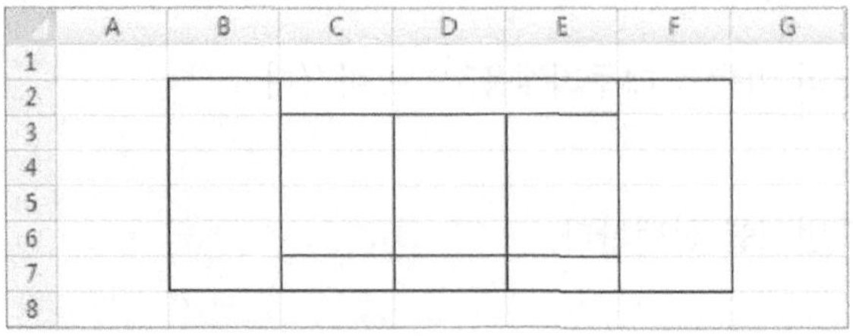

〈그림 2.10〉

다음 따라하기4는 모든 테두리와 바깥쪽 테두리를 선택된 셀에 적용하는 방법이다.

📑 따라하기 4

▶ **동작 1** Sheet4의 이름을 테두리적용4로 바꾼다.

▶ **동작 2** B2:C7 범위를 선택한다.

▶ **동작 3** 테두리 옆의 화살표(·)를 클릭하여 표시된 테두리 모양에서 **모든 테두리** (⊞)를 클릭하고 선택된 **범위를 해제한다.**

　▶ B2:C7 범위에 있는 각각의 셀에 테두리가 모두 적용된다.
　▶ 글꼴 그룹의 테두리는 가장 최근에 적용한 모든 테두리로 표시되어 있다.

▶ **동작 4** E2:F7 범위를 선택한다.

▶ **동작 5** 모든 테두리를 클릭하고 선택된 **범위를 해제한다.**

　▶ E2:F7 범위에 있는 각각의 셀에 테두리가 모두 적용된다.

▶ **동작 6** D2:D4 범위를 선택한다.

▶ **동작 7** 테두리 옆의 화살표를 클릭한 후 **바깥쪽 테두리를** 클릭하고 선택된 범위를 해제한다.

　▶ D2:D4 범위의 바깥쪽을 따라 사각형 모양의 테두리가 적용된다.

▶ **동작 8** D5:D7 범위를 선택한다.

▶ **동작 9** **바깥쪽 테두리를** 클릭하고 선택된 **범위를 해제한다.**

　▶ D5:D7 범위의 바깥쪽을 따라 사각형 모양의 테두리가 적용된다.
　▶ 따라하기4에서 모두 적용된 테두리는 〈그림 2.11〉과 같다.

〈그림 2.11〉

테두리를 적용하는 방법은 테두리 모양에 따라 다양하게 적용할 수 있다. 어떤 모양을 사용하느냐는 작업상황이나 혹은 사용자의 취향, 습관에 의존한다. 특별히 정해진 규칙이 없으므로 자신이 사용하기 편리한 방법을 적용하면 된다.

혼 자 해 보 기

[지시 1] 새로운 시트에 〈그림 2.12〉와 같이 테두리를 적용하라.

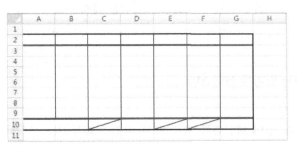

〈그림 2.12〉

[지시 2] 새로운 시트에 〈그림 2.13〉과 같이 테두리를 적용하라.

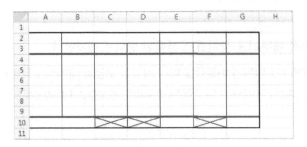

〈그림 2.13〉

2.1.4 셀 배경색 채우기

채우기 색(🖌 ▾)을 이용하여 선택된 셀에 다양한 배경색을 채울 수 있다.

다음 따라하기는 테두리가 적용된 셀에 배경색을 채우는 방법이다.

🖺 따라하기

▶ **동작 1**   새로운 시트에 〈그림 2.14〉과 같이 테두리를 적용한다.

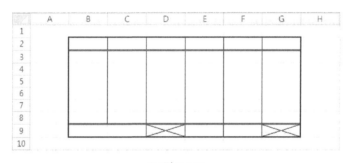

〈그림 2.14〉

▶ **동작 2**   B2:G2 범위를 선택한다.

▶ **동작 3**   글꼴 그룹에 있는 채우기 색(🖌) 옆의 화살표(▾)를 클릭한다.
　　　　　▶ 〈그림 2.15〉와 같이 테마 색과 표준 색이 표시된다.

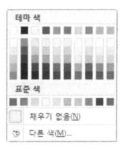

〈그림 2.15〉

▶ 동작 4   테마 색에서 황갈색, 배경 2, 10% 더 어둡게를 클릭하고 범위를 해제한다.

    ⊛ B3:G3 범위에 황갈색, 배경2, 10% 더 어두운 테마 색이 적용된다.

    ⊛ 글꼴 그룹의 채우기 색은 가장 최근에 적용한 황갈색, 배경2, 10% 더 어두운
        테마 색으로 선택되어 있다.

▶ 동작 5   B9:G9 범위를 선택하고 채우기 색(◈)을 클릭하여 황갈색, 배경2, 10% 더
어둡게 테마 색을 적용하고 범위를 해제한다.

    ⊛ B9:G9 범위에 황갈색, 배경2, 10% 더 어두운 테마 색이 적용된다.

▶ 동작 6   B3:G8 범위를 선택하고 채우기 색(◈) 옆의 화살표(˙)를 클릭하여 테마 색
에서 흰색, 배경 1, 5% 더 어둡게를 선택하고 범위를 해제한다.

    ⊛ B3:G8 범위에 흰색, 배경1, 5% 더 어두운 테마 색이 적용된다.

    ⊛ 색이 적용된 결과는 〈그림 2.16〉과 같다.

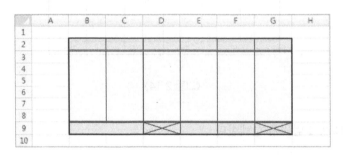

〈그림 2.16〉

▶ 동작 7   B2:G9 범위를 선택하고 채우기 색(◈) 옆의 화살표(˙)를 클릭하여 표시된
색에서 채우기 없음을 클릭하고 범위를 해제한다.

    ⊛ B2:G9 범위에 적용된 배경색이 모두 없어진다.

▶ 동작 8   B2:G9 범위에 적용된 테두리를 모두 제거한다.

혼 자 해 보 기

지시 1 시트에 〈그림 2.17〉과 같은 테두리를 적용하고 배경색으로 다음 테마 색을 적용하라.

- A2:G2 범위 : 황록색, 강조 3, 80% 더 밝게
- A10:G10 범위 : 황록색, 강조 3, 80% 더 밝게
- A3:G9 범위 : 흰색, 배경 1

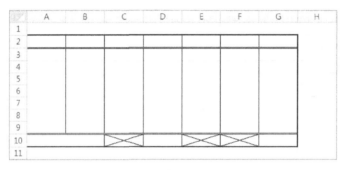

〈그림 2.17〉

지시 2 새 시트에 〈그림 2.18〉과 같은 테두리를 적용하고 배경색으로 다음 테마 색을 적용하라.

- A2:H3 범위 : 바다색, 강조 5, 80% 더 밝게
- A12:H12 범위 : 바다색, 강조 5, 80% 더 밝게
- A4:H11 범위 : 흰색, 배경 1, 5% 더 어둡게

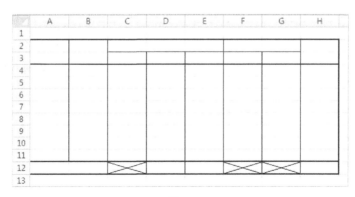

〈그림 2.18〉

2.2 데이터의 입력

워크시트에서 데이터 입력은 표 작성에 가장 기본적이고 중요한 작업이다. 엑셀 워크시
트에서 기본적으로 많이 사용되는 데이터는 텍스트, 숫자, 날짜 데이터 등이 있다.

2.2.1 텍스트 데이터

텍스트 데이터는 학생ID, 성명, 과정명, 전화번호 등과 같이 한글, 영문자, 숫자, 특수문
자 등으로 구성된 데이터이다. 텍스트 데이터는 일반적인 사칙연산을 포함하여 계산함수
를 사용할 수 없다. 텍스트와 관련된 연산은 텍스트 연산자 또는 텍스트 관련 함수를 이
용하여 데이터를 결합하거나 추출할 수 있다.

다음 따라하기를 통해 텍스트 데이터를 입력하는 방법을 익히고 텍스트 데이터의 특징을
이해한다.

따라하기

▶ **동작 1**   새 시트의 이름을 **프로그램참여자**로 바꾸고 〈그림 2.19〉와 같은 테두리를
적용하고 배경색으로 다음의 테마 색을 적용한다.

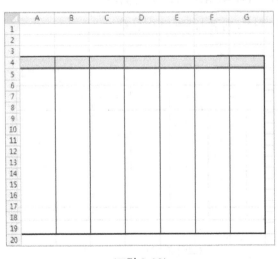

- A4:G4 범위 :
  황갈색, 배경 2,
  10% 더 어둡게
- A5:G19 범위 :
  흰색, 배경 1

〈그림 2.19〉

▶ **동작 2**   A4셀을 선택하고 키보드로 학생ID를 입력하고 Enter↵ 키를 친다.

    ▶ A4셀에 텍스트 데이터 **회원ID**가 입력되고 셀 포인터는 아래(A5)로 이동한다.

    ▶ 기본적으로 **텍스트는 왼쪽 맞춤** 된다.

▶ **동작 3**   A5셀에서 K55-101을 입력하고 Enter↵ 키를 친다.

    ▶ A5셀에 텍스트 데이터 K55-101가 입력되고 셀 포인터는 아래(A6)로 이동한다.

▶ **동작 4**   A6셀에서 K00-303을 입력하고 Enter↵ 키를 친다.

    ▶ A6셀에 텍스트 데이터 K00-303가 입력되고 셀 포인터는 아래(A7)로 이동한다.

▶ **동작 5**   동일한 방법으로 다음 텍스트 데이터를 A7셀에서 A19셀까지 차례로 입력한다.

> K11-088, K77-009, K10-550, K22-665, K88-099, K44-616, K22-909,
> K66-808, K10-330, K00-077, K10-424, K33-202, K12-505

▶ **동작 6**   B4셀을 선택하고 성명를 입력하고 Enter↵ 키를 친다.

    ▶ A4셀에 텍스트 데이터 **성명**이 입력되어 왼쪽 맞춤되고 셀 포인터는 아래(B5)로 이동한다.

▶ **동작 7**   동일한 방법으로 다음 텍스트 데이터를 B5셀에서 B19셀까지 차례로 입력한다.

> 이사방, 홍길두, 김헌빈, 박샤방, 다연이, 공팔자, 이미가, 엄청나, 박구려, 지진희,
> 이양심, 이도팔, 감이팔, 양계수, 구판장

▶ **동작 8**   D4셀을 선택하고 **과정**을 입력한 후 다음 텍스트 데이터를 D5셀에서 D19셀까지 차례로 입력한다.

> 의무기록사, 병원행정사, 병원코디네이터, 사무자동화산업기사, 전산회계1급, 보험
> 심사평가사, 병원행정사, 병원코디네이터, 사무자동화산업기사, 전산회계1급, 의무
> 기록사, 병원행정사, 보험심사평가사, 컴퓨터활용능력2급, 사무자동화산업기사

먼저 입력한 텍스트 데이터를 쉽게 입력하는 방법

엑셀에서는 해당 열의 셀에서 입력되어 있는 텍스트의 첫 문자를 입력하면 나머지 텍스트 열이 자동으로 모두 표시된다. 다른 텍스트로 입력하려면 무시하고 계속 입력한다.

 열 너비 조절 방법

D5셀에서 D19셀까지 입력된 텍스트 데이터는 텍스트 길이가 셀 크기보다 길게 표시된다. 따라서 E5열에 데이터를 입력하는 경우 D5셀의 내용이 모두 표시되지 않는다. 이를 해결하려면 시트의 열을 나타내는 D 와 E사이의 경계선에 마우스 포인터를 옮기면 마우스 포인터의 모양이 폭 조절 포인터로 바뀌는데 이때 선을 클릭하여 좌우로 이동시키면 셀의 폭을 적절히 조절할 수 있다. 또는 열 경계선에서 더블 클릭한다.

▶ **동작 9** E4셀을 선택하고 연락처를 입력한 후 다음 텍스트 데이터를 E5셀에서 E19 셀까지 차례로 입력한다.

> 666-9999, 202-2222, 111-1001, 444-9900, 777-2222, 888-8989
> 999-9898, 666-9090, 222-6060, 676-0001, 343-5558, 212-2212
> 333-3377, 676-5566, 777-7777

▶ 학생ID, 성명, 과목, 연락처의 텍스트 데이터를 입력한 결과는 〈그림 2.20〉과 같다.

	A	B	C	D	E	F	G
1							
2							
3							
4	학생ID	성명		과정	연락처		
5	K55-101	이사방		의무기록사	666-9999		
6	K00-303	홍길두		병원행정사	202-2222		
7	K11-088	김헌빈		병원코디네이터	111-1001		
8	K77-009	박샤방		사무자동화산업기사	444-9900		
9	K10-550	다연이		전산회계1급	777-2222		
10	K22-665	공팔자		보험심사평가사	888-8989		
11	K88-099	이미가		병원행정사	999-9898		
12	K44-616	엄청나		병원코디네이터	666-9090		
13	K22-909	박구려		사무자동화산업기사	222-6060		
14	K66-808	지진회		전산회계1급	676-0001		
15	K10-330	이양심		의무기록사	343-5558		
16	K00-077	이도팔		병원행정사	212-2212		
17	K10-424	감이팔		보험심사평가사	333-3377		
18	K33-202	양계수		컴퓨터활용능력2급	676-5566		
19	K12-505	구판장		사무자동화산업기사	777-7777		
20							

〈그림 2.20〉

셀의 내용을 수정/삭제하는 방법

데이터를 수정하려면 셀을 선택하여 부분적으로 수정하거나 데이터를 다시 입력하면 된다. 삭제하려면
삭제하려는 셀 또는 셀 범위를 선택하여 Delete 키를 친다,

2.2.2 숫자 데이터

숫자 데이터는 나이, 지원금액, 급여, 점수, 온도 등과 같이 계산이 가능한 숫자로 된 데
이터이다. 숫자 데이터는 음수 데이터를 포함하며 일반적인 사칙연산뿐 아니라 계산함수
를 사용할 수 있다.

다음 따라하기를 통해 숫자 데이터를 입력하는 방법을 익히고 숫자 데이터의 특징을 이해
한다.

따라하기

▶ **동작 1**   〈그림 2.20〉표의 C4셀을 선택하고 키보드로 **나이**를 입력하고 Enter↵ 키를
친다.

⊳ C4셀에 텍스트 데이터 나이가 입력되고 셀 포인터는 아래(C5)로 이동한다.

▶ **동작 2**   C5셀에서 22를 입력하고 Enter↵ 키를 친다.

⊳ C4셀에 숫자 데이터 22가 입력되고 셀 포인터는 아래(C6)로 이동한다.

⊳ 기본적으로 **숫자는 오른쪽 맞춤** 된다.

▶ **동작 3**   동일한 방법으로 다음 숫자 데이터를 C6셀에서 C19셀까지 차례로 입력한다.

24, 25, 26, 24, 22, 23, 25, 22, 23, 20, 22, 28, 29, 22

▶ **동작 4**   G4셀을 선택하고 지원금액을 입력한 후 다음 숫자 데이터를 G5셀에서 G19
셀까지 차례로 입력한다.

> 245000, 265000, 225000, 339000, 189000, 247000, 189000, 245000
> 254000, 145000, 286000, 278000, 145000, 224000, 224000

⊙ 숫자 데이터 나이, 지원금액을 입력한 결과는 〈그림 2.21〉과 같다.

	A	B	C	D	E	F	G
4	학생ID	성명	나이	과정	연락처		지원금액
5	K55-101	이사방	22	의무기록사	666-9999		245000
6	K00-303	홍길두	24	병원행정사	202-2222		265000
7	K11-088	김헌빈	25	병원코디네이터	111-1001		225000
8	K77-009	박샤방	26	사무자동화산업기사	444-9900		339000
9	K10-550	다연이	24	전산회계1급	777-2222		189000
10	K22-665	공팔자	22	보험심사평가사	888-8989		247000
11	K88-099	이미가	23	병원행정사	999-9898		189000
12	K44-616	엄청나	25	병원코디네이터	666-9090		245000
13	K22-909	박구려	22	사무자동화산업기사	222-6060		254000
14	K66-808	지진회	23	전산회계1급	676-0001		145000
15	K10-330	이양심	20	의무기록사	343-5558		286000
16	K00-077	이도팔	22	병원행정사	212-2212		278000
17	K10-424	감이팔	28	보험심사평가사	333-3377		145000
18	K33-202	양계수	29	컴퓨터활용능력2급	676-5566		224000
19	K12-505	구판장	22	사무자동화산업기사	777-7777		224000

〈그림 2.21〉

2.2.3 날짜 데이터

날짜 데이터는 실무에서 중요하게 취급되는 데이터로 텍스트, 숫자 데이터와는 구분된 형식으로 년-월-일 또는 년/월/일 형식으로 입력한다. 날짜 데이터는 값이므로 덧셈과 뺄셈을 수행할 수 있고 날짜 관련 함수를 사용하여 날짜와 관련한 다양한 작업을 할 수 있다.

다음 따라하기를 통해 날짜 데이터를 입력하는 방법을 익히고 날짜 데이터의 특징을 이해한다.

🗒 **따라하기**

▶ **동작 1**   〈그림 2.20〉 표의 F4셀을 선택하고 등록일을 입력하고 Enter↵ 키를 친다.
⊙ F4셀에 텍스트 데이터 등록일이 입력되고 셀 포인터는 아래(F5)로 이동한다.

▶ **동작 2** F5셀에서 2017-07-07을 입력하고 [Enter↵] 키를 친다.

- ▶ F5셀에 날짜 데이터 2017-07-07이 입력되고 셀 포인터는 아래(F6)로 이동한다.
- ▶ 기본적으로 날짜 데이터는 년-월-일 형식인 2017-07-07로 표시되고 오른쪽 맞춤된다.

▶ **동작 3** F6셀에서 2017/04/04를 입력하고 [Enter↵] 키를 친다.

- ▶ 2017/04/04과 같이 입력해도 F6셀의 **날짜** 표시는 기본적인 **년-월-일** 형식인 **2017-07- 07로 입력**된다.
- ▶ 날짜 데이터는 **년-월-일 또는 년/월/일 형식**으로 입력할 수 있다.

▶ **동작 4** F7셀에서 17-8-8(또는 17/8/8)을 입력하고 [Enter↵] 키를 친다.

- ▶ 생략한 날짜 데이터 17-4-4(또는 17/8/8)을 입력해도 기본적인 **날짜** 데이터는 2017- 08-08 형식으로 입력된다.

▶ **동작 5** 편리한 방법으로 다음 숫자 데이터를 F8셀에서 F19셀까지 차례로 입력한다.

> 2017-08-09, 2017-05-05, 2017-05-22, 2017-07-17, 2017-06-10,
> 2017-06-11, 2017-07-12, 2017-02-02, 2017-08-18, 2017-06-06,
> 2017-06-22, 2017-07-17

- ▶ 날짜 데이터를 비롯한 모든 기본 데이터가 입력된 결과는 〈그림 2.22〉와 같다.

	A	B	C	D	E	F	G
1							
2							
3							
4	학생ID	성명	나이	과정	연락처	등록일	지원금액
5	K55-101	이사방	22	의무기록사	666-9999	2017-07-07	245000
6	K00-303	홍길두	24	병원행정사	202-2222	2017-04-04	265000
7	K11-088	김헌빈	25	병원코디네이터	111-1001	2017-08-08	225000
8	K77-009	박샤방	26	사무자동화산업기사	444-9900	2017-08-09	339000
9	K10-550	다연이	24	전산회계1급	777-2222	2017-05-05	189000
10	K22-665	공팔자	22	보험심사평가사	888-8989	2017-05-22	247000
11	K88-099	이미가	23	병원행정사	999-9898	2017-07-17	189000
12	K44-616	엄청나	25	병원코디네이터	666-9090	2017-06-10	245000
13	K22-909	박구려	22	사무자동화산업기사	222-6060	2017-06-11	254000
14	K66-808	지진회	23	전산회계1급	676-0001	2017-07-12	145000
15	K10-330	이양심	20	의무기록사	343-5558	2017-02-02	286000
16	K00-077	이도팔	22	병원행정사	212-2212	2017-08-18	278000
17	K10-424	감이팔	28	보험심사평가사	333-3377	2017-06-06	145000
18	K33-202	양계수	29	컴퓨터활용능력2급	676-5566	2017-06-22	224000
19	K12-505	구판장	22	사무자동화산업기사	777-7777	2017-07-17	224000
20							

〈그림 2.22〉

시간 데이터의 입력 방법

시간 데이터는 24시간 기준의 시:분:초 형식 또는 오전/오후 구분으로 시:분:초 AM(또는 PM) 형식으로 입력한다. 기본적으로 시:분:초 형식으로 표시되고 오른쪽 맞춤된다.

2.3 셀 서식 적용

실무 현장에서 작성한 문서는 한눈에 이해할 수 있도록 깔끔하게 정리되어야 하고 중요한 것은 눈에 잘 띄도록 만들어야 한다. 엑셀에서 입력한 데이터를 이해하기 쉽고 보기 좋게 화면에 표시되도록 하려면 셀 서식을 적절히 적용한다. 예를 들어 제목을 본문보다 강조하기 위해 텍스트 데이터의 글꼴과 크기 및 색을 바꾸는 것, 금액을 표시할 때 숫자 데이터의 세 자리마다 쉼표 스타일(,)를 넣고 원화(₩)와 같이 통화 표시를 넣는 것, 셀에 적절한 테두리 선을 적용하거나 적절한 배경색 또는 무늬를 적용하는 것 등이 모두 셀 서식과 관련한 것이다.

2.3.1 데이터 맞춤

〈그림 2.22〉의 데이터를 살펴보면 학생ID, 성명, 과정, 연락처 항목의 텍스트 데이터는 기본적으로 왼쪽으로 맞춤되어 있고 나이, 지원금액 항목의 숫자 데이터와 등록일 항목의 날짜 데이터는 기본적으로 오른쪽 맞춤되어 있다. 그러나 작성된 표의 모양에 따라 텍스트, 숫자, 날짜 데이터는 가운데 맞춤 또는 오른쪽 맞춤해야 할 필요가 있다.

다음 따라하기는 항목명, 학생ID, 성명, 연락처 항목의 텍스트 데이터와 나이, 등록일 항목의 숫자, 날짜 데이터를 가운데 맞춤하는 실습이다.

📖 따라하기

▶ **동작 1** 항목명(A4:G4) 범위를 선택한 후 맞춤 그룹에서 가운데 맞춤(≡)을 클릭하고 범위를 해제한다.

　▸ 항목명(A4:G4)이 모두 가운데 맞춤된다.

▶ **동작 2** 학생ID, 성명, 나이 항목의 데이터(A5:C19) 범위를 선택한 후 맞춤 그룹에
서 가운데 맞춤(▤)을 클릭하고 **범위를 해제**한다.

    ▶ 학생ID, 성명, 나이 항목의 텍스트 데이터(A5:C19)가 모두 가운데 맞춤된다.

▶ **동작 3** 연락처, 등록일 항목의 데이터(E5:F19) 범위를 선택한 후 가운데 맞춤(▤)
을 클릭하고 **범위를 해제**한다.

    ▶ 연락처, 등록일 항목의 데이터(E5:F19)가 모두 가운데 맞춤된다.

    ▶ 항목명과 학생ID, 성명, 나이, 연락처 항목의 데이터가 모두 가운데 맞춤된 결
과는 〈그림 2.23〉과 같다.

 데이터의 맞춤시 유의사항

학생ID, 성명, 나이, 연락처, 등록일 항목과 같이 일정한 길이의 데이터는 가운데 맞춤하는 것이 보기
좋다. 그러나 지원금액 항목과 같은 숫자 데이터는 오른쪽 맞춤이 바람직하고, 과정 항목과 같이 길이가
일정하지 않은 텍스트 데이터는 왼쪽 맞춤하는 것이 바람직 할 수 있다.

	A	B	C	D	E	F	G
1							
2							
3							
4	학생ID	성명	나이	과정	연락처	등록일	지원금액
5	K55-101	이사방	22	의무기록사	666-9999	2017-07-07	245000
6	K00-303	홍길두	24	병원행정사	202-2222	2017-04-04	265000
7	K11-088	김헌빈	25	병원코디네이터	111-1001	2017-08-08	225000
8	K77-009	박사방	26	사무자동화산업기사	444-9900	2017-08-09	339000
9	K10-550	다연이	24	전산회계1급	777-2222	2017-05-05	189000
10	K22-665	공팔자	22	보험심사평가사	888-8989	2017-05-22	247000
11	K88-099	이미가	23	병원행정사	999-9898	2017-07-17	189000
12	K44-616	엄청나	25	병원코디네이터	666-9090	2017-06-10	245000
13	K22-909	박구려	22	사무자동화산업기사	222-6060	2017-06-11	254000
14	K66-808	지진희	23	전산회계1급	676-0001	2017-07-12	145000
15	K10-330	이양심	20	의무기록사	343-5558	2017-02-02	286000
16	K00-077	이도팔	22	병원행정사	212-2212	2017-08-18	278000
17	K10-424	감이팔	28	보험심사평가사	333-3377	2017-06-06	145000
18	K33-202	양계수	29	컴퓨터활용능력2급	676-5566	2017-06-22	224000
19	K12-505	구판장	22	사무자동화산업기사	777-7777	2017-07-17	224000
20							

〈그림 2.23〉

2.3.2 쉼표 스타일(,) 적용

〈그림 2.23〉의 지원금액 항목의 숫자 데이터는 기본적으로 오른쪽 맞춤되어 있고 특정 서식이 표시되어 있지 않는 일반으로 되어 있다 그러나 실무에서 대부분의 숫자 데이터 는 읽기 쉽도록 1000단위 마다 쉼표 스타일(,)을 표시하여 표기한다. 또한 숫자 데이터는 숫자의 쓰임에 따라 퍼센트(%), 원화(₩)와 같은 통화 표시, 소수이하 자릿수의 늘림/줄 임 등 다양한 형태로 표시 형식을 변경하여 표시된다.

다음 따라하기는 지원금액 항목의 숫자 데이터에 1000단위 마다 쉼표 스타일(,)을 적용하 는 실습이다.

🔖 따라하기

▶ **동작 1** 지원금액 데이터(G5:G19) 범위를 선택한 후 표시 형식 그룹의 **쉼표 스타일** (▾)을 클릭하고 **범위를 해제**한다.

　　　▶ 지원금액의 숫자 데이터(G5:G19)에 1000단위 마다 쉼표 스타일이 적용되어 표시된다.

　　　▶ 표시 형식 그룹에 있는 표시 형식이 일반에서 회계로 변경된다.

💡 표시 형식 그룹

표시 형식 그룹에는 숫자와 관련한 회계 표시 형식, 백분율 스타일, 쉼표 스타일, 자릿수 줄임/늘임 아이 콘이 있고, 이외 날짜, 시간 등을 포함하여 다양한 형태의 셀 서식 적용하거나 특정 서식이 없는 일반 적 용을 모두 할 수 있는 아이콘이 있다. 아이콘이 없는 표시 형식을 적용하려면 표시 형식의 화살표( )를 클릭하여 다양한 서식을 지정할 수 있다.

2.3.3 날짜 서식

년-월-일 또는 년/월/일 형식으로 입력된 날짜 데이터는 기본적으로 년-월-일 형식으로 표시된다. 그러나 셀 서식 변경을 통해 사용자는 원하는 날짜 형식으로 변경할 수 있다. 예를 들어 2017-07-07로 입력된 날짜 데이터는 2017년 7월 7일, 2017年 7月 7日, 2017/ 7/7, 2017년 7월 7일 월요일, 17-07-07 등과 같이 다양한 형식으로 표시할 수 있다.

다음 따라하기는 등록일의 날짜 데이터 표시 형식을 17년 07월 07일과 같은 형식으로 적
용하는 실습이다.

📑 따라하기

▶ **동작 1**   등록일 날짜 데이터(F5:F19) 범위를 선택한 후 표시 형식 그룹의 우측에 있
는 화살표(🔲)을 클릭하여 표시된 셀 서식 대화 상자에서 〈그림 2.24〉와 같
이 표시 형식의 사용자 지정에서 yyyy"년" mm"월" dd"일"을 선택하고 확인
버튼을 클릭한다.

▶ 등록일 데이터의 셀 서식이 2017년 07년 07일 형식으로 적용된다.

▶ 등록일의 날짜 데이터가 모두 #으로 표시된다. 이는 셀 폭이 표시되는 데이터보다
좁기 때문이다.

▶ 표시 형식 그룹에 있는 표시 형식이 일반에서 사용자 지정으로 변경된다.

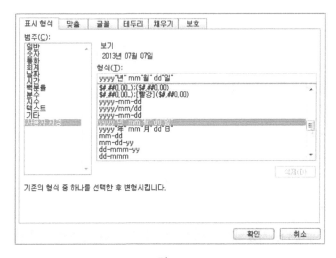

〈그림 2.24〉

🔅 셀 서식 대화 상자 표시의 또 다른 방법

선택한 범위에서 우측 버튼 → 셀 서식을 차례로 클릭하면 셀 서식 대화 상자를 표시한다. 또는 범위 선
택 → 표시 형식 그룹의 일반에 있는 오른쪽 화살표 → 기타 표시 형식을 차례로 클릭한다.

▶ 동작 2 워크시트의 열을 나타내는 F와 G사이의 경계선에 마우스 포인터를 정확히
위치시키고(마우스 포인터의 모양이 변함) 좌측 버튼을 누른 채 오른쪽으로
끌어 셀 너비를 늘린다.

　　▶ 등록일 데이터(F열)의 셀 너비가 늘어난다.

▶ 동작 3 만약 #이 표시되어 있다면 F열의 너비를 조절하여 날짜 데이터가 정상적으
로 표시되도록 한다.

　　▶ 등록일 데이터(F열)가 2017년 07월 07일 형식으로 정상 표시된다.

 열 너비 조절의 또 다른 방법

조절할 열을 나타내는 알파벳 선택 → 선택된 범위에서 우측 버튼 → 열 너비 → 열 너비 포인트 측
정 값 입력(1포인트는 약 0.035cm)한다. 또는 조절할 열의 오른쪽 열 경계선에서 더블 클릭하면 열 너
비가 자동 조절된다.

2.3.4 셀 병합하여 가운데 맞춤/글꼴 서식 적용

문서의 제목은 가능하면 표의 중앙에 위치하도록 배치해야 하고 전체 표와 잘 어울리도
록 모양을 내야 한다. 또한 셀을 병합하여 가운데 맞춤한 후 글꼴 및 글꼴 이름을 적절히
변경하고 제목을 보다 강조할 수 있도록 굵게, 밑줄, 글꼴 색 변경을 적용하면 보다 좋은
모양으로 표를 작성할 수 있다. 그러나 셀을 병합하면 여러 가지 기능의 제한이 있을 수
있으므로 주의해야 한다. 기능의 제한이 발생하면 병합된 셀을 반드시 분할한 후 작업해
야 한다.

다음 따라하기는 A1셀에 (주)코리아 자격증 취득 프로그램 참여 현황을 입력한 후 셀 병합
하여 가운데 맞춤하고 글꼴 크기 및 글꼴 이름의 변경, 굵게 및 밑줄 적용, 글꼴 색을 변경
하는 실습이다.

📋 따라하기

동작 1 A1셀에 (주)코리아 주관 자격증 취득 프로그램 참여 현황을 입력한다.

  ▶ A1셀에 (주)코리아 주관 자격증 취득 프로그램 참여 현황이 입력된다.

동작 2 A1:G1 범위를 선택하고 맞춤 그룹의 **병합하고 가운데 맞춤**(🔳)을 클릭한다.

  ▶ A1:G1 범위의 셀이 A1셀로 병합되고 A1셀의 텍스트가 가운데 맞춤된다.

🔅 셀 병합에서 주의할 점

① 셀을 병합하면 데이터는 병합 범위의 맨 위쪽의 왼쪽에 남게 된다. 예를 들어 A1:G1 범위를 병합하면 A1셀로 병합되고 데이터는 A1셀에 남게 된다. ② 병합 범위에 여러 데이터가 있으면 맨 위쪽의 왼쪽 데이터만 남게 된다. ③ 병합된 셀을 분할하려면 병합하고 가운데 맞춤 옆의 화살표를 클릭하고 셀 분할을 클릭한다.

동작 3 병합된 A1셀을 선택하고 글꼴 그룹의 글꼴 크기(11 ▾) 화살표를 클릭한 후 표시된 글꼴 크기에서 14를 선택한다.

  ▶ 병합된 A1 셀의 텍스트의 크기가 11에서 14로 커진다.

🔅 행 높이의 조절 방법

행을 나타내는 숫자(예 : 1과 2)사이의 행 경계선에 마우스 포인터를 위치(마우스 포인터 모양 변함) 시키고 좌측 버튼을 누른 채 끌어서 행 높이를 적절히 조절한다. 또는 조절할 행을 나타내는 알파벳 선택 → 우측 버튼 → 행 높이 → 열 너비 포인트 측정 값 입력(1포인트는 약 0.035cm)한다. 또는 조절할 행 아래의 행 경계선에서 더블 클릭하면 행 높이가 자동 조절된다.

동작 4 병합된 A1셀에서 글꼴 그룹의 글꼴(맑은 고딕 ▾) 화살표를 클릭한 후 표시된 글꼴에서 굴림체를 선택한다.

  ▶ 병합된 A1 셀의 글꼴이 맑은 고딕에서 굴림체로 변경된다.

동작 5 병합된 A1셀에서 글꼴 그룹의 **굵게**(가)를 클릭한다.

  ▶ 병합된 A1 셀의 텍스트에 굵게가 적용된다.

▶ **동작 6**   병합된 A1셀에서 글꼴 그룹의 밑줄(**가**)을 클릭한다.

    ▶ 병합된 A1 셀의 텍스트에 밑줄이 표시된다.

 이중 밑줄 긋기

밑줄의 옆 화살표를 클릭하면 이중 밑줄을 선택할 수 있다.

▶ **동작 7**   병합된 A1셀에서 글꼴 그룹의 글꼴 색(**가**) 옆의 화살표를 클릭한 후 표시된 색에서 검정, 텍스트 1, 35% 더 밝게를 선택한다.

    ▶ 병합된 A1 셀의 텍스트에 검정, 텍스트 1, 35% 더 밝게 색이 적용된다.

▶ **동작 8**   F3셀을 선택하고 작성자 : 홍 길 동(홍길동 → 작성자의 성명)을 입력한다.

    ▶ F3셀에 텍스트 작성자 : 홍 길 동(작성자의 성명)이 입력된다.

▶ **동작 9**   A1:G3 범위를 선택하고 배경색으로 테마 색의 흰색, 배경 1을 클릭한다.

    ▶ A1:G3 범위의 배경으로 흰색, 배경1 테마 색이 적용된다.

    ▶ 완성된 표는 〈그림 2.25〉와 같다.

	A	B	C	D	E	F	G
1				㈜코리아 주관 자격증 취득 프로그램 참여 현황			
2							
3						작성자 : 홍 길 동	
4	학생ID	성명	나이	과정	연락처	등록일	지원금액
5	K55-101	이사방	22	의무기록사	666-9999	2017년 07월 07일	245,000
6	K00-303	홍길두	24	병원행정사	202-2222	2017년 04월 04일	265,000
7	K11-088	김헌빈	25	병원코디네이터	111-1001	2017년 08월 08일	225,000
8	K77-009	박사방	26	사무자동화산업기사	444-9900	2017년 08월 09일	339,000
9	K10-550	다연이	24	전산회계1급	777-2222	2017년 05월 05일	189,000
10	K22-665	공팔자	22	보험심사평가사	888-8989	2017년 05월 22일	247,000
11	K88-099	이미가	23	병원행정사	999-9898	2017년 07월 17일	189,000
12	K44-616	엄청나	25	병원코디네이터	666-9090	2017년 06월 10일	245,000
13	K22-909	박구려	22	사무자동화산업기사	222-6060	2017년 06월 11일	254,000
14	K66-808	지진회	23	전산회계1급	676-0001	2017년 07월 12일	145,000
15	K10-330	이양심	24	의무기록사	343-5558	2017년 02월 02일	286,000
16	K00-077	이도팔	22	병원행정사	212-2212	2017년 08월 18일	278,000
17	K10-424	감이팔	28	보험심사평가사	333-3377	2017년 06월 06일	145,000
18	K33-202	양계수	29	컴퓨터활용능력2급	676-5566	2017년 06월 22일	224,000
19	K12-505	구판장	22	사무자동화산업기사	777-7777	2017년 07월 17일	224,000
20							

〈그림 2.25〉

2.4 통합 문서의 저장/열기

〈그림 2.25〉와 같이 완성된 엑셀 통합 문서는 컴퓨터의 하드 디스크 또는 USB와 같은 이동식 저장 매체에 Excel 통합 문서로 저장해야 한다. 엑셀2007 버전 이상에서 완성된 파일을 Excel 통합 문서로 저장하면 파일명은 *.xlsx와 같이 확장자는 xlsx로 저장된다. 또한 완성된 엑셀 파일은 Excel 매크로 사용 통합 문서(*.xlsm), Excel 97 ~ 2003 통합 문서(*.xls), Excel 서식 파일(*.xltx), 웹 페이지(*.htm, *.html), XML 데이터(*.xml) 등 다양한 형식으로 저장할 수 있다.

다음 따라하기는 완성된 통합 문서를 사용자 USB 매체에 저장하는 실습이다.

📑 따라하기

▶ **동작 1** 컴퓨터에 사용자의 USB를 연결한다.
   ▷ USB 저장 매체가 연결되었음을 알리는 메시지가 표시된다.

▶ **동작 2** 오피스 버튼(🔘)을 클릭하여 표시된 메뉴에서 **저장**을 클릭한다.
   ▷ Exel 통합 문서의 저장 정보를 입력할 수 있는 창이 열린다.

▶ **동작 3** 저장 창의 구성에서 **로컬 디스크** 아래에 표시된 사용자가 연결한 USB를 클릭한다.
   ▷ 사용자가 연결한 USB가 저장 매체로 선택된다.

▶ **동작 4** 파일 이름으로 **코리아PG참여자**를 입력하고 **저장** 버튼을 클릭한다.
   ▷ 사용자의 USB에 Exel 통합 문서인 **코리아PG참여자**.xlsx로 저장된다.

💡 Excel 통합 문서 열기

저장된 문서를 열려면 오피스 버튼 → 열기 → 사용자 USB 선택 → 파일 선택 → 열기를 차례로 클릭한다.
- Excel 통합 문서 닫기 : 엑셀의 빨간색 닫기 버튼 아래에 있는 닫기 버튼을 클릭한다.
- 새 통합 문서 만들기 : 새로운 통합 문서를 작성하려면 오피스 버튼 → 새로 만들기 → 새 통합 문서 → 만들기를 차례로 클릭한다.

2.5 연습 문제(1)

1. 새 통합 문서에서 **Sheet1**의 이름을 **고객현황3월**로 변경한 후 앞서 작업한 순서에 따라 ①
   〈표 2.2〉의 기본 자료를 참조하여 **A4:G20 범위에 테두리를 적용하고 배경색으로 A4:**
   G4 범위:황갈색, 배경 2, 10% 더 어둡게, A5:G20 범위:흰색, 배경 1을 적용한다.
   ② 〈표 2.2〉 데이터를 차례로 입력하고 열 너비를 데이터 길이에 맞도록 적절히 조절한다.
   ③ 요구사항에 따라 셀 서식을 적용하고 제목을 입력하여 완성한 통합 문서를 **ABC고객현**
   황으로 저장하라.

기본 자료

〈표 2.2〉

등록코드	반려견종류	고객명	전화번호	구입가	최초등록일	최근방문일
AB-111	풍산견	황풍산	222-2222	663000	2012-07-07	2012-12-12
AB-333	시베리안허스키	이시허	333-3333	778000	2009-05-05	2010-04-04
AB-888	달마시안	강달마	111-1122	446000	2009-06-06	2012-07-07
AB-999	진도견	박지도	999-9090	995000	2008-09-09	2012-12-29
AB-555	골든리트리버	김골든	888-8888	665000	2009-04-04	2013-01-03
AB-665	푸들	공푸들	222-0000	323000	2010-03-03	2013-01-11
AB-199	시추	박시추	232-3333	656000	2002-01-01	2013-03-03
AB-116	시베리안허스키	배비장	454-5555	747000	2013-02-02	2013-04-04
AB-900	달마시안	배달마	666-6677	858000	2010-03-03	2013-03-13
AB-919	진도견	오진도	777-7788	336000	2012-04-04	2013-05-12
AB-338	골든리트리버	우골든	909-9090	445000	2011-06-06	2013-06-06
AB-717	풍산개	하풍산	889-8899	242000	2008-08-08	2012-10-10
AB-494	풍산개	허풍선	345-3456	334000	2008-09-09	2010-10-10
AB-232	달마시안	이도구	123-4567	257000	2010-11-11	2012-11-11
AB-909	진도견	개구신	980-9899	395000	2012-12-12	2013-03-03
AB-757	푸들	장푸들	112-1122	310000	2010-04-02	2012-12-30

요구 사항

① 표의 항목명과 등록코드, 고객명, 전화번호, 최초등록일, 최근방문일 데이터를 모두 가운데 맞춤하라.

② 구입가의 숫자 데이터의 표시 형식을 1000단위마다 쉼표 스타일(,)을 적용하고 원화(W)를 적용하라.

③ 최초등록일과 최근방문일의 날짜 데이터의 표시형식을 09년 04월 04일 형식으로 표시하고 열 너비를 적절히 조절하라.

④ A1에 **ABC 동물병원 고객 현황**을 입력하고 A1:G1 **범위를 병합**한 후 가운데 맞춤, 글꼴 굴림체, 굵게, 밑줄, 크기 16, 글꼴 색으로 **검정, 텍스트** 1, **35% 더 밝게**를 적용하라.

⑤ A1:G3 범위를 선택하고 배경색으로 테마 색의 **흰색, 배경** 1을 적용하라.

⑥ F3셀에 작성자 : ○○○으로 자신의 이름을 입력하라.

※ 〈표 2.3〉를 이용하여 요구 사항을 모두 적용한 결과는 〈그림 2.26〉과 같다.

	A	B	C	D	E	F	G
1			ABC 동물병원 고객 현황				
2							
3						작성자 : 홍 길 동	
4	등록코드	반려동물종류	고객명	전화번호	구입가	최초등록일	최근방문일
5	AB-111	풍산견	황풍산	222-2222	₩ 663,000	12년 07월 07일	12년 12월 12일
6	AB-333	시베리안허스키	이시허	333-3333	₩ 778,000	09년 05월 05일	10년 04월 04일
7	AB-888	달마시안	강달마	111-1122	₩ 446,000	09년 06월 06일	12년 07월 07일
8	AB-999	진도견	박지도	999-9090	₩ 995,000	08년 09월 09일	12년 12월 29일
9	AB-555	골든리트리버	김골든	888-8888	₩ 665,000	09년 04월 04일	13년 01월 03일
10	AB-665	푸들	공푸들	222-0000	₩ 323,000	10년 03월 03일	13년 01월 11일
11	AB-199	시추	박시추	232-3333	₩ 656,000	02년 01월 01일	13년 03월 03일
12	AB-116	시베리안허스키	배비장	454-5555	₩ 747,000	13년 02월 02일	13년 04월 04일
13	AB-900	달마시안	배달마	666-6677	₩ 858,000	10년 03월 03일	13년 03월 13일
14	AB-919	진도견	오진도	777-7788	₩ 336,000	12년 04월 04일	13년 05월 12일
15	AB-338	골든리트리버	우골든	909-9090	₩ 445,000	11년 06월 06일	13년 06월 06일
16	AB-717	풍산개	하풍산	889-8899	₩ 242,000	08년 08월 08일	12년 10월 10일
17	AB-494	풍산개	허풍선	345-3456	₩ 334,000	08년 09월 09일	10년 10월 10일
18	AB-232	달마시안	이도구	123-4567	₩ 257,000	10년 11월 11일	12년 11월 11일
19	AB-909	진도견	개구신	980-9899	₩ 395,000	12년 12월 12일	13년 03월 03일
20	AB-757	푸들	장푸들	112-1122	₩ 310,000	10년 04월 02일	12년 12월 30일
21							

〈그림 2.26〉

2.6 연습 문제(2)

1. 새 통합 문서에서 **Sheet1**의 이름을 진료01일로 변경한 후 앞서 작업한 순서에 따라 ① 〈표 2.3〉의 기본 자료를 참조하여 **A4 : H20 범위에 테두리를 적용하고 배경색으로 A4 : H4 범위 : 황갈색, 배경 2, 10% 더 어둡게, A5 : H20 범위 : 흰색, 배경 1을 적용한다.** ② 〈표 2.2〉 데이터를 차례로 입력하고 열 너비를 데이터 길이에 맞도록 적절히 조절한다. ③ 요구 사항에 따라 셀 서식을 적용하고 제목을 입력하여 완성한 통합 문서를 진료18년01월로 저장하라.

기본 자료

〈표 2.3〉

환자ID	차트NO	성명	전화번호	진료과목	보험유형	초진날짜	결재금액
P101	1705236	이동구	711-7111	피부과	국민건강보험	2017-05-04	16200
P303	1702012	이미랑	121-1212	신경외과	국민건강보험	2017-02-11	35300
P102	1703040	김도미	323-3322	피부과	실손보험	2017-03-22	125400
P303	1708099	나운수	444-4888	정형외과	실손보험	2017-08-01	157000
P404	1705144	이방무	555-5577	피부과	국민건강보험	2017-05-12	28050
P104	1706244	박두미	656-4477	내과	국민건강보험	2017-06-04	34620
P105	1702101	박사부	225-2525	내과	국민건강보험	2017-02-16	95600
P107	1703254	정도희	321-3321	소아청소년과	국민건강보험	2017-03-01	18600
P108	1706542	장도리	404-4404	이비인후과	국민건강보험	2017-06-02	17500
P109	1705560	임채미	505-5050	정형외과	실손보험	2017-05-01	125400
P110	1801100	막사발	666-1244	흉부외과	실손보험	2018-01-02	139910
P555	1801011	배말구	747-7747	정형외과	자동차보험	2018-01-03	60560
P910	1801205	나두영	888-8585	신경외과	국민건강보험	2018-01-04	17840
P776	1801211	이미라	909-2541	소아청소년과	국민건강보험	2018-01-05	36880
P198	1801111	도연무	404-4411	내과	국민건강보험	2018-01-06	46400
p200	1801202	무도식	555-5566	피부과	실손보험	2018-01-06	186500

요구 사항

① 표의 항목명과 환자ID, 차트NO, 성명, 전화번호, 초진날짜 데이터를 모두 가운데 맞춤하라.

② 결재금액의 숫자 데이터의 표시 형식을 1000단위마다 쉼표 스타일(,)을 적용하라.

③ 초진날짜의 날짜 데이터의 표시형식을 00년 00월 00일 형식으로 표시하고 열 너비를 적절히 조절하라.

④ A1에 **대한병원 외래환자 일자별 진료집계 자료**를 입력하고 A1:G1 **범위**를 **병합**한 후 가운데 맞춤, 글꼴 굴림체, 굵게, 밑줄, 크기 16, 글꼴 색으로 **검정, 텍스트 1, 35% 더 밝게**를 적용하라.

⑤ A1:H3 범위를 선택하고 배경색으로 테마 색의 **흰색, 배경** 1을 적용하라.

⑥ G3셀에 작성자 : ○○○으로 자신의 이름을 입력하라.

2.7 필기 연습 문제

1. 다음 중 데이터가 입력된 셀에서 〈Delete〉 키를 눌렀을 때의 상황에 대한 설명으로 옳지 않은 것은? 14년 2회 기출

   ① 셀에 설정된 메모는 지워지지 않는다.
   ② 셀에 설정된 내용과 서식이 함께 지워진다.
   ③ [홈]-[편집]-[지우기]-[내용 지우기]를 실행한 것과 동일한 결과가 발생한다.
   ④ 바로 가기 메뉴에서 〈내용 지우기〉를 실행한 것과 동일한 결과가 발생한다.

2. 다음 중 [홈]-[클립보드] 그룹의 [붙여넣기]에서 선택 가능한 붙여넣기 옵션으로 옳지 않은 것은? 14년 3회 기출

   ① 값 붙여넣기   ② 선택하여 붙여넣기
   ③ 테두리만 붙여넣기   ④ 연결하여 붙여넣기

3. 다음 중 찾기에 관한 설명으로 옳지 않은 것은? 14년 2회 기출

   ① 대/소문자를 구분하여 찾을 수 있다.
   ② 수식이나 값을 찾을 수 있지만, 메모 안의 텍스트는 찾을 수 없다.
   ③ 위쪽 방향이나 왼쪽 방향으로 검색 방향을 바꾸려면 〈Shift〉 키를 누른 채 [다음 찾기]를 클릭한다.
   ④ 와일드카드 문자인 '*'는 모든 문자를 대신할 수 있고, '?'는 해당 위치의 한 문자를 대신할 수 있다.

4. 다음 중 [찾기 및 바꾸기] 대화상자의 각 항목에 대한 설명으로 옳지 않은 것은? 14년 3회 기출

① 찾을 내용: 검색할 내용을 입력할 곳으로 와일드카드 문자를 검색 문자열에 사용할 수 있다.

② 서식: 숫자 셀을 제외한 특정 서식이 있는 텍스트 셀을 찾을 수 있다.

③ 범위: 현재 워크시트에서만 검색하는 '시트'와 현재 통합 문서의 모든 시트를 검색하는 '통합문서' 중 선택할 수 있다.

④ 모두 찾기: 검색 조건에 맞는 모든 항목이 나열된다.

5. 왼쪽 워크시트의 성명 데이터를 오른쪽 워크시트와 같이 성과 이름 두 개의 열로 분리하기 위해 [텍스트 나누기] 기능을 사용하고자 한다. 다음 중 [텍스트 나누기]의 분리방법으로 가장 적절한 것은? 14년 3회 기출

① 열 구분선을 기준으로 내용 나누기   ② 구분 기호를 기준으로 내용 나누기

③ 공백을 기준으로 내용 나누기   ④ 탭을 기준으로 내용 나누기

6. 다음 중 참조의 대상 범위로 사용하는 이름에 대한 설명으로 옳은 것은? 14년 1회 기출

① 이름 정의 시 첫 글자는 반드시 숫자로 시작해야 한다.

② 하나의 통합문서 내에서 시트가 다르면 동일한 이름을 지정할 수 있다.

③ 이름 정의 시 영문자는 대소문자를 구분하므로 주의하여야 한다.

④ 이름은 기본적으로 절대참조로 대상 범위를 참조한다.

7. 다음 중 아래 그림과 같이 [A2:D5] 영역을 선택하여 이름을 정의한 경우에 대한 설명으로 옳지 않은 것은? 14년 3회 기출

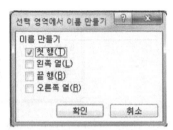

① 정의된 이름은 모든 시트에서 사용할 수 있으며, 이름 정의 후 참조 대상을 편집할 수도 있다.

② 현재 통합문서에 이미 사용 중인 이름이 있는 경우 기존 정의를 바꿀 것인지 묻는 메시지 창이 표시된다.

③ 워크시트의 이름 상자에서 '코드번호'를 선택하면 [A3:A5] 영역이 선택된다.

④ [B3:B5] 영역을 선택하면 워크시트의 이름 상자에 '품 명'이라는 이름이 표시된다.

8. 다음 중 엑셀에서 저장할 수 있는 파일 형식에 해당하지 않는 것은? 14년 3회 기출

① Excel 매크로 사용 통합 문서 (*.xlsm)

② Excel 바이너리 통합 문서 (*.xlsb)

③ dBASE 파일 (*.dbf)

④ XML 데이터 (.xml)

9. 다음 중 데이터 입력에 대한 설명으로 옳지 않은 것은? 2017년1회

① 셀 안에서 줄 바꿈을 하려면 〈Alt〉+〈Enter〉키를 누른다.

② 한 행을 블록 설정한 상태에서 〈Enter〉키를 누르면 블록 내의 셀이 오른쪽 방향으로 순차적으로 선택되어 행단위로 데이터를 쉽게 입력할 수 있다.

③ 여러 셀에 숫자나 문자 데이터를 한 번에 입력하려면 여러 셀이 선택된 상태에서 데이터를 입력한 후 바로 〈Shift〉+〈Enter〉키를 누른다.

④ 열의 너비가 좁아 입력된 날짜 데이터 전체를 표시하지 못하는 경우 셀의 너비에 맞춰 '#'이 반복 표시된다.

10. 다음 중 [외부 데이터 가져오기] 기능으로 가져올 수 없는 파일 형식은? 2015년 3회

① 데이터베이스 파일(*.accdb) ② 한글 파일(*.hwp)

③ 텍스트 파일(*.txt) ④ 쿼리 파일(*.dqy)

11. 다음 중 [선택하여 붙여넣기] 대화상자에 대한 설명으로 옳지 않은 것은? 2015년 3회

① 복사한 데이터를 여러 가지 옵션을 적용하여 붙여 넣는 기능으로, [잘라내기]를 실행한 상태에서는 사용할 수 없다.

② [붙여넣기]의 '서식'을 선택한 경우 복사한 셀의 내용과 서식을 함께 붙여 넣는다.

③ [내용 있는 셀만 붙여넣기]를 선택하면 복사할 영역에 빈 셀이 있는 경우 붙여 넣을 영역의 값을 바꾸지 않는다.

④ [행/열 바꿈]을 선택한 경우 복사한 데이터의 열을 행으로, 행을 열로 변경하여 붙여넣기가 실행된다.

12. 아래의 왼쪽 워크시트에서 성명 데이터를 오른쪽 워크시트와 같이 성과 이름 두 개의 열로 분리하기 위해 [텍스트 나누기] 기능을 사용하고자 한다. 다음 중 [텍스트 나누기]의 분리 방법으로 가장 적절한 것은? 2017년1회

	A
1	김철수
2	박선영
3	최영희
4	한국인

→

	A	B
1	김	철수
2	박	선영
3	최	영희
4	한	국인

① 열 구분선을 기준으로 내용 나누기 ② 구분 기호를 기준으로 내용 나누기

③ 공백을 기준으로 내용 나누기 ④ 탭을 기준으로 내용 나누기

13. 다음 중 채우기 핸들을 이용하여 데이터를 입력하는 방법으로 옳지 않은 것은? 2016년 2회

① 인접한 셀의 내용으로 현재 셀을 빠르게 입력하려면 위쪽 셀의 내용은 〈Ctrl〉+〈D〉, 왼쪽 셀의 내용은 〈Ctrl〉+〈R〉을 누른다.

② 숫자와 문자가 혼합된 문자열이 입력된 셀의 채우기 핸들을 아래쪽으로 끌면 문자는 복사되고 숫자는 1씩 증가한다.

③ 숫자가 입력된 셀의 채우기 핸들을 〈Ctrl〉키를 누른 채 아래쪽으로 끌면 똑같은 내용이 복사되어 입력된다.

④ 날짜가 입력된 셀의 채우기 핸들을 아래쪽으로 끌면 기본적으로 1일 단위로 증가하여 자동 채우기가 된다.

14. 다음 중 데이터 유효성 검사에 대한 설명으로 옳지 않은 것은? 2017년1회)

① 목록의 값들을 미리 지정하여 데이터 입력을 제한할 수 있다.

② 입력할 수 있는 정수의 범위를 제한할 수 있다.

③ 목록으로 값을 제한하는 경우 드롭다운 목록의 너비를 지정할 수 있다.

④ 유효성 조건 변경 시 변경 내용을 범위로 지정된 모든 셀에 적용할 수 있다.

15. 다음 중 데이터 유효성 검사에서 유효성 조건의 제한 대상으로 '목록'을 설정하였을 때의 설명으로 옳지 않은 것은? 2015년 3회

① 목록의 원본으로 정의된 이름의 범위를 사용하려면 등호(=)와 범위의 이름을 입력한다.

② 유효하지 않은 데이터를 입력할 때 표시할 메시지 창의 내용은 [오류 메시지] 탭에서 설정한다.

③ 드롭다운 목록의 너비는 데이터 유효성 설정이 있는 셀의 너비에 의해 결정된다.

④ 목록 값을 입력하여 원본을 설정하려면 값을 세미콜론(;)으로 구분하여 입력한다.

16. 다음 중 데이터 유효성 검사에 관한 설명으로 옳지 않은 것은? 2016년 1회

① 유효성 조건에 대한 제한 대상과 제한 방법을 설정할 수 있다.

② 이미 입력된 데이터에 유효성 검사를 설정하는 경우 잘못된 데이터는 삭제된다.

③ 워크시트의 열 단위로 데이터 입력 모드(한글/영문)를 다르게 지정할 수 있다.

④ 유효성 검사에 위배되는 잘못된 데이터가 입력되는 경우 표시할 오류 메시지를 설정할 수 있다.

17. 다음 중 아래 그림과 같이 연 이율과 월 적금액이 고정되어 있고, 적금기간이 1년, 2년, 3년, 4년, 5년인 경우 각 만기 후의 금액을 확인하기 위한 도구로 적합한 것은? 2016년 1회

	A	B	C	D	E	F
1						
2		연 이율	3%		적금기간(연)	만기 후 금액
3		적금기간(연)	1			6,083,191
4		월 적금액	500,000		1	
5		만기 후 금액	₩6,083,191		2	
6					3	
7					4	
8					5	

① 고급 필터

② 데이터 통합

③ 목표값 찾기

④ 데이터 표

18. 다음 중 데이터 통합에 관한 설명으로 옳지 않은 것은? 2016년 1회

① 데이터 통합은 위치를 기준으로 통합할 수도 있고, 영역의 이름을 정의하여 통합할 수도 있다.

② '원본 데이터에 연결' 기능은 통합할 데이터가 있는 워크시트와 통합 결과가 작성될 워크시트가 같은 통합 문서에 있는 경우에만 적용할 수 있다.

③ 다른 원본 영역의 레이블과 일치하지 않는 레이블이 있는 경우에 통합하면 별도의 행이나 열이 만들어진다.

④ 여러 시트에 있는 데이터나 다른 통합 문서에 입력되어 있는 데이터를 통합할 수 있다.

19. 다음 중 [삽입] 탭의 [일러스트레이션] 그룹에서 삽입 가능한 개체에 해당하지 않는 것은?
2016년 3회

① 도형

② 클립아트

③ WordArt

④ SmartArt

20. 다음 중 아래 그림과 같이 [A2:D5] 영역을 선택하여 이름을 정의한 경우에 대한 설명으로
옳지 않은 것은? 2016년 3회

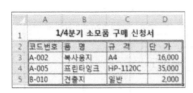 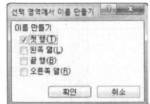

① 정의된 이름은 모든 시트에서 사용할 수 있으며, 이름 정의 후 참조 대상을 편집할 수도
있다.

② 현재 통합문서에 이미 사용 중인 이름이 있는 경우 기존 정의를 바꿀 것인지 묻는 메시
지 창이 표시된다.

③ 워크시트의 이름 상자에서 '코드번호'를 선택하면 [A3:A5] 영역이 선택된다.

④ [B3:B5] 영역을 선택하면 워크시트의 이름 상자에 '품명'이라는 이름이 표시된다.

21. 다음 중 셀에 데이터를 입력하는 방법에 대한 설명으로 옳지 않은 것은? 2016년 1회

① [A1] 셀에 값을 입력하고 〈Esc〉키를 누르면 [A1] 셀에 입력한 값이 취소된다.

② [A1] 셀에 값을 입력하고 오른쪽 방향키 〈→〉를 누르면 [A1] 셀에 값이 입력된 후 [B1]
셀로 셀 포인터가 이동한다.

③ [A1] 셀에 값을 입력하고 〈Enter〉키를 누르면 [A1] 셀에 값이 입력된 후 [A2] 셀로 셀
포인터가 이동한다.

④ [C5] 셀에 값을 입력하고 〈Home〉키를 누르면 [C5] 셀에 값이 입력된 후 [C1] 셀로 셀
포인터가 이동한다.

22. 다음 중 통합 문서 저장 시 설정할 수 있는 [일반 옵션]에 대한 설명으로 옳지 않은 것은?
2017년1회

① '백업 파일 항상 만들기'에 체크 표시한 경우에는 파일 저장 시 자동으로 백업 파일이 만들어진다.

② '열기 암호'를 지정한 경우에는 열기 암호를 입력해야 파일을 열 수 있고 암호를 모르면 파일을 열 수 없다.

③ '쓰기 암호'가 지정된 경우에는 파일을 수정하고 다른 이름으로 저장 시 '쓰기 암호'를 입력해야 한다.

④ '읽기 전용 권장'에 체크 표시한 경우에는 파일을 열 때 읽기 전용으로 열지 여부를 묻는 메시지가 표시 된다.

CHAPTER **3**

수식과 기본 함수 사용

기본 표 작성 **3.1**

수식을 이용한 계산 **3.2**

함수를 이용한 수식 **3.3**

표 모양내기 **3.4**

인쇄 미리 보기와 페이지 설정 **3.5**

연습 문제(1) **3.6**

연습 문제(2) **3.7**

연습 문제(3) **3.8**

필기 연습 문제 **3.9**

텍스트, 숫자, 날짜 데이터를 사용하여 만든 (주)코리아 주관 자격증 취득 프로그램 참여 현황, ABC 동물농원 고객 현황, 대한병원 외래환자 일자별 진료집계 자료 등과 같은 통합 문서는 수식이나 함수를 사용하지 않은 단순한 표에 지나지 않는다. 이 장에서는 텍스트 와 숫자, 날짜 데이터를 이용하여 〈표 3.1〉과 같은 전화요금 계산을 위한 기본 표를 A1:I15 범위에 만들고 수식과 함수, 셀 복사 등을 이용해 ① 시내요금, ② 요금합계, ③ 부가세, ④ 청구요금을 계산한다. 또한 간단한 함수를 이용하여 각 항목의 ⑤ 세로 합계 를 계산하고, 인쇄 환경을 설정 하는 방법을 익힌다.

기본 자료

〈표 3.1〉

코드	성 명	전화번호	시외요금	통화수	시내요금	요금합계	부가세	납부요금
K1230	이차돌	111-1111	33590	124				
K1231	구기수	222-1122	12560	343				
K1232	김삼동	333-3344	34500	1234				
K1233	강수혁	444-4455	12790	345				
K1234	이한둘	555-6677	25760	346				
K1235	박상갑	676-8890	47890	289				
K1236	이길상	998-0099	78920	1253	①	②	③	④
K1237	박성국	222-1133	67300	789				
K1238	이갑용	444-5599	12000	345				
K1239	손장순	606-6060	23000	456				
K1240	이문수	777-7799	25300	786				
K1241	김동국	101-1000	24300	324				
K1242	박문수	233-4455	14000	1098				
합 계			⑤	⑤	⑤	⑤	⑤	⑤

3.1 기본 표 작성

워크시트 작업을 잘 하기 위해서는 텍스트, 숫자, 날짜 등의 데이터 입력을 정확하고 신 속하게 입력해야 한다. 초보 단계에서는 테두리, 배경색, 데이터 입력 순서로 표를 작성 하지만 초보 단계를 벗어나면 순서를 바꾸어 데이터 입력을 가장 먼저 하게 되고 테두리 와 배경색을 적용하게 된다.

다음 따라하기는 〈표 3.1〉데이터 입력을 위해 A1:I15 범위에 테두리 및 배경색을 적용하는 실습이다.

📖 따라하기

▶ **동작 1** 새 통합 문서를 열고 Sheet1의 이름을 6월분으로 변경하라.

▶ **동작 2** A1:I15 범위에 〈표 3.1〉을 참조하여 테두리를 적용하고 배경색으로 A1:I1 범위 : 흰색, 배경 1, 15% 더 어둡게, A2:I14 범위 : 흰색, 배경 1, 5% 더 어둡게, A15:I15 범위: 흰색, 배경 1, 15% 더 어둡게를 적용한다.

    ▶ 테두리와 배경색이 적용된 결과는 〈그림 3.1〉과 같다.

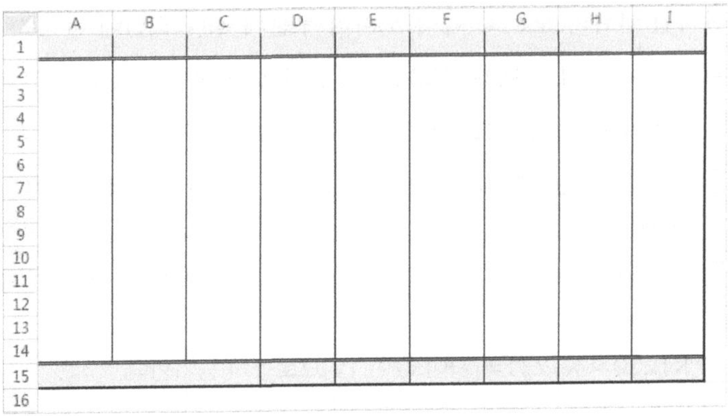

〈그림 3.1〉

3.1.1 데이터의 연속 항목 입력

〈표 3.1〉의 코드 K1231, K1232, K1233, …과 같이 일정한 규칙이 있는 텍스트, 숫자, 날짜 데이터는 연속 항목 입력으로 빠르고 쉽게 입력할 수 있다.

다음 따라하기는 코드 항목의 텍스트 데이터 K1231, K1232, K123…를 연속 항목 입력 방법으로 입력하는 실습이다.

📖 **따라하기**

▶ **동작 1**   A1셀에 코드를 입력한 후 A2셀에 K1230을 A3셀에 K1231을 입력하고
A2:A3 범위를 선택한다.

  ⊙ A1셀에 코드, A2셀에 K1230, A3셀에 K1231이 입력된다.

  ⊙ 〈그림 3.2〉와 같이 A2:A3의 범위가 선택된다.

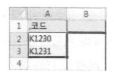

〈그림 3.2〉

▶ **동작 2**   선택된 범위의 오른쪽 아래 모서리 부분의 점( )에 마우스 포인터를 위
치시켜 작은 십자 모양( )으로 변한 상태에서 좌측 버튼을 누르고 A14까
지 끌어 놓는다(드래그 한다).

  ⊙ 범위 또는 선택한 셀 포인터의 오른쪽 아래 모서리 부분의 점( )을 **채우기
핸들**이라 한다.

  ⊙ A4:A15 범위에 K1232, K1233, K1234, ⋯ K1242까지 1씩 증가하며 코드
가 입력된다.

  ⊙ K1230과 K1231의 차이 값이 1이므로 1씩 증가한다.

텍스트 연속 항목 입력의 또 다른 방법

A2셀에 K1230을 입력하고 A2셀의 채우기 핸들을 A14셀까지 드래그 하면 1씩 증가하면서 연속 항목
의 텍스트가 입력된다.

3.1.2 텍스트 데이터와 숫자 데이터의 입력

텍스트 데이터는 사칙연산이 불가능하고 기본적으로 왼쪽 맞춤 된다. 그러나 수치 데이
터는 사칙연산을 수행할 수 있어 계산에 이용할 수 있고 자동으로 오른쪽 맞춤 된다. 워
크시트에서 사칙연산에 이용되는 형태의 모든 데이터는 숫자 데이터이다. 숫자 데이터

를 입력할 때 주의할 점은 숫자 데이터 입력시 순수하게 숫자만을 정확하게 입력하고 쉼표 스타일(,), 통화, 백분율 등을 표시할 때는 셀 서식을 적용하여 표시한다.

다음 따라하기로 항목의 텍스트 데이터 성명, 전화번호를 입력하고 숫자 데이터 시외요금, 통화수를 입력하여 기본 표를 작성한다.

📑 따라하기

⊙ 동작 1 B1셀에 성 명, C1셀에 전화번호를 입력하고 〈표 3.1〉의 성명, 전화번호 항목의 텍스트 데이터를 B2:C14 범위에 차례로 입력한다.

⊙ B2:B14 범위에 성명, C2:C14 범위에 전화번호 텍스트 데이터가 입력된다.

⊙ 동작 2 D1셀에 시외요금, E1셀에 통화수를 입력하고 〈표 3.1〉의 시외요금, 통화수 항목의 숫자 데이터를 D2:E14 범위에 차례로 입력한다.

⊙ D2:D14 범위에 시외요금, E2:E14 범위에 통화수 항목의 숫자 데이터가 입력된다.

⊙ 코드, 성명, 전화번호, 시외요금, 통화수가 모두 입력된 결과는 〈그림 3.3〉과 같다.

	A	B	C	D	E	F	G	H	I
1	코드	성 명	전화번호	시외요금	통화수				
2	K1230	이차돌	111-1111	33590	124				
3	K1231	구기수	222-1122	12560	343				
4	K1232	김삼동	333-3344	34500	1234				
5	K1233	강수혁	444-4455	12790	345				
6	K1234	이한돌	555-6677	25760	346				
7	K1235	박상갑	676-8890	47890	289				
8	K1236	이길상	998-0099	78920	1253				
9	K1237	박성국	222-1133	67300	789				
10	K1238	이갑용	444-5599	12000	345				
11	K1239	손장순	606-6060	23000	456				
12	K1240	이문수	777-7799	25300	786				
13	K1241	김동국	101-1000	24300	324				
14	K1242	박문수	233-4455	14000	1098				
15									
16									

〈그림 3.3〉

숫자 데이터를 텍스트 형식 데이터로 입력하려면

00014와 같은 데이터를 입력하면 숫자 14만 입력된다. 이는 00014도 숫자 데이터이기 때문이다. 00014와 같은 데이터를 00014 그대로 입력하려면 텍스트 데이터 형식으로 입력해야 한다. 이 때 '00012와 같이 따옴표(')를 붙여 입력한다. 텍스트 형식으로 저장된 숫자가 있는 셀은 좌측 상단에 작은 삼각형 표식이 붙는다.

3.2 수식을 이용한 계산

숫자 데이터는 더하기(+), 빼기(-), 곱하기(*), 나누기(/), 제곱(^) 등의 연산자와 괄호를 이용하여 수식을 구성할 수 있다. 〈표 3.1〉에서 ① 시내요금은 통화료에 70원을 곱한 값을 계산하고, ② 요금합계는 기본요금(5,000원), 시외요금, 시내요금의 합을 계산하고, ③ 부가세는 요금합계의 10%를 계산하고, ④ 청구요금은 요금합계와 부가세를 더한 값으로 계산하고자 한다. 〈그림 3.3〉에 적용해야 할 일반 수식을 모두 요약하여 간단하게 표현하면 다음과 같다.

① 시내요금 = 통화수 × 70원

② 요금합계 = 기본요금(5,000원) + 시외요금 + 시내요금

③ 부가세　 = 요금합계 × 10%

④ 청구요금 = 요금합계 + 부가세

3.2.1 수식의 작성

셀에서 수식을 입력할 때는 반드시 등호(=)로 시작해야 한다. 등호(=)과 숫자 데이터 시외요금과 통화수를 이용하여 수식에 더하기(+), 빼기(-), 곱하기(*), 나누기(/), 제곱(^) 연산자와 괄호를 적절히 사용하여 수식을 만들 수 있다. 예를 들어 수식 =E2*70은 E2의 값과 70을 곱하는 수식이고, =5000+D2+F2는 5000, D2의 값, F2의 값을 더하는 수식이다. 만약 수식을 =E2*70원과 같이 입력하면 70원이 숫자가 아닌 텍스트 데이터이므로 수식 오류 메시지가 표시되므로 주의해야 한다.

다음 따라하기는 F1에 항목명으로 시내요금을 입력하고 F2에 통화수 × 70원을 계산하는
수식을 적용하여 시내요금을 계산하는 실습이다.

📑 따라하기

▶ **동작 1**   **F1셀을 선택한 후 시내요금을 입력하고 Enter⏎를 친다.**

    ▶ F1셀에 항목명 시내요금이 입력되고 셀 포인터는 F2셀로 이동한다.

▶ **동작 2**   F2셀에서 =E2*70을 입력하고 Enter⏎를 친다.

    ▶ 셀에서 수식은 반드시 =으로 시작한다.

    ▶ F2셀에는 통화수 E2의 값 123과 70을 곱한 값 8610이 자동 계산된다.

    ▶ F2셀을 선택하면 셀에는 계산된 값이 표시되고 수식 입력줄에는 입력한 수식
      =E2*70이 표시 됨을 알 수 있다.

💡 입력된 수식을 간단하게 수정하는 방법

수정할 수식이 있는 셀을 선택하면 셀에는 계산된 값이 표시되지만 수식 입력줄에는 수식이 표시되므로
수식을 쉽게 수정할 수 있다. 또는 수정할 수식이 있는 셀을 선택하고 키보드 상단의 함수 키 F2를 치면
해당 셀에 입력된 셀의 내용을 수정할 수 있도록 셀의 내용이 표시어 손쉽게 수정할 수 있다. 이 방법은
입력된 데이터를 수정할 경우에도 유용하다.

3.2.2 수식의 복사

워크시트에서 셀의 수식을 복사하여 자동 계산하는 기능은 스프레드시트의 가장 강력한
기능 중 하나다. 스프레드시트가 비즈니스 현장에서 널리 사용되는 가장 주된 이유 중
하나는 바로 수식의 복사 때문이다. 그러므로 엑셀에서 수식의 복사 기능은 가장 흥미롭
고 중요한 기능으로 잘 익혀 두어야 한다.

다음 따라하기는 시내요금 항목의 F2셀에 있는 수식 =E2*70을 F3:F14 범위에 복사하여
계산하는 실습이다.

📑 따라하기

▶ **동작 1** F2셀을 선택하고 클립보드 그룹에 있는 복사(📋복사)를 클릭한다.

    ▶ F2셀이 점선으로 표시되어 복사할 셀 임을 나타낸다.

▶ **동작 2** F3:F14 범위를 선택하고 클립보드 그룹에 있는 붙여넣기(📋)를 클릭한다.

    ▶ F2셀의 수식이 F3:F14 범위에 복사되어 시내요금이 계산된다.

    ▶ F3셀을 선택하면 수식 입력줄에 =E3*70 수식이, F4셀을 선택하면 =E4*70
수식이, … F14셀을 선택하면 =E14*70 수식이 복사되어 있다. 즉 F2의 수식
=E2*70의 F2가 F3, F4, …, F14와 같이 상대적으로 바뀌어 복사된다. 이를 상
대 참조라 한다.

    ▶ F2셀의 복사로 인해 F14셀의 아래 테두리가 삭제되어 있다.

▶ **동작 3** F14셀을 선택한 후 삭제된 **아래쪽 이중 테두리**를 적용해 넣는다.

    ▶ F14셀에 삭제된 아래쪽 이중 테두리가 복구된다.

💡 **복사의 또 다른 방법**

복사할 셀을 선택한 후 셀 포인터의 우측 아래 점 채우기 핸들(▭)을 마우스의 왼쪽 버튼을 누른 채
복사할 범위의 셀까지 드래그 한다. 또는 채우기 핸들을 더블 클릭한다.

다음 따라하기는 ② 요금합계 항목에 = 기본요금(5,000원) + 시외요금 + 시내요금 수식을
적용하고 복사하는 실습이다.

따라하기

▶ **동작 1** G2셀을 선택한 후 수식 =5000+D2+F2를 입력하고 Enter↵ 를 친다.

> ▶ G2셀에는 기본요금 5000과 D2의 값 33590과 F2의 값 8610을 더한 값 47200이 계산되어 표시된다.

▶ **동작 2** G2셀을 선택하고 클립보드 그룹에 있는 복사(🔲복사)를 클릭한 후 G3:G14 범위를 선택하고 클립보드 그룹에 있는 붙여넣기(📋)를 클릭한다.

> ▶ G2셀의 수식이 G3:G14 범위에 복사되어 요금합계가 계산된다.
> ▶ G2셀의 복사로 인해 G14셀의 아래 테두리가 삭제되어 있다.

▶ **동작 3** G14셀을 선택한 후 삭제된 **아래쪽 이중 테두리**를 복구한다.

다음 따라하기는 ③ 부가세 항목에 = 요금합계 × 10% 수식을 적용하고 복사하는 실습이다.

따라하기

▶ **동작 1** H2셀을 선택한 후 수식 =G2*10%를 입력하고 Enter↵ 를 친다.

> ▶ H2셀에는 G2의 값 47200에 10%을 곱한 값 4720이 계산되어 표시된다.
> ▶ 10% 백분율로 값을 표시한 것이므로 0.1을 곱해도 결과는 같다.

▶ **동작 2** H2셀을 H3:H14 범위에 복사하여 부가세를 계산한다.

> ▶ H2셀의 수식이 H3:H14 범위에 복사되어 요금합계가 계산된다.
> ▶ H2셀의 복사로 인해 H14셀의 아래 테두리가 삭제되어 있다.

▶ **동작 3** H14셀을 선택한 후 삭제된 **아래쪽 이중 테두리**를 복구한다.

혼 자 해 보 기

지시1 I1셀에 **청구요금**을 입력한 후 I2셀에 ④ 청구요금 항목에 = **요금합계 + 부가세**
수식을 적용하고 I3:I14 범위에 복사하여 청구요금을 계산하고 **테두리를 복구**
하라.

• 시내요금, 요금합계, 부가세, 청구요금을 계산한 결과는 〈그림 3.4〉과 같다.

	A	B	C	D	E	F	G	H	I
1	코드	성 명	전화번호	시외요금	통화수	시내요금	요금합계	부가세	청구요금
2	K1230	이차돌	111-1111	33590	124	8680	47270	4727	51997
3	K1231	구기수	222-1122	12560	343	24010	41570	4157	45727
4	K1232	김삼동	333-3344	34500	1234	86380	125880	12588	138468
5	K1233	강수혁	444-4455	12790	345	24150	41940	4194	46134
6	K1234	이한물	555-6677	25760	346	24220	54980	5498	60478
7	K1235	박상갑	676-8890	47890	289	20230	73120	7312	80432
8	K1236	이길상	998-0099	78920	1253	87710	171630	17163	188793
9	K1237	박성국	222-1133	67300	789	55230	127530	12753	140283
10	K1238	이갑용	444-5599	12000	345	24150	41150	4115	45265
11	K1239	손장순	606-6060	23000	456	31920	59920	5992	65912
12	K1240	이문수	777-7799	25300	786	55020	85320	8532	93852
13	K1241	김동국	101-1000	24300	324	22680	51980	5198	57178
14	K1242	박문수	233-4455	14000	1098	76860	95860	9586	105446
15									
16									

〈그림 3.4〉

수식 복사를 보다 효율적으로 하는 방법

F2, G2, H2, I2셀에 수식을 모두 입력하고 F2:I2 범위의 수식을 F3:I14 범위에 한꺼번에 복사하
면 된다.

3.3 함수를 사용한 수식

3.3.1 SUM 함수를 사용한 합계 수식

수식을 이용하여 시내요금, 요금합계, 부가세, 청구금액을 계산한 결과는 〈그림 3.4〉와 같다. 연산자를 이용한 수식으로는 〈그림 3.4〉에서 ⑤ 시외요금, 통화수, 시내요금, 요금 합계, 부가세, 청구금액 항목의 세로 합계 계산이 쉽지 않다. 그러므로 셀 범위에 있는 모든 수를 한꺼번에 더할 수 있는 함수가 필요하다. SUM 함수는 인수로 지정된 모든 셀의 값을 한꺼번에 더할 수 있는 함수이다. SUM 함수의 구문 형식은 SUM(number1, number2, …)과 같고 number1, number2, …는 전체 값이나 합계를 계산할 인수로 1개에서 255개까지 사용할 수 있다. 예들 들어 SUM함수를 이용한 수식 =SUM(D2:D14)는 D2셀에서 D14셀의 값을 모두 더하고 수식 =SUM(2,3,4) 수식의 계산 결과는 9가 된다.

다음 따라하기는 SUM 함수를 이용하여 ⑤ 시외요금, 통화수, 시내요금, 요금합계, 부가세, 청구금액 항목의 세로 합계를 계산하는 실습이다.

🖳 따라하기

▶ **동작 1** D15셀을 선택한 후 수식 =SUM(D2:D14)를 입력하고 Enter↵ 를 친다.

　　▶ D15셀에 D2:D14 범위에 있는 **시외요금**의 세로 합계가 계산된다.

▶ **동작 2** D15셀의 수식을 E15:I15 범위에 복사하고 I15셀의 오른쪽 테두리를 굵은 실선으로 복구한다.

　　▶ E15:I15 범위에 **통화수, 시내요금, 요금합계, 부가세, 청구금액** 항목의 세로 합계가 계산된다.

　　▶ E15셀에는 =SUM(E2:E14), F15셀에는 =SUM(F2:F14), …의 수식으로 복사되어 있다.

▶ **동작 3** A15셀에 합 계를 입력하고 A15:C15 범위를 병합하고 가운데 맞춤(圉)한다.

　　▶ 통화수, 시내요금, 요금합계, 부가세, 청구금액 항목의 세로 합계가 계산되고 **합계**가 입력되어 병합된 결과는 〈그림 3.5〉와 같다.

	A	B	C	D	E	F	G	H	I
1	코드	성 명	전화번호	시외요금	통화수	시내요금	요금합계	부가세	청구요금
2	K1230	이차돌	111-1111	33590	124	8680	47270	4727	51997
3	K1231	구기수	222-1122	12560	343	24010	41570	4157	45727
4	K1232	김삼동	333-3344	34500	1234	86380	125880	12588	138468
5	K1233	강수혁	444-4455	12790	345	24150	41940	4194	46134
6	K1234	이한물	555-6677	25760	346	24220	54980	5498	60478
7	K1235	박상갑	676-8890	47890	289	20230	73120	7312	80432
8	K1236	이길상	998-0099	78920	1253	87710	171630	17163	188793
9	K1237	박성국	222-1133	67300	789	55230	127530	12753	140283
10	K1238	이갑용	444-5599	12000	345	24150	41150	4115	45265
11	K1239	손장순	606-6060	23000	456	31920	59920	5992	65912
12	K1240	이문수	777-7799	25300	786	55020	85320	8532	93852
13	K1241	김동국	101-1000	24300	324	22680	51980	5198	57178
14	K1242	박문수	233-4455	14000	1098	76860	95860	9586	105446
15		합 계		411910	7732	541240	1018150	101815	1119965
16									

〈그림 3.5〉

SUM 함수를 이용한 합계 계산의 또 다른 방법

합계가 입력될 셀을 선택하고 엑셀 상단의 수식 탭을 클릭하여 표시된 리본 메뉴에서 자동 합계(Σ)를 클릭하면 계산할 범위가 자동 선택되므로 Enter↵ 키를 쳐 계산한다.

3.3.2 ROUNDDOWN 함수를 이용한 원 단위 절사

ROUNDDOWN 함수는 소수점 이하 자리수를 0에 가까운 수로 내림한다. 이 함수는 소수점 이하뿐 아니라 1원, 10원, 100원, … 단위의 절사도 할 수 있다. 우리나라는 1원 단위의 화폐를 사용하지 않으므로 1원 단위를 잘라내야 하는 상황이 생긴다. 이 때 1원 단위를 절사하여 고객이 청구요금을 납부할 수 있도록 해야 한다. 예를 들어 〈그림 3.5〉의 I2열에 표시된 이차돌 고객의 청구요금은 51997원이지만 실제 청구금액은 1원 단위를 절사하여 51990원을 청구해야 한다. 따라서 I2에 입력된 =G2+H2의 수식이 1원 단위를 절사할 수 있도록 수정해야 한다. ROUNDDOWN 함수의 구문 형식은 ROUNDDOWN (number, num_digits)이다. number은 내림할 실수, num_digits는 숫자를 내림할 자리수로 기본값은 0이다. 예를 들어 =ROUNDDOWN(51997, -1)인 경우 결과 값은 51990이 된다. ROUNDDOWN과 동일한 구문 형식을 가진 함수는 0에 먼 수로 올림하는 ROUNDUP 함수, 지정된 자리수로 반올림 하는 ROUND 함수가 있다.

다음 따라하기는 청구요금 I2의 =G2+H2 수식에 ROUNDDOWN 함수를 사용하여 1원 단위를 절사하고 I3:I14범위에 복사하는 실습이다.

 따라하기

▶ **동작 1** I2셀을 선택한 후 수식 =ROUNDDOWN(G2+H2, -1)로 수정하여 입력하고 Enter↵를 친다.

   ▷ I2의 전화요금+부가세 계산 값 **51997**이 1원 단위가 절사된 결과 값 **51990**으로 계산된다.

▶ **동작 2** I2셀의 수식을 I3:I14 범위에 복사하고 I14셀의 아래쪽 테두리를 복구한다.

   ▷ I2:I14 범위의 모든 값이 1원 단위가 절사되어 계산된 결과는 〈그림 3.6〉과 같다.

	A	B	C	D	E	F	G	H	I
1	코드	성 명	전화번호	시외요금	통화수	시내요금	요금합계	부가세	청구요금
2	K1230	이차돌	111-1111	33590	124	8680	47270	4727	51990
3	K1231	구기수	222-1122	12560	343	24010	41570	4157	45720
4	K1232	김삼동	333-3344	34500	1234	86380	125880	12588	138460
5	K1233	강수혁	444-4455	12790	345	24150	41940	4194	46130
6	K1234	이한돌	555-6677	25760	346	24220	54980	5498	60470
7	K1235	박상갑	676-8890	47890	289	20230	73120	7312	80430
8	K1236	이길상	998-0099	78920	1253	87710	171630	17163	188790
9	K1237	박성국	222-1133	67300	789	55230	127530	12753	140280
10	K1238	이갑용	444-5599	12000	345	24150	41150	4115	45260
11	K1239	손장순	606-6060	23000	456	31920	59920	5992	65910
12	K1240	이문수	777-7799	25300	786	55020	85320	8532	93850
13	K1241	김동국	101-1000	24300	324	22680	51980	5198	57170
14	K1242	박문수	233-4455	14000	1098	76860	95860	9586	105440
15		합 계		411910	7732	541240	1018150	101815	1119900
16									

〈그림 3.6〉

🔅 1원 단위를 절사하는 또 다른 방법

소수점 이하를 자르거나 1원 단위를 절사하는 방법은 여러 가지가 있다. ROUNDDOWN과 비슷한 구문으로 소수점 이하를 자르는 함수는 TRUNC 함수가 있다. 구문 형식은 TRUNC(number, num_digits)이다. 예를 들어 수식 =ROUNDDOWN(G2+H2, −1)을 대신해 수식 =TRUNC(G2+H2, −1)을 입력해도 결과는 동일하다.

3.4 표 모양내기

3.4.1 쉼표 스타일(,) 적용과 데이터 맞춤

〈그림 3.5〉의 시외요금, 통화수, 시내요금, 요금합계, 부가세, 청구요금 항목의 숫자 데이터는 일반 형식으로 오른쪽 맞춤되어 있다. 그러나 현장에서는 대부분 숫자 데이터에 1000단위마다 쉼표 스타일을 표시하여 회계 형식으로 표시하는 것이 일반적이다. 또한 항목명과 데이터 길이가 일정한 코드, 성명, 전화번호 등은 가운데 맞춤하는 것이 보기에 좋다.

다음 따라하기는 D2:I15 범위의 숫자 데이터에 쉼표 스타일(,)을 적용하고 항목명과 코드, 성명, 전화번호 데이터를 가운데 맞춤하는 실습이다.

따라하기

▶ **동작 1** 숫자 데이터(D2:I15) 범위를 선택한 후 표시 형식 그룹의 **쉼표 스타일**(,)을 클릭하고 **범위를 해제**한다. 만약 #이 표시되면 해당 열의 열 너비를 적절히 조절한다.

　▷ 숫자 데이터(D2:I15)에 1000단위 마다 쉼표 스타일이 적용되어 표시된다.
　▷ 표시 형식 그룹에 있는 표시 형식이 일반에서 회계로 변경된다.

▶ **동작 2** 항목명(A1:I1) 범위를 선택한 후 맞춤 그룹에서 **가운데 맞춤**(≡)을 클릭하고 범위를 해제한다.

　▷ 항목명(A1:I1)이 모두 가운데 맞춤된다.

▶ **동작 3** 코드, 성명, 전화번호 항목의 데이터(A2:C14) 범위를 선택한 후 맞춤 그룹에서 **가운데 맞춤**(≡)을 클릭하고 범위를 해제한다.

　▷ 코드, 성명, 전화번호의 텍스트 데이터(A2:C14)가 모두 가운데 맞춤된다.
　▷ 쉼표 스타일과 맞춤이 모두 적용된 결과는 〈그림 3.7〉과 같다.

	A	B	C	D	E	F	G	H	I
1	코드	성 명	전화번호	시외요금	통화수	시내요금	요금합계	부가세	청구요금
2	K1230	이차돌	111-1111	33,590	124	8,680	47,270	4,727	51,990
3	K1231	구기수	222-1122	12,560	343	24,010	41,570	4,157	45,720
4	K1232	김삼동	333-3344	34,500	1,234	86,380	125,880	12,588	138,460
5	K1233	강수혁	444-4455	12,790	345	24,150	41,940	4,194	46,130
6	K1234	이한돌	555-6677	25,760	346	24,220	54,980	5,498	60,470
7	K1235	박상갑	676-8890	47,890	289	20,230	73,120	7,312	80,430
8	K1236	이길상	998-0099	78,920	1,253	87,710	171,630	17,163	188,790
9	K1237	박성국	222-1133	67,300	789	55,230	127,530	12,753	140,280
10	K1238	이갑용	444-5599	12,000	345	24,150	41,150	4,115	45,260
11	K1239	손장순	606-6060	23,000	456	31,920	59,920	5,992	65,910
12	K1240	이문수	777-7799	25,300	786	55,020	85,320	8,532	93,850
13	K1241	김동국	101-1000	24,300	324	22,680	51,980	5,198	57,170
14	K1242	박문수	233-4455	14,000	1,098	76,860	95,860	9,586	105,440
15		합 계		411,910	7,732	541,240	1,018,150	101,815	1,119,900
16									

〈그림 3.7〉

3.4.2 행 삽입과 제목 입력

〈그림 3.7〉과 같이 완성된 표에 제목을 입력하려면 제목을 넣을 수 있는 행을 삽입해야 한다. 상황에 따라서는 누락된 항목을 삽입(또는 삭제)해야 할 경우도 있다. 행 삽입(또는 삭제)과 열 삽입(또는 삭제)은 행 선택과 열 선택의 차이가 있을 뿐 삽입(또는 삭제) 방법은 거의 동일하다.

다음 따라하기는 1, 2, 3행을 삽입한 후 A1셀에 (주)월드통신 남부지역 전화요금 납부대장 (6월)을 입력하고 A1:I1 범위 병합하여 가운데 맞춤, 글꼴 크기 16, 글꼴 굴림체, 굵게 및 밑줄 적용, 배경 색을 흰색, 배경 1로 변경하는 실습이다.

🔖 따라하기

▶ **동작 1**   워크시트의 행 번호(행 머리글) 1에 마우스 포인터를 위치시켜 마우스의 좌측 버튼을 누른 상태로 행 번호 3까지 끈다.

⊙ 〈그림 3.8〉와 같이 1:3행 범위가 선택된다.

	A	B	C	D	E	F	G	H	I
1	코드	성 명	전화번호	시외요금	통화수	시내요금	요금합계	부가세	청구요금
2	K1230	이차돌	111-1111	33,590	124	8,680	47,270	4,727	51,990
3	K1231	구기수	222-1122	12,560	343	24,010	41,570	4,157	45,720
4	K1232	김삼동	333-3344	34,500	1,234	86,380	125,880	12,588	138,460
5	K1233	강수혁	444-4455	12,790	345	24,150	41,940	4,194	46,130
6	K1234	이한돌	555-6677	25,760	346	24,220	54,980	5,498	60,470

〈그림 3.8〉

▶ **동작 2** 선택된 범위에서 마우스 오른쪽 버튼을 클릭하여 표시된 팝업 메뉴에서 삽
입을 클릭하고 범위를 해제한다.

  ⊙ 1, 2, 3행이 삽입되고 표 전체가 아래로 이동한다.

- 행 삽입의 또 다른 방법 : A1:A3과 같은 범위를 선택한 후 셀 그룹의 삽입 밑에 있는 화살표를 클릭
  하고 시트 행 삽입을 클릭한다.
- 열 삽입 방법 : 삽입할 열 머리글을 선택하고 마우스 우측 버튼→삽입을 클릭한다. 또는 범위 선택
  하고 셀 그룹의 삽입 밑에 있는 화살표를 클릭하고 시트 열 삽입을 클릭한다.

▶ **동작 3** A1셀을 선택하고 (주)월드통신 남부지역 전화요금 납부대장(6월)을 입력한
후 A1:I1 범위 셀을 병합 후 가운데 맞춤(⬚)한다.

  ⊙ A1:I1 범위의 셀이 A1셀로 병합되고 A1셀의 텍스트가 가운데 맞춤된다.

▶ **동작 4** 병합된 A1셀의 글꼴 크기는 16, 글꼴은 굴림체, 굵게, 밑줄을 적용하고, 글꼴
색은 검정, 텍스트 1, 25% 더 밝게로 적용한 후 행 높이를 적절히 조절한다.

  ⊙ A1의 텍스트에 여러 가지 텍스트 서식이 적용된다.

▶ **동작 5** H3셀을 선택하고 작성자 : 홍 길 동(홍길동 → 작성자의 성명)을 입력한다.

  ⊙ H3셀에 텍스트 **작성자 : 홍 길 동**(작성자의 성명)이 입력된다.

▶ **동작 6** A1:I3 범위를 선택하고 배경색으로 테마 색의 흰색, 배경 1을 클릭한다.

  ⊙ A1:G3 범위의 배경으로 흰색, 배경1 테마 색이 적용된다.
  ⊙ 완성된 표는 〈그림 3.9〉와 같다.

(주)월드통신 남부지역 전화요금 납부대장(6월)

작성자 : 홍 길 동

코드	성 명	전화번호	시외요금	통화수	시내요금	요금합계	부가세	청구요금
K1230	이차돌	111-1111	33,590	124	8,680	47,270	4,727	51,990
K1231	구기수	222-1122	12,560	343	24,010	41,570	4,157	45,720
K1232	김삼동	333-3344	34,500	1,234	86,380	125,880	12,588	138,460
K1233	강수혁	444-4455	12,790	345	24,150	41,940	4,194	46,130
K1234	이한돌	555-6677	25,760	346	24,220	54,980	5,498	60,470
K1235	박상갑	676-8890	47,890	289	20,230	73,120	7,312	80,430
K1236	이길상	998-0099	78,920	1,253	87,710	171,630	17,163	188,790
K1237	박성국	222-1133	67,300	789	55,230	127,530	12,753	140,280
K1238	이갑용	444-5599	12,000	345	24,150	41,150	4,115	45,260
K1239	손장순	606-6060	23,000	456	31,920	59,920	5,992	65,910
K1240	이문수	777-7799	25,300	786	55,020	85,320	8,532	93,850
K1241	김동국	101-1000	24,300	324	22,680	51,980	5,198	57,170
K1242	박문수	233-4455	14,000	1,098	76,860	95,860	9,586	105,440
합 계			411,910	7,732	541,240	1,018,150	101,815	1,119,900

〈그림 3.9〉

동작 7 완성된 통합 문서를 작성자의 USB에 **전화요금산출**로 저장한다.

3.5 인쇄 미리 보기와 페이지 설정

완성된 통합 문서를 서류로 인쇄하기 위해서는 서류 형식에 맞는 관련한 다양한 옵션을 설정해야 한다. 인쇄 옵션을 설정하려면 먼저 프린터를 사용할 수 있도록 프린터 제어기가 설치되어야 한다. 프린터 제어기는 윈도우 운영체제의 **프린터 추가** 기능을 사용하면 간단하게 설치할 수 있다. 프린터 제어기가 설치되면 **페이지 레이아웃 리본 메뉴** 및 인쇄 미리보기를 통해 통합 문서의 인쇄 옵션을 설정할 수 있다.

3.5.1 인쇄 미리 보기

인쇄 미리 보기는 완성된 표가 용지에 인쇄되었을 경우 어떤 모양으로 인쇄되는지를 미리 화면을 통해 보여주는 기능이다. 미리 보기 기능을 이용하면 인쇄되는 모양을 미리 보고 다양한 인쇄 옵션을 설정할 수 있으므로 인쇄용지의 불필요한 소모를 막을 수 있다.

다음 따라하기를 통해 완성된 표가 인쇄용지에 어떤 모양을 띠는지 화면상에 미리 나타내 보자.

🖹 따라하기

▶ 동작 1 Microsoft Office 버튼(　)을 클릭하고 인쇄 옆의 화살표에 마우스 포인터를 옮기면 표시되는 메뉴에서 인쇄 미리 보기를 클릭한다.

　　▶ 화면에는 A4 용지 크기의 바탕이 나타나고 작성된 표가 표시된다.

　　▶ 화면 상단에는 〈그림 3.10〉과 같은 인쇄 미리 보기 리본 메뉴가 표시되어 있다.

　　▶ 리본 메뉴의 미리 보기 그룹에는 다음 페이지가 활성화되어 있다. 이는 화표에 표시된 문서의 다음 페이지가 있음을 의미한다.

〈그림 3.10〉

💡 **Excel 2010의 인쇄 미리보기 및 확대/축소 버튼**

Excel 2010은 파일 탭(　)을 클릭하여 표시된 메뉴에서 인쇄를 클릭하면 화면의 우측에 인쇄 미리 보기가 표시되고, 확대/축소를 위해서는 맨 우측 최 하단에 있는 페이지 확대/축소 버튼(　)을 클릭하면 된다.

▶ 동작 2 확대/축소(　)를 클릭한다.

　　▶ 확대(또는 축소)된 인쇄 미리 보기 화면을 볼 수 있다.

▶ 동작 3 미리 보기 그룹의 다음 버튼을 클릭한다.

　　▶ 첫 번째 페이지에 표시되지 않았던 내용이 두 번째 페이지에 표시되어 있다.

▶ 동작 4 미리 보기 그룹의 이전 버튼을 클릭한다.

　　▶ 화면에는 다시 첫 번째 페이지가 표시된다.

▷ **동작 5**　인쇄 미리 보기 닫기를 클릭한다.

　　　　▷ 인쇄 미리 보기 창이 닫히고 워크시트가 표시된다.

💡 **인쇄 미리 보기 후 워크시트에 나타나는 점선은?**

인쇄 미리 보기한 후 워크시트에는 인쇄 페이지를 구분하는 선이 점선으로 나타난다. 이 점선은 워크시트에서 수행하는 작업에 영향을 미치지 않는다.

3.5.2 페이지 설정

페이지 설정에서 페이지 탭을 이용하면 페이지 기본 옵션인 용지의 크기, 인쇄 품질, 용지 방향, 확대 축소 배율 등을 설정할 수 있다. 여백 탭을 이용하면 머리글, 바닥글, 위쪽, 아래쪽, 왼쪽, 오른쪽의 여백과 페이지 가운데 맞춤을 설정할 수 있다. 머리글/바닥글 탭을 이용하면 머리글 또는 바닥글을 삽입하고 이와 관련한 다양한 옵션을 설정할 수 있다. 시트 탭을 이용하면 인쇄 영역, 반복할 행(열)의 지정 여부, 눈금선 및 메모 인쇄 여부, 행/열 머리글 인쇄 여부, 페이지 순서 등 다양한 옵션을 설정할 수 있다.

다음 따라하기는 페이지 설정을 통해 페이지와 관련한 여러 가지 옵션을 설정하는 방법을 실습한다.

 따라하기

▷ **동작 1**　인쇄 미리 보기를 실행하고 리본 메뉴의 인쇄 그룹에서 페이지 설정(🖨)을 클릭한다.

💡 **Excel 2010의 인쇄 미리보기 페이지 설정**

Excel 2010은 파일 탭(　파일　) – 인쇄를 클릭하여 표시된 미리보기 창의 설정 하단에 있는 페이지 설정을 클릭한다. 페이지 설정 대화 상자는 〈그림 3.11〉과 같다.

⊚ 〈그림 3.11〉과 같은 페이지 설정 대화 상자가 열린다.

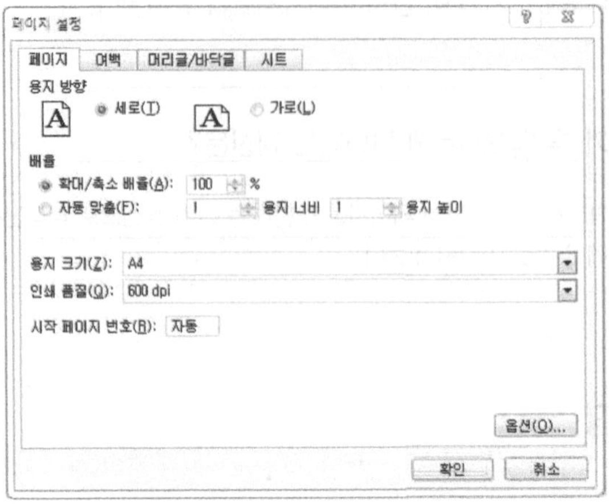

〈그림 3.11〉

⊚ **동작 2** 페이지 탭의 배율 항목에서 **확대/축소 배율의 화살표**를 이용하여 90%로 값을 조절하고 **확인** 버튼을 클릭한다.

  ⊚ 배율을 90%로 용지 1장에 인쇄될 수 있는 크기로 조절한다.

  ⊚ 미리 보기 그룹의 다음 페이지 버튼이 비활성화 된다.

🔅 인쇄 미리 보기에서 열 너비 및 여백 조절 하기

미리 보기 그룹의 여백 표시를 클릭하면 열 너비 상, 하, 좌, 우, 머리글, 바닥글 여백을 조절할 수 있는 조절점이 표시된다. 이 점을 클릭한 채로 오른쪽/왼쪽으로 끌거나 위쪽/아래쪽으로 끌어 여백 또는 간격을 조절할 수 있다. Excel 2010에서는 미리보기 화면의 맨 우측 최 하단에 있는 여백 표시 버튼(▥)을 클릭하면 간격 조절점이 표시된다,

---

⊚ **동작 3** 표를 용지의 중앙에 위치시키기 위해 인쇄 그룹에서 **페이지 설정(🖨)**을 클릭한 후 **여백 탭**을 클릭하고 페이지 가운데 맞춤의 **가로**를 체크한 다음 **확인** 버튼을 클릭한다.

  ⊚ 표가 용지의 가로 중앙으로 배치된다.

페이지 가운데 맞춤의 세로는?

페이지 가운데 맞춤의 세로는 용지의 세로 가운데로 배치한다. 그러나 대부분의 서류에서 세로 가운데로 맞춤할 경우는 많지 않다. 그러므로 실제 세로 맞춤은 잘 사용되지 않는다.

⊙ **동작 4**   인쇄 미리 보기의 닫기 버튼을 클릭한다.

⊙ **동작 5**   인쇄 옵션이 설정되어 완성된 통합 문서를 사용자의 USB에 전화요금산출로 다시 저장한다.

 인쇄 옵션의 또 다른 설정 방법

페이지 레이아웃 리본 메뉴에는 인쇄와 관련한 테마 그룹, 페이지 설정 그룹, 크기 조절 그룹, 시트 옵션 그룹, 정렬 그룹 등이 있어 인쇄와 관련한 보다 다양한 설정을 할 수 있다. 사용하지 않은 머리글/바닥글, 페이지 아웃 리본 메뉴는 고급 인쇄와 관련한 부분에서 상세히 다룬다.

3.6 연습 문제(1)

새 통합 문서에서 **Sheet1**의 이름을 **임금계산7월**로 변경한 후 다음 순서에 따라 표를 완성하라.

(1) A1:I19 범위에 〈표 3.2〉를 참조하여 테두리를 적용하고 **배경색으로 A1:I1 범위 : 흰색, 배경 1, 15% 더 어둡게, A2:I18 범위 : 흰색, 배경 1, 5% 더 어둡게, A119:I19 범위 : 흰색, 배경 1, 15% 더 어둡게**를 적용한다.

(2) 〈표 3.2〉를 참조하여 **사원ID는 연속 항목 입력 방법으로 부여**하고 성명, 계좌번호, 근로시간의 항목명과 데이터를 차례로 입력한다.

(3) 다음 계산식으로 **급여, 소득세, 지방소득세, 세금합계, 지급금액, 세로 합계**를 계산한다.

① 급여 = 근로시간 × 6000원

② 소득세 = 급여 × 6.75%(1원 단위 절사)

③ 지방소득세 = 소득세 × 10%(1원 단위 절사)

④ 세금합계 = 소득세 + 지방소득세

⑤ 지급금액 = 급여 − 세금합계

⑥ 세로 항목의 합계

(4) A19셀에 **합계**를 입력하고 A19:C19 범위를 병합하여 가운데 맞춤한다.

(5) 요구사항에 따라 **셀 서식 설정, 제목, 작성자 입력 후 인쇄 미리 보기의 페이지 옵션을 설정**하고 통합 문서로 **저장**한다.

기본 자료

〈표 3.2〉

사원ID	성 명	계좌번호	근로시간	급 여	소득세	지방소득세	세금합계	지급금액
D0001	김갑술	대한1312	186					
D0002	이동기	신한3412	179					
D0003	강동구	신한3234	184					
D0004	임수민	경남4565	143					
D0005	성민구	전남4569	154					
D0006	장자봉	경남4567	190					
D0007	조맹석	경남4563	197					
D0008	최맹오	부산4890	194					
D0009	박영천	부산1280	196	①	②	③	④	⑤
D0010	최정조	하나2340	197					
D0011	고용조	하나3450	167					
D0012	김갑동	두나1234	189					
D0013	강수혁	두나1235	178					
D0014	이한둘	대한1345	188					
D0015	박상갑	대한1267	198					
D0016	이길상	국민4545	163					
D0017	박성국	국민4768	175					
합 계			⑥	⑥	⑥	⑥	⑥	⑥

요구 사항

① 표의 항목명과 사원ID, 성명, 계좌번호 데이터는 **가운데 맞춤**하라.

② 근로시간, 급여, 소득세, 지방소득세, 세금합계, 지급금액 항목 숫자 데이터의 표시 형식을 1000단위마다 **쉼표 스타일(,)을 적용**하라.

③ 1, 2, 3행을 삽입하고 A1셀에 **한국 건설 임금 지급 대장(7월분)**을 입력한 후 A1:I1 범위를 **병합하고 가운데 맞춤**한다. 병합된 A1셀의 글꼴 크기는 16, 글꼴은 **굴림체, 굵게, 밑줄**을 적용하고, 글꼴 색은 **검정, 텍스트 1, 25% 더 밝게**로 적용한 후 **행 높이**를 적절히 조절하라.

④ G3셀에 작성자 : ○○○으로 작성자의 이름을 입력하라.

⑤ A1:I3 범위를 선택하고 배경색으로 테마 색의 **흰색, 배경 1, 5% 더 어둡게**를 적용하라.

⑥ 인쇄 미리 보기의 페이지 설정에서 **확대/축소를 87%**로 설정하고 **페이지 가로 가운데 맞춤**하라.

⑦ 완성된 통합 문서를 작성자의 USB에 **한국건설임금대장**으로 저장하라.

※ 〈표 3.2〉를 이용하여 요구 사항을 모두 적용한 결과는 〈그림 3.12〉와 같다.

	A	B	C	D	E	F	G	H	I
1	한국 건설 임금 지급 대장(7월분)								
2									
3								작성자: 홍 길 동	
4	사원ID	성 명	계좌번호	근로시간	급 여	소득세	지방소득세	세금합계	지급금액
5	D0001	김갑술	대한1312	186	1,116,000	75,330	7,530	82,860	1,033,140
6	D0002	이동기	신한3412	179	1,074,000	72,490	7,240	79,730	994,270
7	D0003	강동구	신한3234	184	1,104,000	74,520	7,450	81,970	1,022,030
8	D0004	임수민	경남4565	143	858,000	57,910	5,790	63,700	794,300
9	D0005	성민구	전남4569	154	924,000	62,370	6,230	68,600	855,400
10	D0006	장자봉	경남4567	190	1,140,000	76,950	7,690	84,640	1,055,360
11	D0007	조맹석	경남4563	197	1,182,000	79,780	7,970	87,750	1,094,250
12	D0008	최맹오	부산4890	194	1,164,000	78,570	7,850	86,420	1,077,580
13	D0009	박영천	부산1280	196	1,176,000	79,380	7,930	87,310	1,088,690
14	D0010	최정조	하나2340	197	1,182,000	79,780	7,970	87,750	1,094,250
15	D0011	고용조	하나3450	167	1,002,000	67,630	6,760	74,390	927,610
16	D0012	김갑동	두나1234	189	1,134,000	76,540	7,650	84,190	1,049,810
17	D0013	강수혁	두나1235	178	1,068,000	72,090	7,200	79,290	988,710
18	D0014	이한물	대한1345	188	1,128,000	76,140	7,610	83,750	1,044,250
19	D0015	박상갑	대한1267	198	1,188,000	80,190	8,010	88,200	1,099,800
20	D0016	이길상	국민4545	163	978,000	66,010	6,600	72,610	905,390
21	D0017	박성국	국민4768	175	1,050,000	70,870	7,080	77,950	972,050
22	합 계			3,078	18,468,000	1,246,550	124,560	1,371,110	17,096,890

〈그림 3.12〉

3.7 연습 문제(2)

새 통합 문서에서 Sheet1의 이름을 **매출금액(5월)**로 변경하고 〈표 3.3〉의 **기본 자료**와 **계산 수식**, 〈표 3.4〉의 **출력 형식**과 **요구사항**을 참조하여 앞서 작업한 방법과 동일한 순서로 다음 표를 완성하라.

A1:I19 범위의 테두리는 〈표 3.3〉의 기본 자료를 참조하여 적용하고 **배경색으로 A1:I1 범위**: **흰색, 배경 1, 5% 더 어둡게, A2:I18 범위 : 흰색, 배경 1, A19:I19 범위 : 흰색, 배경 1, 5% 더 어둡게**를 적용한다.

기본 자료

〈표 3.3〉

제품코드	수량	제조단가	운송단가	홍보단가	제품원가	판매금액	매출금액	부가세
TV2009	117	18600						
VIC345	18	9500						
VON676	20	34300						
CT4564	121	8400						
ABC123	98	7600						
TEL345	376	9300						
TEL126	24	27000						
REG534	32	16800						
ROB769	26	27000	①	②	③	④	⑤	⑥
T78789	56	16800						
RTG789	289	5000						
RTY457	47	12000						
BNF645	78	8700						
CDF780	83	8400						
RGH329	131	23100						
EGK123	43	9800						
NOT209	152	11200						
합 계		✕	✕	✕	✕	⑦	⑦	⑦

〈표 3.4〉 제품별 매출 집계표(5월)

작성자: ○ ○ ○

제품코드	수량	제조단가	운송단가	홍보단가	제품원가	판매금액	매출금액	부가세
⋮	⋮	⋮	①	②	③	④	⑤	⑥
합 계		✕	✕	✕	✕	⑦	⑦	⑦

계산 수식

① 운송단가 = 제조단가 × 2%

② 홍보단가 = 제조단가 × 4%

③ 제품원가 = 제조단가 + 운송단가 + 홍보단가

④ 판매금액 = 제품수량 × 제품원가 × 1.55(소수점 이하 반올림)

⑤ 매출금액 = 판매금액 / 1.1(소수점 이하 반올림)

⑥ 부가세 = 매출금액 × 10%(소수점 이하 반올림)

⑦ 합계산출

요구 사항

① 표의 항목명과 제품코드 데이터는 **가운데 맞춤**하라.

② 수량, 제조단가, 홍보단가, 제품원가, 판매금액, 매출금액, 부가세 항목 숫자 데이터의 표시 형식은 **1000 단위마다 쉼표 스타일(,)**을 적용하라.

③ 1, 2, 3행을 삽입하고 A1셀에 **제품별 매출 이익 집계표(5월)**을 입력한 후 A1:I1 범위를 **병합하고 가운데 맞춤**한다. 병합된 A1셀의 글꼴 크기는 16, 글꼴은 **바탕체, 굵게, 밑줄**을 적용하고, 글꼴 색은 **검정, 텍스트 1, 15% 더 밝게**로 적용한 후 **행 높이를 적절히 조절**하라.

④ H3셀에 작성자 : ○ ○ ○으로 작성자의 이름을 입력하라.

⑤ A1:I3 범위를 선택하고 배경색으로 테마 색의 **흰색, 배경 1을 적용**하라.

⑥ 인쇄 미리 보기의 페이지 설정에서 **확대/축소를 87%**로 설정하고 페이지 **가로 가운데 맞춤**하라.

⑦ 완성된 통합 문서를 작성자의 USB에 **매출이익집계**로 저장하라.

※ 〈표 3.3〉의 기본 자료와 계산 수식, 요구 사항을 모두 적용하여 출력 형식과 같이 완성한 결과는 〈그림 3.13〉과 같다.

제품코드	수량	제조단가	운송단가	홍보단가	제품원가	판매금액	매출금액	부가세
제품별 매출 이익 집계표 (5월)								
							작성자 : 홍 길 동	
TV2009	117	18,600	372	744	19,716	3,575,497	3,250,452	325,045
VIC345	18	9,500	190	380	10,070	280,953	255,412	25,541
VON676	20	34,300	686	1,372	36,358	1,127,098	1,024,635	102,464
CT4564	121	8,400	168	336	8,904	1,669,945	1,518,132	151,813
ABC123	98	7,600	152	304	8,056	1,223,706	1,112,460	111,246
TEL345	376	9,300	186	372	9,858	5,745,242	5,222,947	522,295
TEL126	24	27,000	540	1,080	28,620	1,064,664	967,876	96,788
REG534	32	16,800	336	672	17,808	883,277	802,979	80,298
ROB769	26	27,000	540	1,080	28,620	1,153,386	1,048,533	104,853
T78789	56	16,800	336	672	17,808	1,545,734	1,405,213	140,521
RTG789	289	5,000	100	200	5,300	2,374,135	2,158,305	215,831
RTY457	47	12,000	240	480	12,720	926,652	842,411	84,241
BNF645	78	8,700	174	348	9,222	1,114,940	1,013,582	101,358
CDF780	83	8,400	168	336	8,904	1,145,500	1,041,364	104,136
RGH329	131	23,100	462	924	24,486	4,971,882	4,519,893	451,989
EGK123	43	9,800	196	392	10,388	692,360	629,418	62,942
NOT209	152	11,200	224	448	11,872	2,797,043	2,542,766	254,277
합 계						32,292,014	29,356,378	2,935,638

〈그림 3.13〉

3.8 연습 문제(3)

새 통합 문서에서 **Sheet**1의 이름을 **홍삼제품(6월)**로 변경하고 〈표 3.4〉의 **기본 자료**와 **계산 수식**, 〈표 3.5〉의 **출력 형식**과 **요구사항**을 참조하여 앞서 작업한 방법과 동일한 순서로 다음 표를 완성하라.

A1:I19 범위의 테두리는 〈표 3.4〉의 기본 자료를 참조하여 적용하고 **배경색으로 A1:I1 범위 : 흰색, 배경 1, 5% 더 어둡게, A2:I18 범위 : 흰색, 배경 1, A19:I19 범위 : 흰색, 배경 1, 5% 더 어둡게**를 적용한다.

기본 자료

〈표 3.4〉

제품코드	제품명	구분	브랜드명	소비자가	할인율	할인가	판매량	판매금액
HJ109	홍삼타브릿9	농축액	한국홍삼	18600	9.5%		55	
VI556	홍삼10m	기능성	홍삼진국	19500	8.1%		88	
HS887	홍삼진액90g	농축액	나라홍삼	24300	8.5%		42	
JY998	홍삼최고	기능성	홍삼세상	18400	8.7%		66	
MS776	홍삼정230g	기호식품	한국홍삼	17600	8.0%		49	
HH890	홍삼정환	기능성	홍삼진국	19300	7.5%		113	
MH555	멀티홍삼	농축액	나라홍삼	27000	8.6%		75	
RR534	홍삼비타민P	농축액	경상홍상	16800	7.5%		44	
TT769	진한홍삼정	기능성	신라홍삼	27000	8.9%	①	68	②
KY909	진짜홍삼정	기능성	백제홍삼	16800	7.8%		99	
MN789	홍삼양갱	기호식품	신라홍삼	15000	8.5%		104	
YS457	홍삼액상	기호식품	백제홍삼	12000	9.0%		128	
OP645	굿홍삼환	청소년	한국홍삼	18700	9.1%		158	
JK780	진홍삼캅셀	기능성	홍삼진국	18400	8.3%		97	
BJ329	봉밀절편	농축액	나라홍삼	23100	8.7%		155	
JH123	장군홍삼정	기능성	홍삼진액	19800	8.0%		121	
HT120	홍이튼튼	청소년	백제홍삼	11200	7.5%		88	
평 균				③	③	③		
합 계							④	④

출력 형식

〈표 3.5〉   홍삼제품 할인판매 매출 집계(6월)

작성자: ○ ○ ○

제품코드	제품명	구분	브랜드명	소비자가	할인율	할인가	판매량	판매금액
⋮	⋮	⋮	⋮	⋮	⋮	①	⋮	②
평 균				③	③	③		
합 계							④	④

계산 수식

① 할인가 = 소비자가 × (1−할인율)(1원 단위 절사)

② 판매금액 = 할인가 × 판매량

③ 평균 계산(average 함수 사용)

※ 소비자가, 할인가는 소수점이하 절사, 할인율은 소숫점이하 1자리 이하에서 절사

④ 합계 계산

요구 사항

① 표의 항목명과 제품코드, 브랜드명 데이터는 **가운데 맞춤**하라.

② 소비자가, 할인가, 판매량, 판매금액 항목 및 평균, 합계의 숫자 데이터의 표시 형식은 **1000단위마다 쉼표 스타일(,)**을 적용하고 할인율 및 할인율 평균은 백분율(%)로 소숫점 이하 1자리까지 표시하라.

③ 1, 2, 3행을 삽입하고 A1셀에 홍삼제품 할인판매 매출집계(6월)을 입력한 후 A1:I1 범위를 **병합하고 가운데 맞춤**한다. 병합된 A1셀의 글꼴 크기는 16, 글꼴은 **바탕체, 굵게, 밑줄**을 적용하고, 글꼴 색은 **검정, 텍스트 1, 15% 더 밝게**로 적용한 후 **행 높이를 적절히 조절**하라.

④ 소비자가, 할인율, 할인가의 평균을 계산한 셀에 소비자가 평균, 할인율 평균, 할인가 평균으로 각각 메모를 삽입하여 항상 메모 표시되게 하고, 판매량 합계, 판매금액 합계를 계산한 셀은 판매량 합계, 판매금액 합계로 메모를 삽입하여 메모 숨기기하고,

⑤ H3셀에 작성자 : ○○○으로 작성자의 이름을 입력한 후 A1:I3 범위를 선택하고 배경 색으로 테마 색의 **흰색, 배경 1**을 적용하라.

⑥ 인쇄 미리 보기의 페이지 설정에서 **확대/축소를 87%**로 설정하고 페이지 **가로 가운데 맞춤** 하라.

⑦ 완성된 통합 문서를 작성자의 USB에 홍삼제품매출**집계**로 저장하라.

3.9 필기 연습 문제

1. 다음 중 각 워크시트에서 채우기 핸들을 [A3]로 끌었을 때 [A3] 셀에 입력되는 값으로 옳지
   않은 것은? 14년 2회 기출

   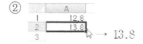

   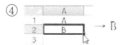

2. 아래 워크시트는 채우기를 이용하여 데이터를 입력한 결과이다. 다음 중 연
   속 데이터 대화상자에서 방향은 '열', 유형은 '급수'일 때 단계 값으로
   옳은 것은? 14년 2회 기출

   ① 2   ② −3
   ③ 3   ④ −6

3. 다음 중 [A1] 셀을 선택하고 [연속 데이터] 대화상자의 항목을 아래 그림과 같이 설정하였을
   경우 [C1] 셀에 채워질 값으로 옳은 것은? 14년 3회 기출

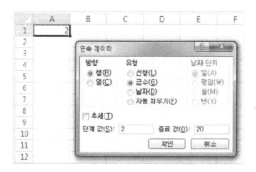

   ① 4   ② 6
   ③ 8   ④ 16

4. 다음 중 동일한 통합문서에서 Sheet1의 [C5]셀, Sheet2의 [C5]셀, Sheet3의 [C5]셀의 합을 구하는 수식으로 옳은 것은? 14년 1회 기출

① =SUM([Sheet1:Sheet3]!C5)　　　　② =SUM(Sheet1:Sheet3![C5])

③ =SUM(Sheet1:Sheet3!C5)　　　　　④ =SUM(['Sheet1:Sheet3'!C5])

5. 다음 중 수식의 실행 결과가 옳지 않은 것은? 14년 3회 기출

① =ROUND(4561.604, 1) ⇒ 4561.6　　② =ROUND(4561.604, −1) ⇒ 4560

③ =ROUNDUP(4561.604, 1) ⇒ 4561.7　④ =ROUNDUP(4561−604, −1) ⇒ 4562

6. 다음 중 수식의 실행 결과가 다르게 나타나는 것은? 14년 2회 기출

① =POWER(2, 5)　　　　　　　　　　② =SUM(3, 11, 25, 0, 1, −8)

③ =MAX(32, −4, 0, 12, 42)　　　　　④ =INT(32.2)

7. 다음 중 수식의 실행 결과가 옳지 않은 것은? 14년 3회 기출

① =MOD(13, −3) ⇒ −2　　　　　　② =POWER(3, 2) ⇒ 9

③ =INT(−7, 4) ⇒ −7　　　　　　　④ =TRUNC(−8, 6) ⇒ −8

8. 다음 중 [셀 서식] 대화상자에서 '표시형식'의 각 범주에 대한 설명으로 옳지 않은 것은? 14년 2회 기출

① '일반' 서식은 각 자료형에 대한 특정 서식을 지정 하는데 사용된다.

② '숫자' 서식은 일반적인 숫자를 나타나는데 사용된다.

③ '회계' 서식은 통화 기호와 소수점에 맞추어 열을 정렬하는데 사용된다.

④ '기타' 서식은 우편번호, 전화번호, 주민등록번호 등의 형식을 설정하는데 사용된다.

9. 다음 중 원 단위로 입력된 숫자를 백만원 단위로 표시하기 위한 사용자 지정 표시 형식으로 옳은 것은? 14년 2회 기출

① #,###　　　　　　　　　　　　　② #,###,

③ #,###,,　　　　　　　　　　　　④ #,###,,,

10. 다음 중 원본 데이터를 지정된 서식으로 설정하였을 때, 결과가 옳지 않은 것은? 14년 1회 기출

① 원본 데이터 : 5054.2, 서식 : ###

→ 결과 데이터 : 5054

② 원본 데이터 : 대한민국, 서식 : @ "화이팅"

→ 결과 데이터 : 대한민국화이팅

③ 원본 데이터 : 15:30:22, 서식 : hh:mm:ss AM/PM

→ 결과 데이터 : 3:30:22 PM

④ 원본 데이터 : 2013-02-01, 서식 : yyyy-mm-ddd

→ 결과 데이터 : 2013-02-Fri

11. 다음 중 =SUM(A3:A9) 수식이 =SUM(A3A9)와 같이 범위 참조의 콜론(:)이 생략된 경우 나타나는 오류 메시지로 옳은 것은? 14년 1회 기출

① #N/A ② #NULL!

③ #REF! ④ #NAME?

12. 다음 중 잘못된 인수나 피연산자를 사용하였거나 수식 자동 고침 기능으로 수식을 고칠 수 없을 때 나타나는 오류 메시지는 무엇인가? 14년 3회 기출

① #NAME? ② #NUM!

③ #DIV/0! ④ #VALUE!

13. 다음 중 아래 워크시트의 [B2:I11] 영역에서 3단, 6단, 9단의 배경색을 변경하기 위한 조건부 서식의 수식으로 옳은 것은? 2015년 3회

	A	B	C	D	E	F	G	H	I
1					구구단				
2		2	3	4	5	6	7	8	9
3	1	2	3	4	5	6	7	8	9
4	2	4	6	8	10	12	14	16	18
5	3	6	9	12	15	18	21	24	27
6	4	8	12	16	20	24	28	32	36
7	5	10	15	20	25	30	35	40	45
8	6	12	18	24	30	36	42	48	54
9	7	14	21	28	35	42	49	56	63
10	8	16	24	32	40	48	56	64	72
11	9	18	27	36	45	54	63	72	81

① =MOD($B2,3)=0   ② =MOD(B$2,3)=0

③ =(B$2/3)=0   ④ =($B2/3)=0

14. 다음 중 [A2:C9] 영역에 아래와 같은 규칙의 조건부 서식을 적용하는 경우 지정된 서식이
적용되는 셀의 개수는? 2016년 3회

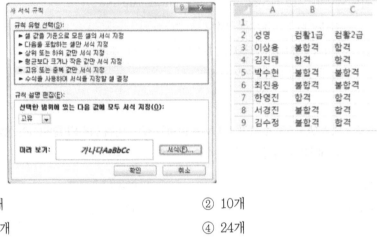

① 3개   ② 10개
③ 14개   ④ 24개

15. 아래 워크시트와 같이 평점이 3.0 미만인 행 전체에 셀 배경색을 지정하고자 한다. 다음 중
이를 위해 조건부 서식 설정에서 사용할 수식으로 옳은 것은? 2017년1회

	A	B	C	D
1	학번	학년	이름	평점
2	20959446	2	강혜민	3.38
3	21159458	1	김경식	2.60
4	21059466	2	김병찬	3.67
5	21159514	1	장헌정	1.29
6	20959476	2	박동현	3.50
7	21159467	1	이승현	3.75
8	20859447	4	이병훈	2.93
9	20859461	3	강수빈	3.84

① =$D2<3   ② =$D&2<3
③ =D2<3   ④ =D$2<3

16. 아래 그림과 같이 짝수 행에만 배경색과 글꼴 스타일 '굵게'를 설정하는 조건부 서식을 지정하고자 한다. 다음 중 이를 위해 아래의 [새 서식 규칙] 대화상자에 입력할 수식으로 옳은 것은? 2016년 1회

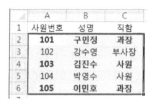 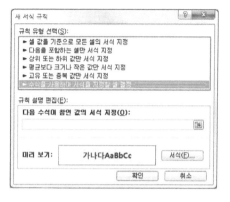

① =MOD(ROW(),2)=1

② =MOD(ROW(),2)=0

③ =MOD(COLUMN(),2)=1

④ =MOD(COLUMN(),2)=0

17. 다음 중 입력자료에 주어진 표시형식으로 지정한 경우 그 결과가 옳지 않은 것은? 2017년 1회

① 표시형식: #,##0,

　입력자료: 12345

　표시결과: 12

② 표시형식: 0.00

　입력자료: 12345

　표시결과: 12345.00

③ 표시형식: dd-mmm-yy

　입력자료: 2015/06/25

　표시결과 : 25-June-15

④ 표시형식: @@ "**"

　입력자료: 컴활

　표시결과: 컴활컴활**

CHAPTER **4**

IF 함수 사용과 정렬

IF 함수의 사용 **4.1**

IF 함수와 논리 함수의 사용 **4.2**

데이터 정렬 **4.3**

서식 지정과 요구 사항 처리 **4.4**

연습 문제(1) **4.5**

연습 문제(2) **4.6**

연습 문제(3) **4.7**

필기 연습 문제 **4.8**

이 장에서는 〈표 4.1〉의 기본 자료를 이용하여 구분에 따라 종목(수영, 헬스, 에어로빅) 및 월회비를 결정(55000원, 65000원, 67000원)하고 출석일수에 따라 최우수, 우수, 보통, 미흡으로 판정한 후 판정 결과에 따라 할인율를 차등 적용하여 할인 금액과 청구금액을 계산한다. 계산 작업이 완료되면 데이터 정렬 기능을 이용하여 특정 열을 기준으로 데이터를 분류하거나 순서대로 나열한다.

IF 함수는 지정한 조건이 TRUE이면 특정 값을 반환하고 FALSE이면 다른 값을 반환한다. 즉 IF 함수는 조건에 따라 서로 다른 데이터를 입력하거나 조건에 따라 서로 다른 계산을 수행하거나 조건에 따라 합격여부를 판정하거나 하는 작업을 할 수 있다. 예를 들어 IF 함수를 이용하면 과일의 당도 또는 무게에 따라 A, B, C 등급으로 분류할 수 있고 100m 달리기 기록에 따라 금메달, 은메달, 동메달 판정을 내릴 수 있다. 또 직장에서 영업 실적에 따라 수당을 차등 지급하도록 계산하거나 키와 몸무게에 따라 비만 여부를 판정할 수 있다. IF 함수의 구문 형식은 IF(조건식, 참인 경우 반환 값, 거짓인 경우 반환 값)과 같다. 조건식은 괄호, 산술 연산자(+, -, /, *, ^ 등), 비교 연산자(=, 〉, 〈, 〉=, 〈=, 〈〉), 논리 함수(AND, OR, NOT 등)을 조합하여 만들 수 있다.

4장부터는 지금까지의 작업 순서를 일부 변경하여 작업한다. 이를 요약하여 순서대로 열거하면 다음과 같다. ① 데이터를 입력 한다. ② 수식과 복사를 이용하여 계산 작업을 한다. ③ 특정 열을 기준으로 데이터를 정렬한다. ④ 서류 형식과 요구 사항 등을 참조하여 셀 서식을 지정하고 테두리를 적용한다. ⑤ 인쇄 미리 보기에서 페이지 옵션을 설정한다.

기본 자료

〈표 4.1〉

회원ID	성 명	구분	출석일수	종목	월회비	판정	할인율	할인금액	청구금액
TS280	민영포	3	15						
TS281	이팔자	2	19						
TS282	김동국	3	10						
TS283	이동완	1	17						
TS284	장국종	2	20						
TS285	박충식	2	10						
TS286	이몽룡	1	13						
TS287	성춘향	3	11						
TS288	심청이	1	14						
TS289	변학도	2	6	①	②	③	④	⑤	⑥
TS290	강주리	1	3						
TS291	화연자	2	18						
TS292	탁영숙	3	12						
TS293	강동구	2	17						
TS294	홍주리	1	15						
TS295	마영달	2	15						
TS296	민구영	3	7						
TS297	한국영	1	13						
TS298	권수민	2	18						

4.1 IF 함수의 사용

4.1.1 기본 표 작성

〈표 4.1〉의 참조하여 테두리는 적용하지 않고 회원ID, 성명, 구분, 출석일수 항목의 데이터를 입력하여 기본 표를 작성한다.

다음 따라하기로 회원ID, 성명, 구분, 출석일수 데이터를 입력하여 기본 표를 작성한다.

🔳 따라하기

▶ **동작 1**   새 통합 문서에서 Sheet1의 이름을 우수회원(5월)로 변경한다.

▶ **동작 2**   A1:D20 범위에 테두리는 적용하지 않고 〈표 4.1〉의 회원ID, 성명, 구분, 출석일수 항목의 제목과 데이터를 입력한다.

4.1.2 IF 함수를 이용한 값 반환

IF 함수의 구문 형식은 IF(조건식, 참인 경우 반환 값, 거짓인 경우 반환 값)과 같다. 예를 들어 〈표 4.1〉의 E2셀에서 IF 함수를 사용하면 구분의 값에 따라 1이면 수영, 2이면 헬스, 3이면 에어로빅을 반환하도록 할 수 있다. 또한 F2셀에서는 구분의 값에 따라 1이면 55000, 2이면 65000, 3이면 67000으로 반환하도록 할 수 있다. 이 내용을 요약하여 표현하면 다음과 같다.

① 종목 : 구분이 1이면 수영, 2이면 헬스 3이면 에어로빅
② 월회비 : 구분이 1이면 55000, 2이면 65000, 3이면 67000

IF 함수에서 가장 간단한 식을 예로 들면 =IF(C2=1, "수영", "헬스")와 같다. 수식에서 텍스트는 반드시 따옴표("")로 묶어야 한다. 이 식을 E2셀에서 입력하면 C2의 값에 따라 1이면 수영을 아니면 헬스를 E2셀에 반환한다. 그러나 이 식의 문제점은 C2가 1이면 수영을 반환하지만 1이외의 모든 수는 헬스를 반환한다는 것이다. 따라서 ① 종목 : 구분(C2)이 1이면 수영, 2이면 헬스, 3이면 에어로빅이 반환되도록 하려면 다음 식과 같이 IF 함수를 중복하여 사용해야 한다.

```
=IF(C2=1, "수영", IF(C2=2, "헬스", "에어로빅"))
```

이 식의 문제점은 C2가 1이면 수영을 2이면 헬스를 반환하지만 1과 2이외의 모든 수는 에어로빅을 반환한다는 것이다. 이 문제를 해결하려면 IF 함수를 추가하여 식을 수정해야 한다. 동일한 방법으로 ② 월회비 : 구분(C2)이 1이면 55000, 2이면 65000, 3이면

67000이 되도록 하려면 다음과 같이 식을 구성한다. 이 식에서 숫자는 순수하게 숫자 데이터만으로 표현해야 한다.

```
=IF(C2=1, 55000, IF(C2=2, 65000, 67000))
```

다음 따라하기는 ① 종목에 구분(C2)이 1이면 수영, 2이면 헬스, 3이면 에어로빅 ② 월회비 : 구분(C2)이 1이면 55000, 2이면 65000, 3이면 67000이 반환되도록 하는 실습이다.

📑 따라하기

▷ **동작 1**   E1셀에 종목을 입력하고 E2셀을 선택한 후 =IF(C2=1, "수영", IF(C2=2, "헬스", "에어로빅"))을 입력하고 E2셀을 E3:E20 범위에 복사한다.

　　▷ 종목 열의 E2:E20 범위에 수영, 헬스, 에어로빅 텍스트가 반환된다.

▷ **동작 2**   F1셀에 월회비를 입력하고 F2셀에서 구분(C2)이 1이면 55000, 2이면 65000, 3이면 67000이 반환되는 식을 넣고 F3:F20 범위에 복사한다.

　　▷ 월회비 열의 E2:E20 범위에 55000, 65000, 67000 중 1개의 숫자가 반환된다.

　　▷ 종목과 월회비가 반환된 결과는 그림 〈4.1〉과 같다.

💡 **1과 2이외의 수는 모두 에어로빅을 반환하는 문제점 해결**

=IF(C2=1,"수영", IF(C2=2,"헬스","에어로빅"))은 1과 2 이외의 모든 수는 에어로빅을 반환한다. 이를 해결하려면 IF함수를 추가하여 =IF(C2=1,"수영", IF(C2=2,"헬스",IF(C2=3,"에어로빅","오류")))와 같이 1, 2, 3이외의 값은 오류 또는 에러 텍스트가 표시되도록 한다. F2셀은 =IF(C2=1,55000, IF(C2=2,65000, IF(C2=3,67000,"오류")))와 같이 수정하여 입력한다.

긴 수식의 편리한 입력 방법

셀에서 입력하지 않고 수식 입력 줄을 클릭한 후 식을 입력하면 긴 수식을 편리하게 입력할 수 있다.

	A	B	C	D	E	F	G	H	I	J
1	회원ID	성 명	구분	출석일수	종목	월회비				
2	TS280	민영포	3	15	에어로빅	67000				
3	TS281	이팔자	2	19	헬스	65000				
4	TS282	김동국	3	10	에어로빅	67000				
5	TS283	이동완	1	17	수영	55000				
6	TS284	장국종	2	20	헬스	65000				
7	TS285	박충식	2	10	헬스	65000				
8	TS286	이몽룡	1	13	수영	55000				
9	TS287	성춘향	3	11	에어로빅	67000				
10	TS288	심청이	1	14	수영	55000				
11	TS289	변학도	2	6	헬스	65000				
12	TS290	강주리	1	3	수영	55000				
13	TS291	화연자	2	18	헬스	65000				
14	TS292	탁영숙	3	12	에어로빅	67000				
15	TS293	강동구	2	17	헬스	65000				
16	TS294	흥주리	1	15	수영	55000				
17	TS295	마영달	2	15	헬스	65000				
18	TS296	민구영	3	7	에어로빅	67000				
19	TS297	한국영	1	13	수영	55000				
20	TS298	권수민	2	18	헬스	65000				

〈그림 4.1〉

4.2 IF 함수와 논리 함수의 사용

IF 함수의 조건식은 논리 함수(AND, OR, NOT)를 사용하여 보다 다양한 조건을 만들 수 있다. AND 함수는 인수가 모두 TRUE이면 TRUE를 반환하고 인수 중 하나라도 FALSE이면 FALSE를 반환한다. AND의 구문 형식은 AND(테스트할 조건1, 테스트할 조건2, 테스트할 조건3, …)과 같고 1~255개의 인수를 지정할 수 있다. OR 함수는 인수 중 하나라도 TRUE인 인수가 하나라도 있으면 TRUE 반환한다. NOT 함수는 인수 값의 역을 반환하고 값이 특정 값과 같지 않도록 할 때 NOT 함수를 사용한다. OR와 NOT 함수의 구문 형식을 AND 함수와 같다. 예를 들어 〈그림 4.1〉에서 출석일수가 0~9일이면 미흡, 10~13일이면 보통, 14~17일이면 우수, 18~20일이면 최우수로 판정하려면 AND 함수를 사용하여 조건식을 만들 수 있다. 또 출석일수에 따른 판정 결과에 따라 할인율을 결정할 수 있는데, 판정 결과가 우수이면 10%, 최우수이면 15% 아니면 0%와 같이 할인율을 결정할 수 있고 할인금액과 청구금액도 계산할 수 있다. 이들 식을 모두 요약하여 표현하면 다음 식과 같다.

① 판정 : 출석일수가 0~9일이면 미흡, 10~13일이면 보통, 14~17일이면 우수, 18~20
  일이면 최우수

② 할인율 : 판정이 우수이면 10%, 최우수이면 15% 아니면 0%

③ 할인금액 : 월회비 × 할인율

④ 청구금액 : 월회비 - 할인금액

출석일수(D2)가 0~9일의 표현식은 AND(D2)=0, D2⟨=9⟩와 같이 나타낸다. 즉 D2가 0
이상이고(AND) D2가 9이하를 나타내는 함수 AND를 이용한 식으로 D2가 0~9일의 표
현식이 된다. 이 식을 이용하여 출석일수(D2)가 0~9일이면 미흡, 10~13일이면 보통,
14~17일이면 우수, 18~20일이면 최우수로 반환하는 IF 함수를 이용한 식을 작성하면
다음과 같다.

```
=IF(AND(D2>=0, D2<=9), "미흡", IF(AND(D2>=10, D2<=13), "보통", IF(AND(D2>=14, D2<=17),
"우수", "최우수")))
```

판정(G2)의 내용이 우수이면 10%, 최우수이면 15%의 할인율을 반환하는 식을 작성하면
다음과 같다.

```
=IF(G2="우수", 10%, IF(G2="최우수", 15%, 0%))
```

다음 따라하기는 ③ 판정 항목에 출석일수가 0~9일이면 미흡, 10~13일이면 보통, 14~
17일이면 우수, 18~20일이면 최우수를 반환하고 ④ 할인율 항목에 판정이 우수이면
10%, 최우수이면 15% 아니면 0%을 반환하고 ⑤ 할인금액은 월회비 × 할인율 ⑥ 청구금
액은 월회비 - 할인금액으로 계산하는 실습이다.

🖳 따라하기

▶ **동작 1** G1셀에 판정을 입력하고 G2셀을 선택한 후 =IF(AND(D2〉=0, D2〈=9), "미흡", IF(AND   (D2)=10, D2〈=13), "보통", IF(AND(D2)=14, D2〈=17), "우수", "최우수")))을 입력하고 G2셀을 G3:G20 범위에 복사한다.

　　⊚ 출석일수에 따라 판정 열의 G2:G20 범위에 미흡, 보통, 우수, 최우수의 텍스트 중 1개가 반환된다.

　　⊚ 출석일수가 20보다 큰 모든 수와 음수인 경우 최우수를 반환하는 문제점이 있다.

💡 **출석일수가 20보다 큰 경우와 음수인 경우에 최우수를 반환하는 문제점 해결**

=IF(AND(D2)=0, D2〈=9), "미흡", IF(AND(D2)=10, D2〈=13), "보통", IF(AND(D2)=14, D2〈=17), "우수",IF(AND(D2)=14, D2〈=20),"최우수","오류"))))으로 수식을 수정한다.

▶ **동작 2** H1셀에 할인율를 입력하고 H2셀에 ④ 판정이 우수이면 10%, 최우수이면 15% 아니면 0%를 반환하는 식을 입력한 후 H3:H20 범위에 복사한다.

　　⊚ H2:H20 범위에 할인율이 소수점 형식(0.1, 0.2, 0)으로 반환된다.

▶ **동작 2** H2:H20 범위를 선택하고 표시 형식 그룹에서 백분율 스타일(%)을 클릭한다.

　　⊚ H2:H20 범위의 할인율이 백분율 스타일(10%, 20%, 0%)로 표시된다.

▶ **동작 3** I1셀에 할인금액을 입력하고 I2셀에 ⑤ 할인금액 : 월회비 × 할인율을 계산하는 식을 입력하고 I3:I20 범위에 복사한다.

　　⊚ I2:I20 범위에 할인금액이 계산된다.

▶ **동작 5** J1셀에 청구금액을 입력하고 J2셀에 ⑥ 청구금액 : 월회비 - 할인금액을 계산하는 식을 입력하고 J3:J20 범위에 복사한다.

　　⊚ J2:J20 범위에 청구금액이 계산된다.

　　⊚ 판정, 할인율, 할인금액, 청구금액이 모두 처리된 결과는 〈그림 4.2〉와 같다.

	A	B	C	D	E	F	G	H	I	J
1	회원ID	성 명	구분	출석일수	종 목	월회비	판정	할인율	할인금액	청구금액
2	TS280	민영포	3	15	에어로빅	67000	우수	10%	6700	60300
3	TS281	이필자	2	19	헬스	65000	최우수	15%	9750	55250
4	TS282	김동국	3	10	에어로빅	67000	보통	0%	0	67000
5	TS283	이동완	1	17	수영	55000	우수	10%	5500	49500
6	TS284	장국종	2	20	헬스	65000	최우수	15%	9750	55250
7	TS285	박충식	2	10	헬스	65000	보통	0%	0	65000
8	TS286	이몽룡	1	13	수영	55000	보통	0%	0	55000
9	TS287	성춘향	3	11	에어로빅	67000	보통	0%	0	67000
10	TS288	심청이	1	14	수영	55000	우수	10%	5500	49500
11	TS289	변학도	2	6	헬스	65000	미흡	0%	0	65000
12	TS290	강주리	1	3	수영	55000	미흡	0%	0	55000
13	TS291	화연자	2	18	헬스	65000	최우수	15%	9750	55250
14	TS292	탁영숙	3	12	에어로빅	67000	보통	0%	0	67000
15	TS293	강동구	2	17	헬스	65000	우수	10%	6500	58500
16	TS294	홍주리	1	15	수영	55000	우수	10%	5500	49500
17	TS295	마영달	2	15	헬스	65000	우수	10%	6500	58500
18	TS296	민구영	3	7	에어로빅	67000	미흡	0%	0	67000
19	TS297	한국영	1	13	수영	55000	보통	0%	0	55000
20	TS298	권수민	2	18	헬스	65000	최우수	15%	9750	55250
21										

〈그림 4.2〉

4.3 데이터 정렬

데이터의 정렬(sort)은 어떤 기준이 되는 값을 중심으로 오름차순(ascending) 또는 내림차순(descending)으로 나열하는 것을 말한다. 데이터 정렬 작업은 데이터 분석에서 필수적인 부분으로 데이터를 정렬하면 데이터를 시각화하여 이해력을 높이고, 원하는 데이터를 빠르게 찾을 수 있고, 궁극적으로 보다 효과적인 의사 결정을 내리는 데 도움이 된다. 예를 들어 〈그림 4.2〉에서 이름을 기준으로 가나다순(오름차순) 정렬되어 있으면 원하는 이름을 빠르게 찾을 수 있고, 출석일수를 기준으로 큰 값에서 적은 값(내림차순)으로 정렬되어 있으면 출석일수가 높은 회원을 빠르게 찾을 수 있다. 색 또는 아이콘별로 데이터를 정렬하면 데이터를 보기 좋게 시각화하여 데이터 분류가 편리하다.

4.3.1 정렬 기준의 이해

표에서 어떤 열을 기준으로 정렬할 필요가 있을 때 이를 열 정렬 기준이라 한다 .〈그림 4.2〉의 표에서 특정한 성명을 찾으려면 위에서 아래로 하나씩 찾아 가야 한다. 그러나 성명 열을 기준으로 데이터를 정렬하면 성명이 가나다순으로 정렬되어 있기 때문에 특정 성명을 쉽게 찾을 수 있고 이 데이터의 출석일수, 종목 등을 쉽게 찾을 수 있다.

다음 따라하기는 〈그림 4.2〉의 표에서 성명을 기준으로 오름차순(가나다순)으로 정렬하는 실습이다.

📑 **따라하기**

▶ **동작 1**　정렬할 데이터 A2:J20 범위를 선택한 후 리본 메뉴 선택 탭에서 데이터를 클릭하고 정렬 및 필터 그룹에서 정렬(🔲)을 클릭한다.

　　⊛ 〈그림 4.3〉과 같이 정렬 대화 상자가 열린다.

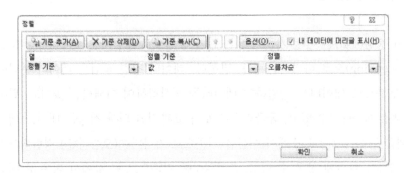

〈그림 4.3〉

▶ **동작 2**　열 정렬 기준의 상자에 있는 아래쪽 방향 화살표(🔽)를 클릭한 후 표시된 목록에서 성 명을 선택한다.

　　⊛ 열 정렬 기준으로 성명이 선택된다.

표시된 목록의 내용이 열 A, 열 B, …와 같이 나타날 경우

이 경우는 〈그림 4.3〉 대화 상자의 오른쪽 위에 있는 내 데이터에 머리글 표시에 체크 여부를 확인하여 없다면 작은 사각형을 클릭하여 체크 표시를 붙인다.

▶ **동작 3**   정렬 기준 아래쪽 방향 화살표를 클릭하여 표시된 목록에서 값을 선택하고 정렬 아래쪽 방향 화살표를 클릭하여 표시된 목록에서 오름차순을 선택한 후 확인 버튼을 클릭하고 범위를 해제한다.

⯈ 〈그림 4.4〉와 같이 **성명의 값을 기준으로 오름차순(가나다순) 정렬**된다.

	A	B	C	D	E	F	G	H	I	J
1	회원ID	성 명	구분	출석일수	종 목	월회비	판정	할인율	할인금액	청구금액
2	TS293	강동구	2	17	헬스	65000	우수	10%	6500	58500
3	TS290	강주리	1	3	수영	55000	미흡	0%	0	55000
4	TS298	권수민	2	18	헬스	65000	최우수	15%	9750	55250
5	TS282	김동국	3	10	에어로빅	67000	보통	0%	0	67000
6	TS295	마영달	2	15	헬스	65000	우수	10%	6500	58500
7	TS296	민구영	3	7	에어로빅	67000	미흡	0%	0	67000
8	TS280	민영포	3	15	에어로빅	67000	우수	10%	6700	60300
9	TS285	박충식	2	10	헬스	65000	보통	0%	0	65000
10	TS289	변학도	2	6	헬스	65000	미흡	0%	0	65000
11	TS287	성춘향	3	11	에어로빅	67000	보통	0%	0	67000
12	TS288	심청이	1	14	수영	55000	우수	10%	5500	49500
13	TS283	이동완	1	17	수영	55000	우수	10%	5500	49500
14	TS286	이몽룡	1	13	수영	55000	보통	0%	0	55000
15	TS281	이팔자	2	19	헬스	65000	최우수	15%	9750	55250
16	TS284	장국종	2	20	헬스	65000	최우수	15%	9750	55250
17	TS292	탁영숙	3	12	에어로빅	67000	보통	0%	0	67000
18	TS297	한국영	1	13	수영	55000	보통	0%	0	55000
19	TS294	홍주리	1	15	수영	55000	우수	10%	5500	49500
20	TS291	화연자	2	18	헬스	65000	최우수	15%	9750	55250
21										

〈그림 4.4〉

다음 따라하기는 〈그림 4.4〉의 표에서 출석일수를 기준으로 내림차순(큰 값에서 작은 값)으로 정렬하는 실습이다.

따라하기

▶ **동작 1**   정렬할 데이터 A2:J20 범위를 선택한 후 데이터 리본의 정렬 및 필터 그룹에서 정렬(📊)을 클릭한다.

⯈ 정렬 대화 상자가 열린다.

▶ **동작 2** 정렬 대화 상자의 열 정렬 기준의 목록에서 출석일수를 선택하고 정렬 기준 목록에서 값을 선택 한 후 정렬 목록에서 내림차순을 선택하고 확인 버튼을 클릭하고 범위를 해제한다.

▷ 〈그림 4.5〉와 같이 **출석일수의 값을 기준으로** 내림차순 정렬된다.

	A	B	C	D	E	F	G	H	I	J
1	회원ID	성 명	구분	출석일수	종 목	월회비	판정	할인율	할인금액	청구금액
2	TS284	장국종	2	20	헬스	65000	최우수	15%	9750	55250
3	TS281	이팔자	2	19	헬스	65000	최우수	15%	9750	55250
4	TS298	권수민	2	18	헬스	65000	최우수	15%	9750	55250
5	TS291	화연자	2	18	헬스	65000	최우수	15%	9750	55250
6	TS293	강동구	2	17	헬스	65000	우수	10%	6500	58500
7	TS283	이동완	1	17	수영	55000	우수	10%	5500	49500
8	TS295	마영달	2	15	헬스	65000	우수	10%	6500	58500
9	TS280	민영포	3	15	에어로빅	67000	우수	10%	6700	60300
10	TS294	홍주리	1	15	수영	55000	우수	10%	5500	49500
11	TS288	심청이	1	14	수영	55000	우수	10%	5500	49500
12	TS286	이몽룡	1	13	수영	55000	보통	0%	0	55000
13	TS297	한국영	1	13	수영	55000	보통	0%	0	55000
14	TS292	탁영숙	3	12	에어로빅	67000	보통	0%	0	67000
15	TS287	성춘향	3	11	에어로빅	67000	보통	0%	0	67000
16	TS282	김동국	3	10	에어로빅	67000	보통	0%	0	67000
17	TS285	박중식	2	10	헬스	65000	보통	0%	0	65000
18	TS296	민구영	3	7	에어로빅	67000	미흡	0%	0	67000
19	TS289	변학도	2	6	헬스	65000	미흡	0%	0	65000
20	TS290	강주리	1	3	수영	55000	미흡	0%	0	55000
21										

〈그림 4.5〉

💡 **정렬 범위 자동 선택**

데이터가 있는 임의 셀을 선택하고 정렬 및 필더 그룹의 데이터 → 정렬을 선택하면 연속하는 데이터의 범위는 자동 선택되고 정렬 대화 상자가 열린다.

4.3.2 두 개 이상의 정렬 기준

열 정렬 기준을 2개 이상으로 지정하면 결과를 보다 세분화하여 정렬할 수 있다. 예를 들어 〈그림 4.5〉의 결과에서 종목의 값을 기준으로 오름차순 정렬하고 성명의 값을 기준으로 오름차순 정렬하도록 2개의 기준을 지정하면 동일한 종목에서 성명 오름차순 된다.

다음 따라하기는 〈그림 4.5〉의 표에서 종목의 값을 기준으로 오름차순 정렬하고 성명의
값을 기준으로 오름차순 정렬하도록 2개의 기준을 지정하여 정렬하는 실습이다.

따라하기

▶ **동작 1**   정렬할 데이터 A2:J20 범위를 선택한 후 데이터 리본의 정렬 및 필터 그룹에
서 **정렬(⬚)**을 클릭한다.

　▶ 정렬 대화 상자가 열린다.

▶ **동작 2**   정렬 대화 상자의 열 정렬 기준의 목록에서 **종목**을 선택하고 값을 기준으로
오름차순을 선택한다. 기준 추가 버튼을 클릭한 후 나타난 다음 기준의 열
정렬 기준 목록에서 **성명**을 선택하고 값을 기준으로 오름차순 정렬되도록
한 후 확인을 클릭하고 범위를 해제한다.

　▶ 〈그림 4.6〉은 첫 번째 기준이 종목의 값 기준 오름차순, 다음 기준(두 번째)으
로 성명의 값 오름차순으로 정렬된 결과이다.

	A	B	C	D	E	F	G	H	I	J
1	회원ID	성 명	구분	출석일수	종 목	월회비	판정	할인율	할인금액	청구금액
2	TS290	강주리	1	3	수영	55000	미흡	0%	0	55000
3	TS288	심청이	1	14	수영	55000	우수	10%	5500	49500
4	TS283	이동완	1	17	수영	55000	우수	10%	5500	49500
5	TS286	이동룡	1	13	수영	55000	보통	0%	0	55000
6	TS297	한국영	1	13	수영	55000	보통	0%	0	55000
7	TS294	홍주리	1	15	수영	55000	우수	10%	5500	49500
8	TS282	김동국	3	10	에어로빅	67000	보통	0%	0	67000
9	TS296	민구영	3	7	에어로빅	67000	미흡	0%	0	67000
10	TS280	민영포	3	15	에어로빅	67000	우수	10%	6700	60300
11	TS287	성준향	3	11	에어로빅	67000	보통	0%	0	67000
12	TS292	탁영숙	3	12	에어로빅	67000	보통	0%	0	67000
13	TS293	강동구	2	17	헬스	65000	우수	10%	6500	58500
14	TS298	권수민	2	18	헬스	65000	최우수	15%	9750	55250
15	TS295	마영달	2	15	헬스	65000	우수	10%	6500	58500
16	TS285	박충식	2	10	헬스	65000	보통	0%	0	65000
17	TS289	변학도	2	6	헬스	65000	미흡	0%	0	65000
18	TS281	이팔자	2	19	헬스	65000	최우수	15%	9750	55250
19	TS284	장국종	2	20	헬스	65000	최우수	15%	9750	55250
20	TS291	화연자	2	18	헬스	65000	최우수	15%	9750	55250
21										

〈그림 4.6〉

혼 자 해 보 기

지시1 〈그림 4.6〉의 표에서 **종목의 값**을 기준으로 내림차순 **청구금액의 값**을 기준으로 내림차순 정렬하도록 2개의 기준을 지정하여 정렬하라.

▷ 정렬한 결과는 〈그림 4.7〉과 같다.

	A	B	C	D	E	F	G	H	I	J
1	회원ID	성 명	구분	출석일수	종 목	월회비	판정	할인율	할인금액	청구금액
2	TS285	박충식	2	10	헬스	65000	보통	0%	0	65000
3	TS289	변학도	2	6	헬스	65000	미흡	0%	0	65000
4	TS293	강동구	2	17	헬스	65000	우수	10%	6500	58500
5	TS295	마영달	2	15	헬스	65000	우수	10%	6500	58500
6	TS298	권수민	2	18	헬스	65000	최우수	15%	9750	55250
7	TS281	이팔자	2	19	헬스	65000	최우수	15%	9750	55250
8	TS284	장국종	2	20	헬스	65000	최우수	15%	9750	55250
9	TS291	화연자	2	18	헬스	65000	최우수	15%	9750	55250
10	TS282	김동국	3	10	에어로빅	67000	보통	0%	0	67000
11	TS296	민구영	3	7	에어로빅	67000	미흡	0%	0	67000
12	TS287	성춘향	3	11	에어로빅	67000	보통	0%	0	67000
13	TS292	탁영숙	3	12	에어로빅	67000	보통	0%	0	67000
14	TS280	민영포	3	15	에어로빅	67000	우수	10%	6700	60300
15	TS290	강주리	1	3	수영	55000	미흡	0%	0	55000
16	TS286	이몽룡	1	13	수영	55000	보통	0%	0	55000
17	TS297	한국영	1	13	수영	55000	보통	0%	0	55000
18	TS288	심청이	1	14	수영	55000	우수	10%	5500	49500
19	TS283	이동완	1	17	수영	55000	우수	10%	5500	49500
20	TS294	홍주리	1	15	수영	55000	우수	10%	5500	49500
21										

〈그림 4.7〉

추가된 정렬 기준의 삭제

정렬 대화 상자에서 삭제할 열 정렬 기준을 선택하고 정렬 대화 상자 위쪽의 기준 삭제 버튼을 클릭한다.

4.3.3 사용자 지정 목록에 의한 정렬

사용자 지정 목록으로 정렬하면 오름차순 또는 내림차순이 아닌 사용자가 지정한 목록 순으로 정렬할 수 있다. 예를 들면 회장, 부회장, 이사, 부장, 과장, 대리, 사원 등의 직급 순서로 정렬해야 할 경우에 오름차순 정렬하면 과장, 대리, 사원, … 순서로 정렬된다. 〈그림 4.6〉은 종목의 오름차순으로 정렬된 결과이고 〈그림4.7〉은 종목의 내림차순으로 정렬한 결과이다. 이 표를 오름차순 또는 내림차순이 아닌 종목 값을 사용하여 수영, 헬스, 에어로빅 순서로 정렬하고자 한다면 사용자 지정 목록으로 정렬하면 된다.

다음 따라하기는 첫 번째 열 정렬 기준으로 종목을 선택한 후 값을 기준으로 수영, 헬스,
에어로빅 순서로 정렬하도록 사용자 지정 목록을 사용한 후 다음 정렬 기준으로 출석일수
의 값을 기준으로 내림차순 정렬하는 실습이다.

따라하기

▶ **동작 1**   정렬할 데이터 A2:J20 범위를 선택한 후 데이터 리본의 정렬 및 필터 그룹에
서 정렬(▧)을 클릭한다.

　　▷ 정렬 대화 상자가 열린다.

▶ **동작 2**   정렬 대화 상자의 열 정렬 기준의 목록에서 종목을 선택하고 정렬 기준으로
값을 선택하고 정렬의 아래쪽 방향 화살표를 클릭하여 표시된 목록에서 사
용자 지정 목록...을 클릭한다.

　　▷ 〈그림 4.8〉과 같은 사용자 지정 목록 대화 상자가 열린다.

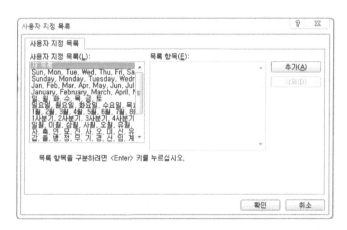

〈그림 4.8〉

▶ **동작 3**   목록 항목의 박스를 클릭하고 수영 [Enter↵] 키, 헬스 [Enter↵] 키, 에어로빅
[Enter↵] 키를 치고 추가 버튼을 클릭한 후 확인 버튼을 클릭한다.

　　▷ 사용자 지정 목록으로 수영, 헬스, 에어로빅이 되고 정렬 대화 상자 우측의 정
렬 난에 수영, 헬스, 에어로빅이 표시된다.

▶ **동작 4** 다음 기준의 열 정렬 기준의 목록에서 출석일수를 선택하고 정렬 기준으로 값을 선택한 후 정렬의 내림차순을 선택하고 확인 버튼을 클릭한다.

⊙ 〈그림 4.9〉와 같이 정렬 기준이 수영, 헬스, 에어로빅 종목 순서로 정렬된다.

	A	B	C	D	E	F	G	H	I	J
1	회원ID	성 명	구분	출석일수	종 목	월회비	판정	할인율	할인금액	청구금액
2	TS283	이동완	1	17	수영	55000	우수	10%	5500	49500
3	TS294	홍주리	1	15	수영	55000	우수	10%	5500	49500
4	TS288	심청이	1	14	수영	55000	우수	10%	5500	49500
5	TS286	이룡룡	1	13	수영	55000	보통	0%	0	55000
6	TS297	한국영	1	13	수영	55000	보통	0%	0	55000
7	TS290	강주리	1	3	수영	55000	미흡	0%	0	55000
8	TS284	장국종	2	20	헬스	65000	최우수	15%	9750	55250
9	TS281	이팔자	2	19	헬스	65000	최우수	15%	9750	55250
10	TS298	권수민	2	18	헬스	65000	최우수	15%	9750	55250
11	TS291	화연자	2	18	헬스	65000	최우수	15%	9750	55250
12	TS293	강동구	2	17	헬스	65000	우수	10%	6500	58500
13	TS295	마영달	2	15	헬스	65000	우수	10%	6500	58500
14	TS285	박종식	2	10	헬스	65000	보통	0%	0	65000
15	TS289	변학도	2	6	헬스	65000	미흡	0%	0	65000
16	TS280	민영포	3	15	에어로빅	67000	우수	10%	6700	60300
17	TS292	탁영숙	3	12	에어로빅	67000	보통	0%	0	67000
18	TS287	성춘향	3	11	에어로빅	67000	보통	0%	0	67000
19	TS282	김동국	3	10	에어로빅	67000	보통	0%	0	67000
20	TS296	민구영	3	7	에어로빅	67000	미흡	0%	0	67000
21										

〈그림 4.9〉

🔅 사용자 정의 목록의 목록 확인과 삭제

추가한 목록은 사용자 지정 목록 대화 상자의 좌측 목록에서 확인 할 수 있다. 또 불필요한 목록은 목록을 선택한 후 삭제 버튼을 이용해 삭제한다.

4.4 서식 지정과 요구 사항 처리

〈그림 4.9〉로 〈표 4.2〉의 출력 형식을 참조하여 ⑦ 월회비의 합계,, ⑦ 할인금액의 합계, ⑦ 청구금액의 합계를 SUM 함수를 이용해 계산하고 테두리를 적용한 후 요구 사항과 같이 서식을 지정하라.

출력 형식

〈표 4.2〉　　　　　코리아 스포츠 센터 회원 월회비 청구 현황(6월)

작성자: ○ ○ ○

회원ID	성 명	구분	출석일수	종 목	월회비	판 정	할인율	할인금액	청구금액
⋮	⋮	⋮	⋮	①	②	③	④	⑤	⑥
합 계			✕	✕	⑦	✕	✕	⑦	⑦

요구 사항

① A1:J21 범위의 테두리는 〈표 4.2〉의 출력 형식을 참조하여 적용하고 **배경색으로 A1:J1 범위 : 흰색, 배경 1, 5% 더 어둡게, A2:J20 범위 : 흰색, 배경 1, A21:J21 범위 : 흰색, 배경 1, 5% 더 어둡게**를 적용한다.

② 1, 2, 3행을 삽입하고 A1셀에 **코리아 스포츠 센터 회원 월회비 청구 현황(6월)**을 입력한 후 A1:J1 범위를 **병합하고 가운데 맞춤**한다. 병합된 A1셀의 글꼴 크기는 16, 글꼴은 **바탕체, 굵게, 밑줄**을 적용하고, 글꼴 색은 **검정, 텍스트 1, 15% 더 밝게**로 적용한 후 **행 높이를 적절히 조절**하라.

③ I3셀에 작성자 : ○ ○ ○으로 작성자의 이름을 입력하라.

④ A1:J3 범위를 선택하고 배경색으로 테마 색의 **흰색, 배경 1**을 적용하라.

⑤ 표의 항목명과 회원ID, 성명, 구분 데이터는 **가운데 맞춤**하라.

⑥ 출석일수, 월회비, 할인금액, 청구금액 항목 숫자 데이터의 표시 형식은 **1000단위마다 쉼표 스타일(,)**로 적용하고 열 너비를 적절히 조절하라.

⑦ 인쇄 미리 보기의 페이지 설정에서 **확대/축소를 87%**로 설정하고 페이지 **가로 가운데 맞춤**하라.

⑧ 완성된 통합 문서를 작성자의 USB에 **월회비청구현황**으로 저장하라.

※ 〈표 4.1〉의 기본 자료, 계산 식, 정렬, 〈표4.2〉의 출력형식과 요구 사항을 모두 적용한 결과는 〈그림 4.10〉과 같다.

	A	B	C	D	E	F	G	H	I	J
1				코리아 스포츠 센터 회원 월회비 청구 현황(6월)						
2										
3								작성자 : 홍길동		
4	회원ID	성 명	구분	출석일수	종 목	월회비	판정	할인율	할인금액	청구금액
5	TS283	이동완	1	17	수영	55,000	우수	10%	5,500	49,500
6	TS294	홍주리	1	15	수영	55,000	우수	10%	5,500	49,500
7	TS288	심청이	1	14	수영	55,000	우수	10%	5,500	49,500
8	TS286	이몽룡	1	13	수영	55,000	보통	0%	-	55,000
9	TS297	한국영	1	13	수영	55,000	보통	0%	-	55,000
10	TS290	강주리	1	3	수영	55,000	미흡	0%	-	55,000
11	TS284	장국종	2	20	헬스	65,000	최우수	15%	9,750	55,250
12	TS281	이팔자	2	19	헬스	65,000	최우수	15%	9,750	55,250
13	TS298	권수민	2	18	헬스	65,000	최우수	15%	9,750	55,250
14	TS291	화연자	2	18	헬스	65,000	최우수	15%	9,750	55,250
15	TS293	강동구	2	17	헬스	65,000	우수	10%	6,500	58,500
16	TS295	마영달	2	15	헬스	65,000	우수	10%	6,500	58,500
17	TS285	박충식	2	10	헬스	65,000	보통	0%	-	65,000
18	TS289	변학도	2	6	헬스	65,000	미흡	0%	-	65,000
19	TS280	민영포	3	15	에어로빅	67,000	우수	10%	6,700	60,300
20	TS292	탁영숙	3	12	에어로빅	67,000	보통	0%	-	67,000
21	TS287	성춘향	3	11	에어로빅	67,000	보통	0%	-	67,000
22	TS282	김동국	3	10	에어로빅	67,000	보통	0%	-	67,000
23	TS296	민구영	3	7	에어로빅	67,000	미흡	0%	-	67,000
24	합 계					1,185,000			75,200	1,109,800
25										

〈그림 4.10〉

 할인 금액의 - 표시

할인 금액의 숫자 데이터를 쉼표(,) 스타일로 지정하면 0의 값은 - 로 표시된다(회계 표시 형식).

4.5 연습 문제(1)

새 통합 문서에서 Sheet1의 이름을 **필기시험결과**로 변경하고 〈표 4.3〉의 **기본 자료**와 **처리 조건**, 〈표 4.4〉의 **출력 형식**과 **요구사항**을 참조하여 표를 완성하라. 데이터 입력시 주의할 사항은 **학번은 반드시 따옴표(')를 붙여 텍스트 데이터로 입력**한다.

기본 자료

〈표 4.3〉

학번	성명	학과코드	학과	컴퓨터일반	SP일반	평균	등급	합격여부
1306111	박수박			80	85			
1308222	이도리			50	60			
1307111	강미수			65	60			
1306333	오도리			70	35			
1308202	방사장			95	35			
1307444	양계장			55	50			
1306001	감치미			75	70			
1308777	도마위			85	60			
1307707	고마워	①	②	90	75	③	④	⑤
1306432	변사장			70	80			
1308242	미사구			60	90			
1307888	김미수			80	70			
1306008	이장끼			55	85			
1308808	저장끼			35	50			
1307266	김요식			90	30			
1307388	석대석			95	55			
1308767	이방식			90	65			

출력 형식

〈표 4.4〉   **컴퓨터활용 수강자 필기 시험 결과**

작성자: ○ ○ ○

학번	성명	학과코드	학과	컴퓨터일반	SP일반	평균	등급	합격여부
⋮	⋮	①	②	⋮	⋮	③	④	⑤
평 균			✕	⑥	⑥	⑥	✕	✕

처리 조건

① 학과코드 : 학번의 4번째 1문자 추출(=MID(A2,4,1) 식 사용)

② 학과 : 학과코드가 6이면 경영학, 7이면 생명공학, 8이면 사회과학 아니면 공백(") 처리

③ 평균 : (컴퓨터일반 + SP일반) / 2

④ 등급 : 평균이 0~59이면 F, 60~69이면 D, 70~79이면 C, 80~89이면 B, 90~100 이면 A 아니면 공백(")으로 처리

⑤ 합격여부 : 컴퓨터일반이 40점 이상이고 SP일반이 40점 이상이고 평균이 60점 이상 이면 **합격** 아니면 **불합격**으로 처리

[정렬 기준과 세로 평균 계산]

• 학과의 값에 따라 사회과학, 경영학, 생명과학 순서로 동일한 학과에서는 **평균**의 값에 따라 내림차순 정렬

⑥ 컴퓨터일반, SP일반, 평균 항목의 세로 평균 계산(AVERAGE 함수를 이용)

요구 사항

① A1:I19 범위의 테두리는 〈표 4.4〉의 출력 형식을 참조하여 적용하고 배경색으로 A1:J1 범위 : 황갈색, 배경 2, 10% 더 어둡게, A2:J18 범위 : 흰색, 배경 1, 5% 더 어둡게 A19:J19 범위 : 황갈색, 배경 2, 10% 더 어둡게를 적용한다.

② 표의 항목명과 학번, 성명, 학과코드, 등급, 합격여부의 셀 값은 **가운데 맞춤**하라.

③ 컴퓨터일반, SP일반, 평균 숫자 데이터의 표시 형식은 **1000단위마다 쉼표 스타일(,)**로 적용하고 **자릿수 늘림**으로 소수점이하 1자리를 표f시하라.

④ 1, 2, 3행을 삽입하고 A1셀에 **컴퓨터활용 수강자 필기 시험 결과**를 입력한 후 A1:J1 범위를 **병합하고 가운데 맞춤**한다. 병합된 A1셀의 글꼴 크기는 16, 글꼴은 **굴림체, 굵게, 밑줄**을 적용하고, 글꼴 색은 **검정, 텍스트 1, 15% 더 밝게**로 적용한 후 행 높이를 적절히 조절하라.

⑤ H3셀에 작성자 : ○○○으로 작성자의 이름을 입력하라.

⑥ A1:I3 범위를 선택하고 배경색으로 테마 색의 **흰색, 배경 1, 5% 더 어둡게**를 적용하라.

⑦ 인쇄 미리 보기의 페이지 설정에서 **확대/축소를 90%**로 설정하고 페이지 **가로 가운데 맞춤**하라.

⑧ 완성된 통합 문서를 작성자의 USB에 **컴퓨터활용필기시험결과**로 저장하라.

※ 〈표 4.3〉의 기본 자료와 계산 수식, 정렬, 요구 사항을 모두 적용하여 출력 형식과 같이 완성한 결과는 〈그림 4.11〉과 같다.

학번	성명	학과코드	학과	컴퓨터일반	SP일반	평균	등급	합격여부
1308767	이방식	8	사회과학	90.0	65.0	77.5	C	합격
1308242	미사구	8	사회과학	60.0	90.0	75.0	C	합격
1308777	도마워	8	사회과학	85.0	60.0	72.5	C	합격
1308202	방사장	8	사회과학	95.0	35.0	65.0	D	불합격
1308222	이도리	8	사회과학	50.0	60.0	55.0	F	불합격
1308808	저장끼	8	사회과학	35.0	50.0	42.5	F	불합격
1306111	박수박	6	경영학	80.0	85.0	82.5	B	합격
1306432	변사장	6	경영학	70.0	80.0	75.0	C	합격
1306001	감치미	6	경영학	75.0	70.0	72.5	C	합격
1306008	이장끼	6	경영학	55.0	85.0	70.0	C	합격
1306333	오도리	6	경영학	70.0	35.0	52.5	F	불합격
1307707	고마워	7	생명공학	90.0	75.0	82.5	B	합격
1307888	김미수	7	생명공학	80.0	70.0	75.0	C	합격
1307388	석대석	7	생명공학	95.0	55.0	75.0	C	합격
1307111	강미수	7	생명공학	65.0	60.0	62.5	D	합격
1307266	김요식	7	생명공학	90.0	30.0	60.0	D	불합격
1307444	양계장	7	생명공학	55.0	50.0	52.5	F	불합격
평 균				72.9	62.1	67.5		

제목: 컴퓨터활용 수강자 필기 시험 결과
작성자 : 홍 길 동

〈그림 4.11〉

4.6 연습 문제(2)

새 통합 문서에서 Sheet1의 이름을 전기요금4월로 변경하고 〈표 4.5〉의 **기본 자료**와 **처리 조건**, 〈표 4.6〉의 **출력 형식**과 **요구사항**을 참조하여 누진율을 반영하지 않는 표를 완성하라. 데이터 입력시 주의할 사항은 **고객번호와 코드는 반드시 따옴표(')를 붙여 텍스트 데이터로 입력**한다.

기본 자료

〈표 4.5〉

고객번호	성명	코드	구분명	사용량	기본요금	사용요금	세금	청구요금	비고
A128000	탁영숙	2		234					
A128001	강동구	3		258					
A128002	홍주리	3		149					
A128003	마영달	1		234					
A128004	민구영	2		435					
A128005	한국영	2		156					
A128006	권수민	1		89					
A128007	민영포	3		450					
A128008	이팔자	1		145					
A128009	김동국	2	①	333	②	③	④	⑤	⑥
A128010	이동완	1		323					
A128011	장국종	2		360					
A128012	박충식	3		126					
A128013	이몽룡	2		90					
A128014	성춘향	1		189					
A128015	심청이	2		329					
A128016	변학도	3		214					
A128017	강주리	1		133					
A128018	화연자	2		69					

출력 형식

〈표 4.6〉　　　　**A-가 지역 전기요금 산출내역서(4월)**

작성자: ○○○

번호	성명	코드	구분명	사용량	기본요금	사용요금	세금	청구요금	비고
⋮	⋮	⋮	①	⋮	②	③	④	⑤	⑥.
합 계			╳	⑦	⑦	⑦	⑦	⑦	╳

처리 조건

① 구분명 : 코드가 1이면 주택용, 2이면 영업용, 3이면 산업용 아니면 공백("")으로 처리
② 기본요금 : 코드가 1이면 4500원, 2이면 3500원 3이면 2000원 아니면 공백(" ")처리
③ 사용요금 : 사용량 × 코드가 1이면 90원, 2이면 80원 3이면 60원 아니면 공백(" ")처리
④ 세금 : (기본요금 + 사용요금) × 10%
⑤ 청구요금 : 기본요금 + 사용요금 + 세금 (1원 단위 절사)
⑥ 비고 : 사용량이 0~100이면 저사용, 101~200이면 일반사용, 201~300이면 고사용, 301이상이면 과다사용으로 처리

[정렬 기준과 세로 평균 계산]

• **구분명**의 값에 따라 영업용, 주택용, 산업용 순서로 동일한 구분명에서는 **성명**의 값에 따라 오름차순 정렬

⑦ 〈표 4.6〉 출력 형식을 참조하여 사용량, 기본요금, 사용요금, 세금, 청구요금 항목의 세로 합계 계산

요구 사항

① A1:J21 범위의 테두리는 〈표 4.6〉의 출력 형식을 참조하여 적용하고 배경색으로 A1:J1 범위 : 황갈색, 배경 2, 10% 더 어둡게, A2:J20 범위 : 흰색, 배경 1, 5% 더 어둡게 A21:J21 범위 : 황갈색, 배경 2, 10% 더 어둡게를 적용한다.
② 표의 항목명과 고객번호, 성명, 코드, 구분명 셀 값은 **가운데 맞춤**한다.
③ 사용량, 기본요금, 사용요금, 세금, 청구요금 숫자 데이터의 표시 형식은 1000단위마다 **쉼표 스타일**(,)로 적용하라.
④ 1, 2, 3행을 삽입하고 A1셀에 **A-가 지역 전기요금 산출내역서(4월)**를 입력한 후 A1:J1 범위를 **병합**하고 **가운데 맞춤**한다. 병합된 A1셀의 글꼴 크기는 16, 글꼴은 **굴림체, 굵게, 밑줄**을 적용하고, 글꼴 색은 **검정, 텍스트 1, 15% 더 밝게**로 적용한 후 **행 높이**를 적절히 조절하라.
⑤ I3셀에 작성자 : ○○○으로 작성자의 이름을 입력하라.
⑥ A1:J3 범위를 선택하고 배경색으로 테마 색의 **흰색, 배경 1, 5% 더 어둡게**를 적용하라.

⑦ 인쇄 미리 보기의 페이지 설정에서 **확대/축소를** 85%로 설정하고 페이지 **가로 가운데 맞춤** 하라.

⑧ 완성된 통합 문서를 작성자의 USB에 **전기요금산출**로 저장하라.

※ 〈표 4.3〉의 기본 자료와 계산 수식, 정렬, 요구 사항을 모두 적용하여 출력 형식과 같이 완성한 결과는 〈그림 4.12〉와 같다.

고객번호	성명	코드	구분명	사용량	기본요금	사용요금	세금	청구요금	비고
			A-가 지역 전기요금 산출내역서 (4월)						
								작성자 : 홍 길 동	
A128009	김동국	2	영업용	333	3,500	26,640	3,014	33,150	과다사용
A128004	민구영	2	영업용	435	3,500	34,800	3,830	42,130	과다사용
A128015	심청이	2	영업용	329	3,500	26,320	2,982	32,800	과다사용
A128013	이몽룡	2	영업용	90	3,500	7,200	1,070	11,770	저사용
A128011	장국종	2	영업용	360	3,500	28,800	3,230	35,530	과다사용
A128000	탁영숙	2	영업용	234	3,500	18,720	2,222	24,440	고사용
A128005	한국영	2	영업용	156	3,500	12,480	1,598	17,570	일반사용
A128018	화연자	2	영업용	69	3,500	5,520	902	9,920	저사용
A128017	강주리	1	주택용	133	4,500	11,970	1,647	18,110	일반사용
A128006	권수민	1	주택용	89	4,500	8,010	1,251	13,760	저사용
A128003	마영달	1	주택용	234	4,500	21,060	2,556	28,110	고사용
A128014	성춘향	1	주택용	189	4,500	17,010	2,151	23,660	일반사용
A128010	이동완	1	주택용	323	4,500	29,070	3,357	36,920	과다사용
A128008	이팔자	1	주택용	145	4,500	13,050	1,755	19,300	일반사용
A128001	강동구	3	산업용	258	2,000	15,480	1,748	19,220	고사용
A128007	민영포	3	산업용	450	2,000	27,000	2,900	31,900	과다사용
A128012	박중식	3	산업용	126	2,000	7,560	956	10,510	일반사용
A128016	변학도	3	산업용	214	2,000	12,840	1,484	16,320	고사용
A128002	홍주리	3	산업용	149	2,000	8,940	1,094	12,030	일반사용
합 계				4,316	65,000	332,470	39,747	437,150	

〈그림 4.12〉

4.7 연습 문제(3)

새 통합 문서에서 **Sheet1**의 이름을 진료자료07_07로 변경하고 〈표 4.7〉의 **기본 자료**와 **처리 조건**, 〈표 4.8〉의 **출력 형식**과 **요구사항**을 참조하여 기본 표를 완성하라.

기본 자료

〈표 4.7〉

차트번호	성명	상병코드	상병명칭	진료과	진료비	청구액	본인부담금	누적횟수	비고
가18-00	김청이	J069						5	
가18-01	이방자	J069						4	
가18-02	마동탁	J00						6	
가18-03	이동막	J00						10	
가18-04	김길동	J060						2	
가18-05	강구라	J060						6	
가18-06	정도정	J00						12	
가18-07	최유비	J00						15	
가18-08	박관우	J060						13	
가18-09	공장비	J060	①	②	③	④	⑤	9	⑤
가18-10	이동막	J069						8	
가18-11	정세린	J069						4	
가18-12	사방지	J00						7	
가18-13	지서방	J060						1	
가18-14	이다래	J069						2	
가18-15	이막장	J00						3	
가18-16	김장구	J00						4	
가18-17	박수려	J060						5	
가18-18	공기구	J060						6	

출력 형식

〈표 4.8〉   소망병원 일일진료자료집계(이비인후과)

작성자: ○○○

차트번호	성명	상병코드	상병명칭	진료과	진료비	청구액	본인부담금	진료횟수	비고
⋮	⋮	⋮	①	②	③	④	⑤	⋮	⑥
합 계			╳	╳	⑦	⑦	⑦	⑦	╳

처리 조건

① 상병명칭 : 코드가 J069이면 상기도 급성 질환, J00이면 급성 비인두염[감기], J060 이면 급성 인후두염 아니면 공백("")으로 처리

② 진료과 : 코드가 J069이면 제1진료실, J00이면 제2진료실, J060이면 제3질료실 아니면 공백("")으로 처리

③ 진료비 : 코드가 J069이면 14580원, J00이면 17730원, J060이면 14100원 아니면 공백 ("")으로 처리

④ 청구액 : 코드가 J069이면 8780원, J00이면 10730원, J060이면 9300원 아니면 공백 ("")으로 처리

⑤ 본인부담금 : 진료비 – 청구액

⑥ 진료횟수가 1이면 초진 2~5이면 경증 6~10이면 일반검사 11이상이면 추가검사 아니면 공백("") 처리

[정렬 기준과 세로 평균 계산]

• **상병명칭에 따라** 상기도 급성 질환, 급성 비인두염[감기], 급성 인후두염 순서로 정렬하되 두 번째 기준은 **성명으로** 오름차순 정렬

⑦ 〈표 4.8〉 출력 형식을 참조하여 진료비, 청구액, 본인부담금, 누적횟수 항목의 세로 합계 계산

요구 사항

① A1:J21 범위의 테두리는 〈표 4.8〉의 출력 형식을 참조하여 적용하고 **배경색으로** A1:J1 범위 : 황갈색, 배경 2, 10% 더 어둡게, A2:J20 범위 : 흰색, 배경 1, 5% 더 어둡게 A21:J21 범위 : 황갈색, 배경 2, 10% 더 어둡게를 적용한다.

② 표의 항목명과 차트번호, 성명의 셀 값은 **가운데 맞춤**한다.

③ 진료비, 청구액, 본인부담금, 누적횟수 숫자 데이터의 표시 형식은 1000단위마다 **쉼표 스타일(,)**로 적용하라.

④ 1, 2, 3행을 삽입하고 A1셀에 소망병원 일일진료자료집계(이비인후과)를 입력한 후 A1:J1 범위를 **병합하고 가운데 맞춤**한다. 병합된 A1셀의 글꼴 크기는 16, 글꼴은 **굴림 체, 굵게, 밑줄**을 적용하고, 글꼴 색은 **검정, 텍스트 1, 15% 더 밝게**로 적용한 후 **행 높이를 적절히 조절**하라.

⑤ I3셀에 작성자 : ○○○으로 작성자의 이름을 입력하라.

⑥ A1:J3 범위를 선택하고 배경색으로 테마 색의 **흰색, 배경 1, 5% 더 어둡게**를 적용하라.

⑦ 인쇄 미리 보기의 페이지 설정에서 **확대/축소를 85%**로 설정하고 페이지 **가로 가운데 맞춤**하라.

⑧ 완성된 통합 문서를 작성자의 USB에 이비인후과진료자료로 저장하라.

4.8 필기 연습 문제

1. 다음 중 아래 워크시트에서 가입일이 2000년 이전이면 회원등급을 '골드회원', 아니면 '일반 회원'으로 표시하려고 할 때 [C19] 셀에 입력할 수식으로 옳은 것은? 14년 2회 기출

	A	B	C
17		회원가입현황	
18	성명	가입일	회원등급
19	강민호	2000-01-05	골드회원
20	김보라	1996-03-07	골드회원
21	이수연	2002-06-20	일반회원
22	황정민	2006-11-23	일반회원
23	최경수	1998-10-20	골드회원
24	박청태	1999-12-05	골드회원

① =TODAY(IF(B19〈=2000,"골드회원","일반회원")

② =IF(TODAY(B19)〈=2000,"일반회원","골드회원")

③ =IF(DATE(B19)〈=2000,"골드회원","일반회원")

④ =IF(YEAR(B19)〈=2000,"골드회원","일반회원")

2. 다음 중 오름차순 정렬에 관한 설명으로 옳지 않은 것은? 14년 1회 기출

① 숫자는 가장 작은 음수에서 가장 큰 양수의 순서로 정렬된다.

② 영숫자 텍스트는 왼쪽에서 오른쪽으로 정렬된다.
  예를 들어, 텍스트 "A100"이 들어 있는 셀은 "A1" 이 있는 셀보다 뒤에, "A11"이 있는 셀보다 앞에 정렬된다.

③ 논리값은 TRUE보다 FALSE가 앞에 정렬되며 오류값의 순서는 모두 같다.

④ 공백(빈 셀)은 항상 가장 앞에 정렬된다.

3. 다음 중 정렬에 대한 설명으로 옳지 않은 것은? 14년 2회 기출

① 머리글의 값이 정렬 작업에 포함 또는 제외되도록 설정하거나 해제할 수 있다.

② 숨겨진 열이나 행도 정렬시 이동되므로 데이터를 정렬하기 전에 숨겨진 열과 행을 표시하는 것이 좋다.

③ 사용자 지정 목록을 사용하여 사용자가 정의한 순서대로 정렬할 수 있다.

④ 셀 범위나 표 열의 서식을 직접 또는 조건부 서식으로 설정한 경우 셀 색 또는 글꼴 색을 기준으로 정렬할 수 있다.

4. 다음 중 [인쇄 미리 보기]에 관한 설명으로 옳지 않은 것은? 14년 1회 기출

① [인쇄 미리 보기] 창에서 셀 너비를 조절할 수 있으나 워크시트에는 변경된 너비가 적용되지 않는다.

② [인쇄 미리 보기]를 실행한 상태에서 [페이지 설정]을 클릭하여 [여백] 탭에서 여백을 조절할 수 있다.

③ [인쇄 미리 보기] 상태에서 '확대/축소'를 누르면 화면에는 적용되지만 실제 인쇄 시에는 적용되지 않는다.

④ [인쇄 미리 보기]를 실행한 상태에서 [여백 표시]를 체크한 후 마우스 끌기를 통하여 여백을 조절할 수 있다.

5. 다음 중 워크시트의 [머리글/바닥글] 설정에 대한 설명으로 옳지 않은 것은? 14년 3회 기출

① '페이지 레이아웃' 보기 상태에서는 워크시트 페이지 위쪽이나 아래쪽을 클릭하여 머리글/바닥글을 추가할 수 있다.

② 첫 페이지, 홀수 페이지, 짝수 페이지의 머리글/바닥글 내용을 다르게 지정할 수 있다.

③ 머리글/바닥글에 그림을 삽입하고, 그림 서식을 지정할 수 있다.

④ '페이지 나누기 미리보기' 상태에서는 미리 정의된 머리글이나 바닥글을 선택하여 쉽게 추가할 수 있다.

6. 다음 중 [페이지 나누기 미리보기] 상태에 대한 설명으로 옳지 않은 것은? 14년 3회 기출

① 차트나 그림 등의 개체를 삽입할 수는 없으나 데이터를 입력하거나 편집할 수는 있다.

② 페이지 구분선을 마우스로 드래그 하여 페이지를 나눌 위치를 조정할 수 있다.

③ [페이지 레이아웃]-[페이지 설정] 그룹의 [나누기]-[페이지 나누기 모두 원래대로]를 클릭하면 사용자가 삽입한 페이지 구분선이 모두 삭제된다.

④ 자동으로 표시된 페이지 구분선은 점선, 사용자가 삽입한 페이지 구분선은 실선으로 표시된다.

7. 다음 중 [페이지 설정] 대화상자에 대한 설명으로 옳지 않은 것은? 14년 2회 기출

① '셀 오류 표시' 옵션을 이용하여 오류 값이 인쇄되지 않도록 할 수 있다.

② 인쇄할 내용이 페이지의 가로/세로의 가운데에 위치하도록 설정할 수 있다.

③ '시작 페이지 번호' 옵션을 이용하여 인쇄할 페이지의 시작 페이지 번호를 지정할 수 있다.

④ 설치된 여러 대의 프린터 중에서 인쇄할 프린터를 선택할 수 있다.

8. 다음 중 엑셀의 출력에 대한 설명으로 옳지 않은 것은? 14년 1회 기출

① 엑셀에서 그림을 시트 배경으로 사용하면 화면에 표시된 형태로 시트 배경이 인쇄된다.

② 시트 배경은 통합 문서를 저장할 때 워크시트 데이터와 함께 저장된다.

③ 워크시트에 삽입된 그림, 도형 및 SmartArt 등 일러스트레이션은 출력할 수 있다.

④ 차트를 클릭한 후 [Office 단추]-[인쇄]를 선택하면 '인쇄' 대화상자의 인쇄 대상이 '선택한 차트'로 지정된다.

9. 다음 중 원본 데이터를 지정된 서식으로 설정하였을 때, 결과가 옳지 않은 것은? 2016년 2회

① 원본 데이터 : 5054.2, 서식 : ### → 결과 데이터 : 5054

② 원본 데이터 : 대한민국, 서식 : @"화이팅" → 결과 데이터 : 대한민국화이팅

③ 원본 데이터 : 15:30:22, 서식 : hh:mm:ss AM/PM → 결과 데이터 : 3:30:22 PM

④ 원본 데이터 : 2013-02-01, 서식 : yyyy-mm-ddd → 결과 데이터 : 2013-02-Fri

10. 다음 중 셀 참조에 관한 설명으로 옳은 것은? 2015년 3회

① 수식 작성 중 마우스로 셀을 클릭하면 기본적으로 해당 셀이 절대 참조로 처리된다.

② 수식에 셀 참조를 입력한 후 셀 참조의 이름을 정의한 경우에는 참조 에러가 발생하므로 기존 셀 참조를 정의된 이름으로 수정한다.

③ 셀 참조 앞에 워크시트 이름과 마침표(.)를 차례로 넣어서 다른 워크시트에 있는 셀을 참조할 수 있다.

④ 셀을 복사하여 붙여 넣은 다음 [붙여넣기 옵션]의 [셀 연결] 명령을 사용하여 셀 참조를 만들 수도 있다.

11. 다음 중 메모에 대한 설명으로 옳지 않은 것은? 2015년 3회

① 통합 문서에 포함된 메모를 시트에 표시된 대로 인쇄하거나 시트 끝에 인쇄할 수 있다.

② 메모에는 어떠한 문자나 숫자, 특수 문자도 입력 가능하며, 텍스트 서식도 지정할 수 있다.

③ 시트에 삽입된 모든 메모를 표시하려면 [검토] 탭의 [메모] 그룹에서 '메모 모두 표시'를 선택한다.

④ 셀에 입력된 데이터를 〈Delete〉키로 삭제한 경우 메모도 함께 삭제된다.

12. 다음 중 메모에 관한 설명으로 옳지 않은 것은? 2016년 1회

① 메모를 삭제하려면 메모가 삽입된 셀을 선택한 후 [검토]탭 [메모]그룹의 [삭제]를 선택한다.

② [서식 지우기] 기능을 이용하여 셀의 서식을 지우면 설정된 메모도 함께 삭제된다.

③ 메모가 삽입된 셀을 이동하면 메모의 위치도 셀과 함께 변경된다.

④ 작성된 메모의 내용을 수정하려면 메모가 삽입된 셀의 바로 가기 메뉴에서 [메모 편집]을 선택한다.

13. 다음 중 아래 워크시트에서 [A4] 셀의 메모가 지워지는 작업에 해당하는 것은? 2016년 2회

▲	A	B	C	D
1		성적 관리		
2	성명	영어	국어	출점
3	배순용	장학생	89	170
4	이길순		98	186
5	하길주	87	88	175
6	이선호	67	78	145

① [A3] 셀의 채우기 핸들을 아래쪽으로 드래그하였다.

② [A4] 셀의 바로 가기 메뉴에서 [메모 숨기기]를 선택하였다.

③ [A4] 셀을 선택하고, [홈] 탭 [편집] 그룹의 [지우기]에서 [모두 지우기]를 선택하였다.

④ [A4] 셀을 선택하고, 키보드의 〈Back Space〉키를 눌렀다.

14. 다음 중 틀 고정과 창 나누기에 대한 설명으로 옳지 않은 것은? 2016년 2회

① 틀 고정은 기본적으로 워크시트의 아래쪽에 있는 행과 오른쪽에 있는 열이 고정되지만 워크시트의 중간에 있는 행과 열도 고정할 수 있다.

② 셀 편집 모드에 있거나 워크시트가 보호된 경우에는 틀 고정 명령을 사용할 수 없다.

③ 틀 고정 구분선은 마우스를 이용하여 위치를 변경할 수 없으나 창 나누기 구분선은 위치 변경이 가능하다.

④ 두 개의 스크롤 가능한 영역으로 나뉜 창을 복원하려면 두 창을 나누고 있는 분할줄을 아무 곳이나 두 번 클릭한다.

15. 다음 중 셀 참조에 관한 설명으로 옳은 것은? 2016년 2회

① 수식 작성 중 마우스로 셀을 클릭하면 기본적으로 해당 셀이 절대 참조로 처리된다.

② 수식에 셀 참조를 입력한 후 셀 참조의 이름을 정의한 경우에는 참조 에러가 발생하므로 기존 셀 참조를 정의된 이름으로 수정한다.

③ 셀 참조 앞에 워크시트 이름과 마침표(.)를 차례로 넣어서 다른 워크시트에 있는 셀을 참조할 수 있다.

④ 셀을 복사하여 붙여 넣은 다음 [붙여넣기 옵션]의 [셀 연결] 명령을 사용하여 셀 참조를 만들 수도 있다.

16. 다음 중 틀 고정 및 창 나누기에 대한 설명으로 옳지 않은 것은? 2017년1회

① 화면에 나타나는 창 나누기 형태는 인쇄 시 적용되지 않는다.

② 창 나누기를 수행하면 셀 포인트의 오른쪽과 아래쪽으로 창 구분선이 표시된다.

③ 창 나누기는 셀 포인트의 위치에 따라 수직, 수평, 수직·수평 분할이 가능하다.

④ 첫 행을 고정하려면 셀 포인트의 위치에 상관없이 [틀 고정] - [첫 행 고정]을 선택한다.

CHAPTER **5**

부분합 계산과 차트 그리기

부분합 계산 **5.1**

절대 참조 셀을 사용한 계산식 작성 **5.2**

RANK 함수 **5.3**

서식 지정과 요구 사항 처리 **5.4**

부분합과 총합계의 요약 표시 **5.5**

[부분합 계산]필기 연습 문제 **5.6**

차트 작성 **5.7**

연습 문제(1) **5.8**

연습 문제(2) **5.9**

[차트 작성]필기 연습 문제 **5.10**

이 장에서는 〈표 5.1〉의 기본 자료의 데이터와 처리 조건을 이용하여 기본 표를 작성한 후 부분합을 계산하고, 절대 참조 셀을 이용한 실적율 계산, RANK 함수를 이용한 순위 계산, 부분합 요약과 요약 내용의 표시, 차트 작성 등을 학습한다. 부분합 기능은 분류된 데이터별로 합계, 개수, 평균, 최대값, 최소값, 표준편차 등의 요약 함수를 사용하여 계산할 수 있고 윤곽 기호를 이용하면 요약된 결과만을 표시할 수 있다. 절대 참조는 수식을 복사해도 특정 셀이 고정되도록 하는 것으로 $기호를 사용하거나 셀 또는 셀 범위에 이름을 붙여 사용한다. RANK 함수는 수 목록에서 특정 수의 순위를 구할 수 있다. 차트는 작성된 표가 담고 있는 내용을 그래픽으로 표현해서 데이터의 성격을 시각적으로 쉽게 파악할 수 있게 한 것이다.

입력 자료

〈표 5.1〉

사원번호	성명	영업소	직급	1월	2월	3월	실적합계
55621	김둘자	중부		2312	214	356	
55622	성사문	서부		985	213	985	
55623	박동년	남부		665	685	235	
55624	이개식	동부		1935	558	124	
55625	박닥질	중부		612	956	356	
55626	이두식	서부		1243	245	845	
55627	민영자	서부		251	956	652	
55628	장자일	남부		323	1024	554	
55629	이연팔	동부		245	965	625	
55630	박식해	중부		235	964	452	
55631	팔공산	남부		124	925	395	
55632	강민수	동부		156	1102	396	
55633	장지붕	서부	①	124	1002	542	②
55634	조가리	중부		589	954	548	
55635	김구리	중부		256	874	356	
55636	강주리	동부		142	865	278	
55637	이미영	서부		455	856	256	
55638	박순자	남부		3261	635	456	
55639	국영진	서부		245	756	245	
55640	황방순	동부		214	665	234	
55641	이주리	중부		235	245	156	
55642	김모일	서부		256	235	241	
55643	박나가	남부		278	245	123	
55644	정무식	중부		1234	668	241	

처리 조건

① 직급 : 사원번호의 끝자리가 1이면 소장, 2이면 부장, 3이면 대리 아니면 사원으로 처리

② 실적합계 : 1월 + 2월 + 3월

다음 따라하기로 테두리는 적용하지 않고 사원번호, 성명, 영업소, 직급, 1월, 2월, 3월 데이터를 입력하고 처리 조건에 따라 실적 합계를 계산하고 정렬하여 기본 표를 작성한다.

따라하기

▶ **동작 1**   새 통합 문서에서 Sheet1의 이름을 영업실적1분기로 변경한다.

▶ **동작 2**   A1:D20 범위에 테두리는 적용하지 않고 〈표 5.1〉의 항목 이름과 사원번호 (텍스트), 성명, 영업소, 1월, 2월, 3월 데이터를 입력한다.

▶ **동작 3**   D1셀에 직급를 입력하고 D2셀에 IF 함수를 이용하여 처리 조건의 ① 직급 : 사원번호의 끝자리가 1이면 소장, 2이면 부장, 3이면 대리 아니면 사원을 반환하도록 식을 구성하고 D3:D25까지 복사한다. 사원번호의 끝자리는 RIGHT(A2,1) 함수를 이용한다.

▶ **동작 4**   H1셀에 실적합계를 입력한 후 H2셀에 처리 조건의 ② 실적합계 : 1월 + 2월 + 3월을 계산하는 수식을 입력하여 계산하고 H3:H25 범위까지 복사한다.
  ▷ 데이터를 입력하고 직급과 실적합계가 계산된 결과는 〈그림 5.1〉과 같다.

	A	B	C	D	E	F	G	H	I
1	사원번호	성명	영업소	직급	1월	2월	3월	실적합계	
2	55621	김둘자	중부	소장	2312	214	356	2882	
3	55622	성사문	서부	부장	985	213	985	2183	
4	55623	박동년	남부	대리	665	685	235	1585	
5	55624	이개식	동부	사원	1935	558	124	2617	
6	55625	박닥질	중부	사원	612	956	356	1924	
7	55626	이두식	서부	사원	1243	245	845	2333	
8	55627	민영자	서부	사원	251	956	652	1859	
9	55628	장자일	남부	사원	323	1024	554	1901	
10	55629	이연필	동부	사원	245	965	625	1835	
11	55630	박식해	중부	사원	235	964	452	1651	
12	55631	말공산	남부	소장	124	925	395	1444	
13	55632	강민수	동부	부장	156	1102	396	1654	
14	55633	장지봉	서부	대리	124	1002	542	1668	
15	55634	조가리	중부	사원	589	954	548	2091	
16	55635	김구리	중부	사원	256	874	356	1486	
17	55636	강주리	동부	사원	142	865	278	1285	
18	55637	이미영	서부	사원	455	856	256	1567	
19	55638	박순자	남부	사원	3261	635	456	4352	
20	55639	국영진	서부	사원	245	756	245	1246	
21	55640	황방순	동부	사원	214	665	234	1113	
22	55641	이주리	중부	소장	235	245	156	636	
23	55642	김모일	서부	부장	256	235	241	732	
24	55643	박나가	남부	대리	278	245	123	646	
25	55644	정무식	중부	사원	1234	668	241	2143	
26									

〈그림 5.1〉

5.1 부분합 계산

부분합 기능을 이용하면 분류된 데이터별로 합계, 개수, 평균, 최대값, 최소값, 표준편차, 분산 등의 계산 함수를 이용하여 계산할 수 있고 윤곽 기호를 이용하면 계산된 결과만을 표시할 수 있다.

5.1.1 부분합의 합계 계산

부분합을 계산하려면 부분합을 계산하기 전에 반드시 계산하려는 열의 항목으로 정렬하여 데이터를 분류해야 한다. 〈그림 5.1〉의 표를 이용하여 영업소별(동부, 서부, 남부, 중부)로 부분합을 계산하려면 먼저 영업소 열을 이용해 사용자 지정 목록으로 기준을 지정해야 한다. 필요한 경우 두 번째 정렬 기준으로 성명의 오름차순을 지정한다. 정렬된 데이터를 이용하여 1월, 2월, 3월, 실적합계의 소계 및 총합계의 부분합을 계산한다. 이를 요약하여 표현하면 다음과 같다.

③, ④ 부분합과 총합계 계산 : 영업소별 1월, 2월, 3월, 실적합계의 부분합과 총합계를 계

산한다(정렬기준은 영업소의 값에 따라 동부, 서부, 남부, 중부의 순으로 사용자 지정 목록으로 정렬하되 동일 영업소에서는 성명 오름차순으로 정렬한다)

다음 따라하기는 〈그림 5.1〉의 표를 이용하여 ③, ④ 영업소별 1월, 2월, 3월, 실적합계의 부분합 합계 및 총합계를 계산하는 실습이다.

🖃 따라하기

▶ **동작 1**   정렬할 데이터 A2:H25 범위를 선택한 후 데이터 리본의 정렬 및 필터 그룹에서 정렬을 클릭한다.

▶ **동작 2**   정렬 대화 상자의 열 정렬 기준의 목록에서 **영업소의 값**으로 사용자 지정 목록으로 동부, 서부, 남부, 중부를 추가하여 선택한다. 기준 추가 버튼을 클릭하고 **성명의 값**에 따라 오름차순 정렬을 선택한 후 확인 버튼을 클릭한다.

   ▷ 첫 번째 열 정렬 기준이 영업소(동부, 서부, 남부, 중부 순)의 값으로 사용자 지정 목록으로 지정되고 다음 열 정렬 기준이 성명의 값 오름차순으로 지정되어 정렬된 결과는 〈그림 5.2〉와 같다.

	A	B	C	D	E	F	G	H	I
1	사원번호	성명	영업소	직급	1월	2월	3월	실적합계	
2	55632	강민수	동부	부장	156	1102	396	1654	
3	55636	강주리	동부	사원	142	865	278	1285	
4	55624	이개식	동부	사원	1935	558	124	2617	
5	55629	이연팔	동부	사원	245	965	625	1835	
6	55640	황방순	동부	사원	214	665	234	1113	
7	55639	국영진	서부	사원	245	756	245	1246	
8	55642	김모일	서부	부장	256	235	241	732	
9	55627	민영자	서부	사원	251	956	652	1859	
10	55622	성사문	서부	부장	985	213	985	2183	
11	55626	이두식	서부	사원	1243	245	845	2333	
12	55637	이미영	서부	사원	455	856	256	1567	
13	55633	장지붕	서부	대리	124	1002	542	1668	
14	55643	박나가	남부	대리	278	245	123	646	
15	55623	박동년	남부	대리	665	685	235	1585	
16	55638	박순자	남부	사원	3261	635	456	4352	
17	55628	장자일	남부	사원	323	1024	554	1901	
18	55631	팔공산	남부	소장	124	925	395	1444	
19	55635	김구리	중부	사원	256	874	356	1486	
20	55621	김둘자	중부	소장	2312	214	356	2882	
21	55625	박닥질	중부	사원	612	956	356	1924	
22	55630	박식해	중부	사원	235	964	452	1651	
23	55641	이주리	중부	소장	235	245	156	636	
24	55644	정무식	중부	사원	1234	668	241	2143	
25	55634	조가리	중부	사원	589	954	548	2091	
26									

〈그림 5.2〉

▶ **동작 3** A1:H25 범위를 선택하고 데이터 리본 메뉴의 윤곽선 그룹에서 부분합(▦)
을 클릭한다.

　　　　⊙ 〈그림 5.3〉과 같은 부분합 대화 상자가 열린다.

〈그림 5.3〉

🔆 데이터 범위의 자동 선택

정렬된 〈그림 5.2〉의 표에서 데이터가 있는 임의 셀을 선택하고 부분합을 클릭하면 A1:H25의 범위가
자동 선택되고 〈그림 5.3〉과 같은 부분합 대화 상자가 열린다.

▶ **동작 4** 그룹화할 항목의 아래쪽 방향 화살표를 클릭하여 표시된 목록에서 영업소를
선택한 후 사용할 함수의 아래쪽 방향 화살표를 클릭하여 표시된 목록에서
합계를 선택한다. 부분합 계산 항목에서 1월, 2월, 3월, 실적합계를 클릭하
여 체크 표시를 하고 확인 버튼을 클릭한다.

　　　　⊙ 〈그림 5.4〉과 같이 영업소별로 1월, 2월, 3월, 실적합계의 부분합이 합계로 계
산되어 표시된다.

1 2 3		A	B	C	D	E	F	G	H	I
	1	사원번호	성명	영업소	직급	1월	2월	3월	실적합계	
	2	55632	강민수	동부	부장	156	1102	396	1654	
	3	55636	강주리	동부	사원	142	865	278	1285	
	4	55624	이개식	동부	사원	1935	558	124	2617	
	5	55629	이연팔	동부	사원	245	965	625	1835	
	6	55640	황방순	동부	사원	214	665	234	1113	
	7			동부 요약		2692	4155	1657	8504	
	8	55639	국영진	서부	사원	245	756	245	1246	
	9	55642	김모일	서부	부장	256	235	241	732	
	10	55627	민영자	서부	사원	251	956	652	1859	
	11	55622	성사문	서부	부장	985	213	985	2183	
	12	55626	이두식	서부	사원	1243	245	845	2333	
	13	55637	이미영	서부	사원	455	856	256	1567	
	14	55633	장지룡	서부	대리	124	1002	542	1668	
	15			서부 요약		3559	4263	3766	11588	
	16	55643	박나가	남부	대리	278	245	123	646	
	17	55623	박동년	남부	대리	665	685	235	1585	
	18	55638	박순자	남부	사원	3261	635	456	4352	
	19	55628	장자일	남부	사원	323	1024	554	1901	
	20	55631	팔공산	남부	소장	124	925	395	1444	
	21			남부 요약		4651	3514	1763	9928	
	22	55635	김구리	중부	사원	256	874	356	1486	
	23	55621	김물자	중부	소장	2312	214	356	2882	
	24	55625	박닥질	중부	사원	612	956	356	1924	
	25	55630	박식해	중부	사원	235	964	452	1651	
	26	55641	이주리	중부	소장	235	245	156	636	
	27	55644	정우식	중부	사원	1234	668	241	2143	
	28	55634	조가리	중부	사원	589	954	548	2091	
	29			중부 요약		5473	4875	2465	12813	
	30			총합계		16375	16807	9651	42833	
	31									

〈그림 5.3〉

 부분합에서 요약의 의미

부분합이 계산된 〈그림 5.3〉에서 동부 요약, 남부 요약, … 과 같이 요약 반복되어 표시된다. 요약은 동부 합계, 서부 합계, … 와 같은 소계의 의미가 있다. 그러나 평균, 개수, 표준편차 등의 계산을 하면 요약으로 표시되지 않는다. 예를 들어 평균을 계산하면 동부 평균, 서부 평균, … 과 같이 표시 된다.

5.1.2 부분합의 합계를 평균으로 대치하여 계산

부분합 대화 상자에는 여러 가지 선택 기능이 있다. 이 기능에서 새로운 값으로 대치는 중요한 역할을 한다. 합계를 평균으로 바꾸어 계산하고자 할 경우 새로운 값으로 대치에 체크가 되어 있으면 합계로 계산된 결과를 평균으로 대치(바꾸어 넣음)하게 된다. 만약 이 기능에 체크되어 있지 않으면 합계도 표시되고 평균도 추가되어 표시된다.

다음 따라하기는 〈그림 5.3〉과 같은 영업소별 1월, 2월, 3월, 실적합계의 부분합 합계를 부분합 평균으로 대치하여 계산하는 실습이다.

📄 따라하기

▶ **동작 1** 부분합이 계산된 표의 임의 셀를 선택하고 데이터 리본 메뉴의 윤곽선 그룹
에서 부분합(🔳)을 클릭하고 대화 상자에서 새로운 값으로 대치가 체크되어
있는지 확인한다. 만약 체크되어 있지 않으면 체크한다.

⊙ 부분합 전체 범위가 선택되고 부분합 대화 상자에서 새로운 값으로 대치의 체
크 여부를 확인할 수 있다.

▶ **동작 2** 그룹화할 항목의 아래쪽 방향 화살표를 클릭하여 표시된 목록에서 영업소를
선택한 후 사용할 함수의 아래쪽 방향 화살표를 클릭하여 표시된 목록에서
평균을 선택한다. 부분합 계산 항목에서 1월, 2월, 3월, 실적합계를 클릭하
여 체크 표시를 하고 확인 버튼을 클릭한다.

⊙ 영업소별로 1월, 2월, 3월, 실적합계의 부분합의 합계가 평균으로 대치되어 계
산되고 동부 평균, 서부 평균, …으로 표시된다.

💡 **그룹화할 항목, 사용할 함수, 부분합 계산 항목의 꼭 재선택 해야 하나?**

부분합 대화 상자에는 합계 부분합에서 사용한 그룹화할 항목, 사용할 함수, 부분합 계산 항목이 모두
그대로 지정되어 있으므로 바뀐 내용만 선택하여 변경하면 된다.

5.1.3 부분합의 평균에 합계를 추가하여 계산

부분합 합계에 평균이 계산되어 있고 평균 위에에 합계 계산을 추가하여 표시할 경우에
도 새로운 값으로 대치 기능을 사용한다. 새로운 값으로 대치에 체크하지 않으면 평균이
계산된 결과에 합계 계산이 추가되어 표시된다.

다음 따라하기는 영업소별 1월, 2월, 3월, 실적합계의 부분합 평균에 부분합 합계를 추가
하여 계산하는 실습이다.

따라하기

⊙ **동작 1**   부분합이 계산된 표의 임의 셀를 선택하고 데이터 리본 메뉴의 윤곽선 그룹에서 부분합()을 클릭하여 부분합 대화 상자를 연다.

　　⊙ 부분합 전체 범위가 선택되고 부분합 대화 상자에서 열린다.

⊙ **동작 2**   새로운 값으로 대치를 클릭하여 체크 표시를 없애고 그룹화할 항목으로 영업소 사용할 함수로 합계을 선택한다. 부분합 계산 항목에서 1월, 2월, 3월, 실적합계의 체크 표시를 확인하고 확인 버튼을 클릭한다.

　　⊙ 영업소별로 1월, 2월, 3월, 실적평균의 부분합 평균 위에 부분합의 합계가 계산되어 추가된다.

5.1.4 부분합 제거와 부분합 합계의 재계산

불필요한 부분합은 부분합 대화 상자에서 모두 제거 버튼을 사용하면 제거 할 수 있다. 이미 작성된 부분합 계산을 수정하기 어려워 새로운 부분합으로 계산하려면 부분합을 모두 제거한 후 다시 계산해야 한다.

다음 따라하기는 부분합 평균과 합계 계산을 모두 제거하고 부분합 합계를 다시 계산하는 실습이다.

따라하기

⊙ **동작 1**   부분합이 계산된 표에서 임의 셀을 선택하고 윤곽선 그룹의 **부분합**을 클릭한다.

　　⊙ 부분합 데이터 전체가 자동 선택되고 부분합 대화 상자가 열린다.

⊙ **동작 2**   부분합 대화 상자에서 모두 제거 버튼을 클릭한다.

　　⊙ 계산된 모든 부분합이 제거된다.

▶ **동작 3**   부분합이 제거된 데이터의 임의 셀를 선택하고 데이터 리본 메뉴의 윤곽선

                 그룹에서 **부분합**()을 클릭하여 부분합 대화 상자를 연다.

                 ▶ 부분합 전체 범위가 선택되고 부분합 대화 상자에서 열린다.

▶ **동작 4**   그룹화할 항목으로 영업소 사용할 함수로 합계를 선택한 후 부분합 계산 항목

                 에서 1월, 2월, 3월, 실적합계의 체크 표시를 확인하고 확인 버튼을 클릭한다.

                 ▶ 영업소별로 1월, 2월, 3월, 실적합계의 부분합 합계가 계산된다.

                 ▶ 결과는 〈그림 5.3〉과 같다.

🔅 **새로운 값으로 대치는 어떤 경우에 사용하나?**

이 기능은 합계, 개수, 평균, 최대값 등 여러 개의 계산 결과를 표시해야 경우 체크를 없애고 부분합을
추가로 계산한다. 만약 부분합이 없는 상태에서 1개의 부분합을 계산하려면 이 기능의 체크 여부는 문
제되지 않는다.

5.2 절대 참조 셀을 이용한 계산식 작성

상대 참조 셀은 열 머리글과 행 머리글로 구성한 셀(예 : C2)로 특정 셀의 계산식을 복사
하면 계산식이 상대적으로 참조되어 바뀐다. 예를 들어 E2셀에 =C2+D2 계산식이 있을
때 E2셀을 E3:E5 범위에 복사하면 E3셀은 =C3+D3, E4셀은 =C4+D4, E5셀은 =C5+D5와
같이 셀이 상대 참조되어 복사된다. =C2+D2 계산식에서 C2와 D2는 상대 참조 셀이다.

절대 참조 셀은 머리글과 행 머리글에 $ 기호를 붙인 셀(예 : $C$2)로 특정 셀의 계산식
을 복사하면 계산식이 변경되지 않는 셀이다. 예를 들어 E2셀에 =$C$2+D2 계산식이 있
을 때 E2셀을 E3:E5 범위에 복사하면 E3셀은 =$C$2+D3, E4셀은 =$C$2+D4, E5셀은
=$C$2+D5와 같이 $C$2 셀은 절대 참조되어 바뀌지 않는다. =$C$2+D2 계산식에서
$C$2는 절대 참조 셀이고 D2는 상대 참조 셀이다. 절대 참조 셀은 $C$2와 같이 행과 열
이 모두 고정되는 셀과 $C2과 같이 C열은 고정되고 행은 변화하는 셀, C$2과 같이 C열
은 변화되지만 행이 고정되는 셀 3가지 형태로 상황에 따라 적절히 구성하여 사용한다.

1 2 3		A	B	C	D	E	F	G	H	I
	1	사원번호	성명	영업소	직급	1월	2월	3월	실적합계	
	2	55632	강민수	동부	부장	156	1102	396	1654	
	3	55636	강주리	동부	사원	142	865	278	1285	
	4	55624	이개식	동부	사원	1935	558	124	2617	
	5	55629	이연필	동부	사원	245	965	625	1835	
	6	55640	황방순	동부	사원	214	665	234	1113	
	7			동부 요약		2692	4155	1657	8504	

〈그림 5.4〉

절대 참조 셀은 계산식이나 함수에서 특정한 셀이나 특정한 범위를 고정시켜 계산하는 식을 만들 수 있다. 예를 들어 〈그림 5.4〉의 부분합 합계의 결과에서 I2셀에 강민수가 동부에서 올린 실적을 계산하려면 =H2/H7 계산식을 사용한다. 그러나 이 식을 I3:I6 범위에 복사하면 강주리가 동부에서 올린 실적 I3셀에는 =H3/H8로 복사되고 이개식이 동부에서 올린 실적 I4셀에는 =H4/H9로 복사되고 … 황방순이 동부에서 올린실적 I6셀에는 H6/H12로 복사되는 문제가 발생한다. 이 문제를 바로 잡기위해서 강민수가 동부에서 올린 실적을 계산하기 위해 I2셀에 =H2/$H$7로 수식을 입력하고 I3:I6 범위에 복사하면 강주리가 동부에서 올린 실적 I3셀에는 =H3/$H$7로 복사되고 … 황방순이 동부에서 올린실적 I6셀에는 H6/$H$7로 복사된다. 이것은 $H$7셀이 절대 참조 셀이므로 상대 참조되지 않기 때문이다. 이 수식을 이용해 동부 영업소에서 강민수가 올린 실적은 0.194497과 같고 소수 형태로 표시되므로 백분율 스타일을 적용하여 19.4%와 같이 표시한다. 계산된 실적율을 이용해 0%~9.9%는 C, 9%~19.9%는 B, 20%이상은 A 등급을 부여한다. 이를 요약하여 표시하면 다음과 같다.

⑤ 실적율 : 개인별 실적합계 / 영업소별 실적합계
　　※ 실적율은 백분율 스타일(소수점이하 첫째 자리 표시)

⑥ 등급 : 실적율이 0%~9.9%는 C, 10%~19.9%는 B, 20%이상은 A 등급을 부여하고 아니면 공백으로 처리

다음 따라하기는 ⑤ 실적율 = 개인별 실적합계 / 영업소별 실적합계로 실적율을 계산하고 백분율 스타일로 소수점 이하 첫째 자리까지 표시한 후 ⑥ 등급 : 0%~9.9%는 C, 9%~19.9%는 B, 20%이상은 A 등급을 부여하고 아니면 공백으로 처리하는 실습이다.

따라하기

▶ **동작 1** I1셀에 실적율을 입력하고 I2 셀에 =H2/$H$7을 입력하고 I3:I6 범위에 복사한다.

　　▶ I2:I6 범위에 동부 개인별 실적율이 계산된다.

💡 **절대 참조 셀로 변경하는 함수 키**

수식에 상대 참조 셀을 입력한 후 키보드의 F4 키를 치면 절대 참조 셀로 변경된다. 예를 들어 H7을 입력하고 F4 키를 치면 $H$7로 변경되고 F4 키를 또 치면 H$7 또 치면 $H7 또 치면 H7로 변경된다.

▶ **동작 2** I2:I6 범위를 선택하고 홈 리본 메뉴의 표시 형식 그룹에서 백분율 스타일을 클릭 한 후 자릿수 늘림(🔢)을 클릭하여 소수점 이하 첫째 자리를 표시한다.

　　▶ 동부의 실적율이 계산되어 백분율 스타일이 적용된 결과는 〈그림 5.5〉와 같다.

1 2 3		A	B	C	D	E	F	G	H	I
	1	사원번호	성명	영업소	직급	1월	2월	3월	실적합계	실적율
	2	55632	강민수	동부	부장	156	1102	396	1654	19.4%
	3	55636	강주리	동부	사원	142	865	278	1285	15.1%
	4	55624	이개식	동부	사원	1935	558	124	2617	30.8%
	5	55629	이연팔	동부	사원	245	965	625	1835	21.6%
	6	55640	황방순	동부	사원	214	665	234	1113	13.1%
	7			동부 요약		2692	4155	1657	8504	

〈그림 5.5〉

▶ **동작 3** 동일한 방법으로 서부, 남부, 중부 영업소의 개인별 실적율을 계산한 후 백분율 스타일을 적용하고 소수점 이하 첫째 자리까지 표시되도록 자릿수 늘림을 한다.

　　▶ 서부, 남부, 중부 영업소의 개인별 실적율을 계산하면 백분율 스타일과 자릿수 늘림은 자동으로 적용되어 있다.

▶ **동작 4** J1셀에 등급을 입력한 후 J2셀에서 IF 함수를 이용하여 ⑤ 실적율이 0%~9.9%이면 C, 10%~19.9%이면 B, 20%이상이면 A를 부여하고 아니면 공백으로 처리하는 수식을 입력하고 J2:J28 범위에 복사한다. J7셀과 J15셀, J21셀의 내용을 Delete 키를 이용해 지운다.

▶ 실적율과 등급이 계산된 결과는 〈그림 5.6〉과 같다.

1 2 3		A	B	C	D	E	F	G	H	I	J
	1	사원번호	성명	영업소	직급	1월	2월	3월	실적합계	실적율	등급
	2	55632	강민수	동부	부장	156	1102	396	1654	19.4%	B
	3	55636	강주리	동부	사원	142	865	278	1285	15.1%	B
	4	55624	이개식	동부	사원	1935	558	124	2617	30.8%	A
	5	55629	이연팔	동부	사원	245	965	625	1835	21.6%	A
	6	55640	황방순	동부	사원	214	665	234	1113	13.1%	B
	7			동부 요약		2692	4155	1657	8504		
	8	55639	국영진	서부	사원	245	756	245	1246	10.8%	B
	9	55642	김모일	서부	부장	256	235	241	732	6.3%	C
	10	55627	민영자	서부	사원	251	956	652	1859	16.0%	B
	11	55622	성사쿤	서부	부장	985	213	985	2183	18.8%	B
	12	55626	이두식	서부	사원	1243	245	845	2333	20.1%	A
	13	55637	이미영	서부	사원	455	856	256	1567	13.5%	B
	14	55633	장지룡	서부	대리	124	1002	542	1668	14.4%	B
	15			서부 요약		3559	4263	3766	11588		
	16	55643	박나가	남부	대리	278	245	123	646	6.5%	C
	17	55623	박동년	남부	대리	665	685	235	1585	16.0%	B
	18	55638	박순자	남부	사원	3261	635	456	4352	43.8%	A
	19	55628	장자일	남부	사원	323	1024	554	1901	19.1%	B
	20	55631	팔공산	남부	소장	124	925	395	1444	14.5%	B
	21			남부 요약		4651	3514	1763	9928		
	22	55635	김구리	중부	사원	256	874	356	1486	11.6%	B
	23	55621	김물자	중부	소장	2312	214	356	2882	22.5%	A
	24	55625	박닥질	중부	사원	612	956	356	1924	15.0%	B
	25	55630	박식해	중부	사원	235	964	452	1651	12.9%	B
	26	55641	이주리	중부	소장	235	245	156	636	5.0%	C
	27	55644	정무식	중부	사원	1234	668	241	2143	16.7%	B
	28	55634	조가리	중부	사원	589	954	548	2091	16.3%	B
	29			중부 요약		5473	4875	2465	12813	100.0%	
	30			총합계		16375	16807	9651	42833		
	31										

〈그림 5.6〉

5.3 RANK 함수

RANK 함수는 수 목록에서 특정 수의 순위를 반환하는 함수이다. RANK 함수의 구문 형식은 RANK(순위를 구하려는 수, 숫자 목록, 순위 결정 방법의 수)이고 순위 결정 방법의 수가 0 또는 생략이면 큰 값이 1위, 1이면 작은 값을 1위로 결정한다. 예를 들어 〈그림 5.6〉에서 강민수의 실적합계가 동부 영업소에서 몇 위인지 순위를 구하려면 J2셀에 =RANK(H2, $H$2:$H$6,0)을 입력하면 구할 수 있다. 이 식에서 숫자 목록 범위 $H$2:$H$6은 절대 참조 셀이므로 수식을 복사했을 때 범위가 변경되지 않는다. 이 식을 J3:J6 범위에 복사하면 동부 영업소의 개인별 순위를 구할 수 있다. 이를 요약하여 표현하면 다음과 같다.

⑦ 순위 : 실적합계를 이용한 영업소별 순위 계산

🗂 따라하기

▶ **동작 1**　K1셀에 순위를 입력하고 K2셀에 =RANK(H2, $H$2:$H$6, 0)을 입력하여
　　　　　　순위를 구하고 K3:K6 범위에 복사한다.

　　　　　▶ 실적합계의 값에 따라 동부의 개인별 순위가 계산된다.

▶ **동작 2**　동일한 방법으로 서부, 남부, 중부의 개인별 순위를 계산한다.

　　　　　▶ 순위가 계산된 결과는 〈그림 5.7〉과 같다.

1 2 3		A	B	C	D	E	F	G	H	I	J	K
	1	사원번호	성명	영업소	직급	1월	2월	3월	실적합계	실적율	등급	순위
	2	55632	강민수	동부	부장	156	1102	396	1654	19.4%	B	3
	3	55636	강주리	동부	사원	142	865	278	1285	15.1%	B	4
	4	55624	이가식	동부	사원	1935	558	124	2617	30.8%	A	1
	5	55629	이연줄	동부	사원	245	965	625	1835	21.6%	A	2
	6	55640	황방순	동부	사원	214	665	234	1113	13.1%	B	5
	7			동부 요약		2692	4155	1657	8504			
	8	55639	국영진	서부	사원	245	756	245	1246	10.8%	B	6
	9	55642	김료일	서부	부장	256	235	241	732	6.3%	C	7
	10	55627	민영자	서부	사원	251	956	652	1859	16.0%	B	3
	11	55622	성사문	서부	부장	985	213	985	2183	18.8%	B	2
	12	55626	이두식	서부	사원	1243	245	845	2333	20.1%	A	1
	13	55637	이미영	서부	사원	455	856	256	1567	13.5%	B	5
	14	55633	장지롱	서부	대리	124	1002	542	1668	14.4%	B	4
	15			서부 요약		3559	4263	3766	11588			
	16	55643	박나가	남부	대리	278	245	123	646	6.5%	C	5
	17	55623	박동년	남부	대리	665	685	235	1585	16.0%	B	3
	18	55638	박순자	남부	사원	3261	635	456	4352	43.8%	A	1
	19	55628	장자일	남부	사원	323	1024	554	1901	19.1%	B	2
	20	55631	괄골산	남부	소장	124	925	395	1444	14.5%	B	4
	21			남부 요약		4651	3514	1763	9928			
	22	55635	김구리	중부	사원	256	874	356	1486	11.6%	B	6
	23	55621	김물자	중부	소장	2312	214	356	2882	22.5%	A	1
	24	55625	박닥질	중부	사원	612	956	356	1924	15.0%	B	4
	25	55630	박식해	중부	사원	235	964	452	1651	12.9%	B	5
	26	55641	이주리	중부	소장	235	245	156	636	5.0%	C	7
	27	55644	정무식	중부	사원	1234	668	241	2143	16.7%	B	2
	28	55634	조가리	중부	사원	589	954	548	2091	16.3%	B	3
	29			중부 요약		5473	4875	2465	12813	100.0%		
	30			총합계		16375	16807	9651	42833			
	31											

〈그림 5.7〉

5.4 서식 지정과 요구 사항 처리

〈그림 5.7〉로 〈표 5.2〉의 출력 형식을 참조하여 테두리를 적용한 후 요구 사항과 같이
서식을 지정하라.

출력 형식

〈표 5.2〉   남부권 영업소 개인별 실적 평가(1/4분기)

[단위 : 만원]   작성자: ○○○

사원번호	성명	영업소	직급	1월	2월	3월	실적합계	실적율	등급	순위
⋮	⋮	⋮	①	⋮	⋮	⋮	②	⑤	⑥	⑦
동부 요약				③	③	③	③	✕	✕	✕
⋮	⋮	⋮	⋮	⋮	⋮	⋮	⋮	⑤	⑥	⑦
서부 요약				③	③	③	③	✕	✕	✕
총합계				④	④	④	④	✕	✕	✕

요구 사항

① A1:K30 범위의 테두리는 〈표 5.2〉의 출력 형식을 참조하여 적용하고 **배경색으로 A1: K1 범위 : 흰색, 배경 1, 5% 더 어둡게, A2:K29 범위 : 흰색, 배경 1, A7:K7 A15:K15 A29:K30 범위 : 흰색, 배경 1, 5% 더 어둡게**를 적용한다.

② 1, 2, 3행을 삽입하고 A1셀에 **남부권 영업소 개인별 실적 평가(1/4분기)**를 입력한 후 A1:K1 범위를 **병합하고 가운데 맞춤**한다. 병합된 A1셀의 글꼴 크기는 16, 글꼴은 **바탕체, 굵게, 밑줄**을 적용하고, 글꼴 색은 **검정, 텍스트 1, 15% 더 밝게**로 적용한 후 **행 높이**를 적절히 조절하라.

③ J3셀에 **작성자 : ○○○**으로 작성자의 이름을 입력하고 A3셀에 **[단위 : 만원]**을 입력하라.

④ A1:K3 범위를 선택하고 배경색으로 테마 색의 **흰색, 배경 1**을 적용하라.

⑤ 표의 항목명과 사원번호, 영업소, 직급, 등급, 순위 데이터는 **가운데 맞춤**하라.

⑥ 1월, 2월, 3월, 실적합계 데이터의 표시 형식은 **1000단위마다 쉼표 스타일(,)**로 적용하고 열 너비를 적절히 조절하라.

사원번호	성명	영업소	직급	1월	2월	3월	실적합계	실적률	등급	순위
					남부권 영업소 개인별 실적 평가(1/4분기)					
									작성자 : 홍길동	
55632	강민수	동부	부장	156	1,102	396	1,654	19.4%	B	3
55636	강주리	동부	사원	142	865	278	1,285	15.1%	B	4
55624	이개식	동부	사원	1,935	558	124	2,617	30.8%	A	1
55629	이연팔	동부	사원	245	965	625	1,835	21.8%	A	2
55640	황방순	동부	사원	214	665	234	1,113	13.1%	B	5
동부 요약				2,692	4,155	1,657	8,504			
55639	국영진	서부	사원	245	756	245	1,246	10.8%	B	6
55642	김모필	서부	부장	256	235	241	732	6.3%	C	7
55627	민영자	서부	사원	251	956	652	1,859	18.0%	B	3
55622	성사문	서부	부장	985	213	985	2,183	18.8%	B	2
55626	이두식	서부	사원	1,243	245	845	2,333	20.1%	A	1
55637	이마영	서부	사원	455	856	256	1,567	13.5%	B	5
55633	장지롱	서부	대리	124	1,002	542	1,668	14.4%	B	4
서부 요약				3,559	4,263	3,766	11,588			
55643	박나가	남부	대리	278	245	123	646	6.5%	C	5
55623	박동년	남부	대리	665	685	235	1,585	16.0%	B	3
55638	박순자	남부	사원	3,261	635	456	4,352	43.8%	A	1
55628	장자월	남부	사원	323	1,024	554	1,901	19.1%	B	2
55631	팔공산	남부	소장	124	925	395	1,444	14.5%	B	4
남부 요약				4,651	3,514	1,763	9,928			
55635	김구리	중부	사원	256	874	356	1,486	11.6%	B	6
55621	김출자	중부	소장	2,312	214	356	2,882	22.5%	A	1
55625	박각질	중부	사원	612	956	356	1,924	15.0%	B	4
55630	박식해	중부	사원	235	964	452	1,651	12.9%	B	5
55641	이쭈리	중부	소장	235	245	156	636	5.0%	C	7
55644	정무식	중부	사원	1,234	668	241	2,143	16.7%	B	2
55634	조가리	중부	사원	589	954	548	2,091	16.3%	B	3
중부 요약				5,473	4,875	2,465	12,813			
총합계				16,375	16,807	9,651	42,833			

[단위 : 만원]

〈그림 5.8〉

⑦ 인쇄 미리 보기의 페이지 설정에서 **확대/축소를** 80%로 설정하고 페이지 **가로 가운데 맞춤**하라.

⑧ 완성된 통합 문서를 작성자의 USB에 **개인별실적평가**로 저장하라.

※ 출력형식과 요구 사항을 모두 적용한 결과는 〈그림 5.8〉과 같다.

5.5 부분합과 총합계의 요약 표시

부분합과 총합계의 요약만 표시하려면 행 번호 옆에 있는 윤곽 기호(1 2 3)를 사용한다. 또 개별 부분합의 정보 행을 표시하거나 숨기려면 + 및 - 기호를 사용한다. 예를 들어 동부, 서부, 남부, 중부의 부분합(요약)과 총합계를 표시할 수 있고 총합계만을 표시할 수도 있다.

다음 따라하기는 윤곽선 기호를 이용하여 부분합을 표시하거나 총합계만을 표시하는 실습이다.

 따라하기

▷ **동작 1**   행 번호의 왼쪽에 있는 윤곽선 기호(123)에서 1을 클릭한다.

　　▷ 〈그림 5.9〉와 같이 총계만 표시된다.

　　▷ 좌측에 행 표시 버튼 ⊞가 표시된다.

1 2 3		A	B	C	D	E	F	G	H	I	J	K
	1				남부권 영업소 개인별 실적 평가(1/4분기)							
	2											
	3	[단위 : 만원]								작성자 : 홍길동		
	4	사원번호	성명	영업소	직급	1월	2월	3월	실적합계	실적율	등급	순위
⊞	33			총합계		16,375	16,807	9,651	42,833	⨉	⨉	⨉

〈그림 5.9〉

💡 **⊞와 ⊟ 기호의 용도**

⊞는 숨겨진 행을 표시할 때 클릭하고 ⊟는 행을 숨기기할 때 클릭한다. 윤곽선기호(123)는 전체에 적용되지만 ⊞와 ⊟ 기호는 각 부분합에 대해 각각 적용할 수 있다.

▷ **동작 2**   행 번호의 왼쪽에 있는 윤곽선 기호(123)에서 2를 클릭한다.

　　▷ 〈그림 5.10〉과 같이 부분합과 총계가 표시된다.

1 2 3		A	B	C	D	E	F	G	H	I	J	K
	1				남부권 영업소 개인별 실적 평가(1/4분기)							
	2											
	3	[단위 : 만원]								작성자 : 홍길동		
	4	사원번호	성명	영업소	직급	1월	2월	3월	실적합계	실적율	등급	순위
⊞	10			동부 요약		2,692	4,155	1,657	8,504	⨉	⨉	⨉
⊞	18			서부 요약		3,559	4,263	3,766	11,588	⨉	⨉	⨉
⊞	24			남부 요약		4,651	3,514	1,763	9,928	⨉	⨉	⨉
⊞	32			중부 요약		5,473	4,875	2,465	12,813	⨉	⨉	⨉
⊟	33			총합계		16,375	16,807	9,651	42,833	⨉	⨉	⨉

〈그림 5.10〉

💡 **부분합 표의 전체 표시**

윤곽선기호(123)의 3을 클릭하거나 ⊞를 모두 클릭하면 된다.

5.6 [부분합 계산] 필기 연습 문제

1. 다음 중 부분합에 관한 설명으로 옳지 않은 것은? 14년 2회 기출

① 부분합을 작성할 때 기준이 되는 필드가 반드시 정렬되어 있지 않아도 제대로 된 부분합을 실행할 수 있다.

② 부분합에 특정한 데이터만 표시된 상태에서 차트를 작성하면 표시된 데이터에 대해서만 차트가 작성된다.

③ [부분합] 대화상자에서 '새로운 값으로 대치'는 이미 작성한 부분합을 지우고, 새로운 부분합으로 실행할 경우에 설정한다.

④ 부분합 계산에 사용할 요약 함수를 두 개 이상 사용하기 위해서는 함수의 종류 수만큼 부분합을 반복 실행해야 한다.

2. 다음 중 [부분합] 대화상자의 각 항목 설정에 대한 설명으로 옳지 않은 것은? 14년 3회 기출

① '그룹화 할 항목'에서 선택한 필드를 기준으로 미리 오름차순 또는 내림차순으로 정렬한 후 부분합을 실행해야 한다.

② 부분합 실행 전 상태로 되돌리려면 부분합 대화상자의 [모두 제거] 단추를 클릭한다.

③ 세부 정보가 있는 행 아래에 요약 행을 지정하려면 '데이터 아래에 요약 표시'를 선택하여 체크 표시한다.

④ 이미 작성된 부분합을 유지하면서 부분합 계산 항목을 추가할 경우에는 '새로운 값으로 대치'를 선택하여 체크한다.

3. 다음 중 아래의 윤곽 설정에 대한 설명으로 옳은 것은? 14년 1회 기출

① [A3:D6]의 영역을 선택한 후 [데이터]-[윤곽선]-[그룹]을 '행' 기준으로 실행한 상태이다.

② [A3:D6]의 영역을 선택한 후 [데이터]-[윤곽선]-[그룹]-[자동 윤곽]을 실행한 상태이다.

③ [A3:D6]의 영역을 선택한 후 [데이터]-[윤곽선]-[그룹 해제]를 '행' 기준으로 실행한 상태이다.

④ [A3:D6]의 영역을 선택한 후 [데이터]-[윤곽선]-[그룹]을 '열' 기준으로 실행한 상태이다.

4. 다음 중 [찾기 및 바꾸기] 대화상자에서 설정 가능한 기능으로 옳지 않은 것은? 2016년 3회

① 대/소문자를 구분하여 찾을 수 있다.

② 수식이나 값을 찾을 수 있지만, 메모 안의 텍스트는 찾을 수 없다.

③ 이전 항목을 찾으려면 〈Shift〉키를 누른 상태에서 [다음 찾기] 단추를 클릭한다.

④ 와일드카드 문자인 '*' 기호를 이용하여 특정 글자로 시작하는 텍스트를 찾을 수 있다.

5. 다음 중 아래 워크시트의 부분합 실행 결과에 대한 설명으로 옳지 않은 것은? 2016년 2회

① [부분합] 대화상자에서 그룹화할 항목을 '소속'으로 설정하였다.

② 그룹의 모든 정보 데이터를 표시하려면 윤곽 기호에서을 클릭하면 된다.

③ 부분합 실행 시 [데이터 아래 요약 표시]를 선택 해제하면 데이터 위에 요약을 표시할 수 있다.

④ [부분합 계산 항목]으로 선택된 항목에는 SUBTOTAL 함수가 자동으로 입력되어 최대 값과 평균이 계산되었다.

6. 다음 중 [페이지 설정] 대화상자의 [시트] 탭에 대한 설명으로 옳지 않은 것은? 2016년 2회

① 셀에 삽입된 메모를 시트 끝에 인쇄되도록 설정할 수 있다.

② 셀 구분선이나 그림 개체 등은 제외하고 셀에 입력된 데이터만 인쇄되도록 설정할 수 있다.

③ 워크시트의 행/열 머리글과 눈금선이 인쇄되도록 설정할 수 있다.

④ 페이지를 기준으로 가운데에 인쇄되도록 '페이지 가운데 맞춤'을 설정할 수 있다.

7. 다음 중 [페이지 설정]의 머리글/바닥글에 삽입할 수 없는 것은? 2015년 3회

① 표   ② 그림

③ 파일 경로   ④ 시트 이름

8. 다음 중 워크시트의 [머리글/바닥글] 설정에 대한 설명으로 옳지 않은 것은? (2016년 1회

① '페이지 레이아웃' 보기 상태에서는 워크시트 페이지 위쪽이나 아래쪽을 클릭하여 머리글/바닥글을 추가할 수 있다.

② 첫 페이지, 홀수 페이지, 짝수 페이지의 머리글/바닥글 내용을 다르게 지정할 수 있다.

③ 머리글/바닥글에 그림을 삽입하고, 그림 서식을 지정할 수 있다.

④ '페이지 나누기 미리 보기' 상태에서는 미리 정의된 머리글이나 바닥글을 선택하여 쉽게 추가할 수 있다.

9. 다음 중 워크시트의 인쇄에 대한 설명으로 옳지 않은 것은? 2017년1회

① 인쇄 영역에 포함된 도형은 기본적으로 인쇄가 되지 않으므로 인쇄를 하려면 도형의 [크기 및 속성] 대화 상자에서 '개체 인쇄' 옵션을 선택해야 한다.

② 인쇄하기 전에 워크시트를 미리 보려면 〈Ctrl〉 + 〈F2〉키를 누른다.

③ 기본적으로 화면에 표시되는 열 머리글(A, B, C 등)이나 행 머리글(1, 2, 3 등)은 인쇄되지 않는다.

④ 워크시트의 내용 중 특정 부분만을 인쇄 영역으로 설정 하여 인쇄할 수 있다.

10. 다음 중 인쇄에 대한 설명으로 옳은 것은? 2015년 3회

① 기본적으로 워크시트에서 숨기기를 실행한 영역도 인쇄된다.

② 인쇄 영역에 포함된 도형들을 함께 인쇄하려면 [인쇄] 대화상자에서 '개체 인쇄'를 선택하여 인쇄한다.

③ 워크시트에 삽입된 차트만 인쇄하려면 차트가 선택된 상태에서 인쇄 명령을 실행한다.

④ 여러 시트를 한 번에 인쇄하려면 [인쇄] 대화상자에서 '여러 시트'를 선택하여 인쇄한다.

11. 다음 중 '페이지 나누기' 기능에 관한 설명으로 옳지 않은 것은? 2016년 2회

① '페이지 나누기 미리 보기' 상태에서는 데이터의 입력이나 편집을 할 수 없다.

② 페이지 구분선을 마우스로 드래그하여 구분선의 위치를 변경할 수 있다.

③ 수동으로 삽입된 페이지 나누기는 실선으로 표시되고 자동으로 추가된 페이지 나누기는 파선으로 표시된다.

④ 인쇄할 데이터가 많아 한 페이지가 넘어가면 자동으로 페이지 구분선이 삽입된다.

12. 다음 중 [인쇄 미리 보기] 상태에서의 [페이지 설정] 대화 상자에 대한 설명으로 옳은 것은? 2016년 3회

① 눈금선이나 행/열 머리글의 인쇄 여부를 설정할 수 없다.

② 셀에 설정된 메모를 시트에 표시된 대로 인쇄하거나 시트 끝에 인쇄할 수 있도록 설정할 수 있다.

③ 인쇄 배율을 수동으로 설정할 수 있고, 배율은 워크시트 표준 크기의 10%에서 200%까지 가능하다.

④ [페이지] 탭에서 [배율]을 '자동 맞춤'으로 선택하고 '용지 너비'와 '용지 높이'를 1로 지정하는 경우 여러 페이지가 한 페이지에 출력되도록 확대/축소 배율이 자동으로 조정된다.

13. 다음 중 아래의 워크시트를 참조하여 작성한 수식 '=INDEX(B2:D9,2,3)'의 결과는? 2017년1회

	A	B	C	D
1	코드	정가	판매수량	판매가격
2	L-001	25,400	503	12,776,000
3	D-001	23,200	1,000	23,200,000
4	D-002	19,500	805	15,698,000
5	C-001	28,000	3,500	98,000,000
6	C-002	20,000	6,000	96,000,000
7	L-002	24,000	750	18,000,000
8	L-003	26,500	935	24,778,000
9	D-003	22,000	850	18,700,000

① 19,500 ② 23,200,000
③ 1,000 ④ 805

5.7 차트 작성

차트는 작성된 표가 담고 있는 내용을 그래픽으로 표현해서 데이터의 성격을 시각적으로 쉽게 파악할 수 있게 한 것이다. 예를 들어 〈그림 5.10〉에서 **영업소별 실적합계를 묶은 세로 막대형 차트**를 작성하면 영업소별 실적을 시각적으로 쉽게 비교할 수 있다.

다음 따라하기는 〈그림 5.10〉과 같이 요약된 실적 평가표를 이용하여 영업소별 실적합계로 묶은 세로 막대형 차트를 작성하는 실습이다.

📑 따라하기

⊙ 동작 1 〈그림 5.10〉의 요약된 표에서 마우스를 이용해 영업소 영역인 C4:C32 범위를 선택하고 Ctrl 키를 누른 채로 실적합계 영역 H4:H32 범위를 선택한다.

⊙ 〈그림 5.11〉과 같이 영업소 영역 데이터와 영업실적 영역 데이터가 선택된다.
⊙ 연속하지 않는 범위를 선택할 경우 Ctrl 키를 누른 채 범위를 선택한다.

1 2 3		A	B	C	D	E	F	G	H	I	J	K
	1			남부권 영업소 개인별 실적 평가(1/4분기)								
	2											
	3	[단위 : 만원]								작성자 : 홍 길 동		
	4	사원번호	성명	영업소	직급	1월	2월	3월	실적합계	실적율	등급	순위
+	10			동부 요약		2,692	4,155	1,657	8,504			
+	18			서부 요약		3,559	4,263	3,766	11,588			
+	24			남부 요약		4,651	3,514	1,763	9,928			
+	32			중부 요약		5,473	4,875	2,465	12,813			
−	33			총합계		16,375	16,807	9,651	42,833			
	34											

〈그림 5.11〉

⊙ 동작 2 리본 메뉴 선택 탭에서 삽입을 클릭한 후 차트 그룹의 세로 막대형(📊)을 클릭하여 표시된 차트 선택 창에서 2차원 묶은 세로 막대형을 선택한다.

⊙ 〈그림 5.12〉와 같은 2차원 묶은 세로 막대형 차트가 워크시트에 삽입된다.

〈그림 5.12〉

⊳ **동작 3**   삽입된 차트의 상하좌우 및 모서리에 위치한 조절점에 마우스 포인터를 옮겨 마우스 포인터가 ↔ 모양 또는 ↕ 모양으로 바뀐 상태에서 좌측 버튼을 클릭한 채로 끌어서 A35:K47 범위에 〈그림 5.13〉과 같은 크기로 차트 크기를 조절한다.

🔅 **차트를 선택하면 …**

삽입된 차트를 선택하면 상하좌우 및 모서리에 차트의 크기를 조절할 수 있는 조절점이 나타난다. 또 리본 메뉴 선택 탭에 차트와 관련된 도구인 레이아웃, 디자인, 서식 탭이 나타난다.

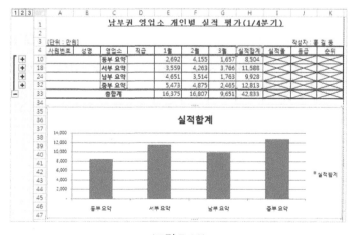

〈그림 5.13〉

다음 따라하기는 남부권 영업소별 실적평가(1/4분기)로 차트 제목을 변경한 후 글꼴 굴림
체, 글꼴 색 빨강, 크기 18, 굵게, 밑줄을 적용하고 차트 레이아웃 리본 메뉴를 이용하여 가
로 축과 세로 축의 이름을 표시한다.

따라하기

동작 1 〈그림 5.13〉의 차트에서 차트 제목을 클릭하여 선택한 후 실적합계 텍스트
를 클릭하여 지우고 남부권 영업소별 실적평가(1/4분기)를 입력한다.
⊙ 차트 제목이 **남부권 영업소별 실적평가(1/4분기)**로 변경된다.

동작 2 차트 제목을 클릭하고 홈 리본 메뉴의 글꼴 그룹 도구를 이용하여 글꼴 굴림
체, 글꼴 색 빨강, 크기 18, 굵게, 밑줄을 적용한다.
⊙ 차트 제목의 글꼴이 변경된다.

동작 3 리본 메뉴 선택 탭에서 레이아웃을 클릭한 후 레이아웃 리본 메뉴의 레이블
그룹에서 가로 축을 클릭하여 표시된 목록에서 기본 가로 축 제목 → 축 아래
제목을 차례로 클릭한다.
⊙ 가로 축 아래에 **축 제목**이 나타난다.

동작 4 가로 축 아래의 축 제목을 영업소로 변경한다.
⊙ 기본 가로 축 제목이 영업소로 변경된다.

동작 5 레이아웃 리본 메뉴의 레이블 그룹에서 세로 축을 클릭하여 표시된 목록에
서 기본 세로 축 제목 → 세로 제목을 차례로 클릭한다. 세로 형태로 표시된
축 제목을 실적으로 변경한다.
⊙ 기본 세로 축 제목이 실적으로 변경된다.
⊙ 차트 제목과 축 제목이 적용된 결과는 〈그림 5.14〉와 같다.

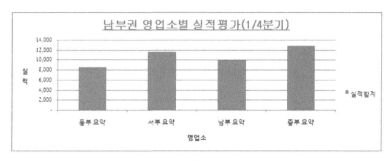

〈그림 5.14〉

 요약된 행을 모두 표시할 경우에도 차트가 변형되지 않도록 하려면

요약된 행을 모두 표시하면 차트에 사용된 데이터 범위가 확장되므로 차트의 모양도 변형된다. 그러므로 데이터 범위를 선택할 때 C4셀을 선택한 후 Ctrl키를 누른 채 H4, C10, H10, C18, H18, C24, H24, C32, H32 셀을 차례로 눌러 행 확장을 해도 차트 범위에 영향을 미치지 않도록 설정하면 된다.

다음 따라하기는 영업소 범위와 실적합계 범위를 수정하여 요약된 행을 표시해도 차트가 변형되지 않도록 차트 데이터 범위를 수정하는 실습이다.

따라하기

▶ **동작 1**　차트를 클릭하여 선택하고 디자인 리본 메뉴에서 데이터 그룹의 데이터 선택 (🖳)을 클릭한다.

　▶ 〈그림 5.15〉와 같은 데이터 원본 선택 대화 상자가 열린다.

　▶ 대화 상자의 차트 데이터 범위에 입력된 내용은 검정색 배경으로 선택되어 있다.

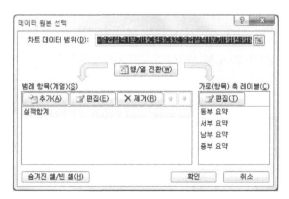

〈그림 5.15〉

▶ **동작2** Delete 키를 쳐 차트 데이터 범위를 모두 지우고 오른쪽 데이터 원본 선택
(📑) 버튼을 클릭한다.

    ▷ 〈그림 5.16〉과 같은 데이터 원본 선택 창이 열린다.

〈그림 5.16〉

▶ **동작3** 마우스를 이용하여 부분합 요약 표의 C4셀을 선택한 후 [Ctrl] 키를 누른 채
H4, C10, H10, C18, H18, C24, H24, C32, H32 셀을 차례로 눌러 행 확장을
해도 차트 범위가 고정되도록 설정한다.

    ▷ 〈그림 5.17〉과 같이 점선으로 선택된 셀이 표시된다.

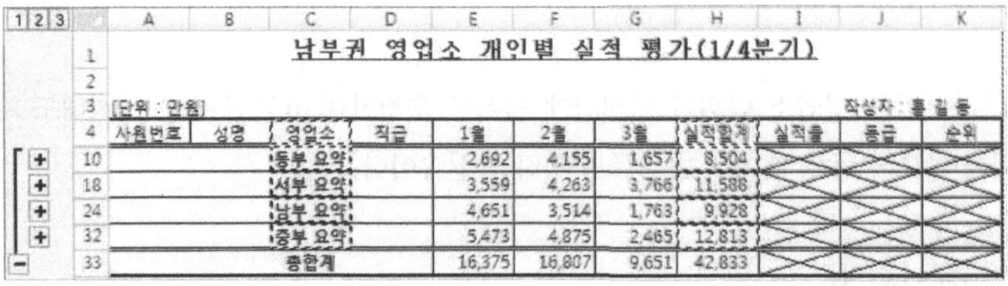

1 2 3	A	B	C	D	E	F	G	H	I	J	K
1				남부권 영업소 개인별 실적 평가(1/4분기)							
2											
3	[단위 : 만원]										작성자 : 홍길동
4	사원번호	성명	영업소	직급	1월	2월	3월	실적합계	실적률	등급	순위
10			동부 요약		2,692	4,155	1,657	8,504			
18			서부 요약		3,559	4,263	3,766	11,588			
24			남부 요약		4,651	3,514	1,763	9,928			
32			중부 요약		5,473	4,875	2,465	12,813			
33			총합계		16,375	16,807	9,651	42,833			

〈그림 5.17〉

💡 **범위를 잘못 선택했을 경우의 조치 방법**

실수로 엉뚱한 범위를 선택했다면 원본 데이터 선택 창의 범위를 모두 지우고 다시 선택한다.

▶ **동작4** 데이터 원본 선택 창에서 오른쪽 데이터 원본 선택(📑) 버튼을 클릭한다.

    ▷ 차트에 데이터 원본 선택이 적용된 차트로 수정되어 표시된다.

💡 **행과 열이 바뀌어 차트가 표시된 경우 조치 방법**

원본 데이터의 행과 열이 바뀌어 차트가 표시된 경우에는 데이터 원본 선택 대화 상자의 행/열 전환 버
튼을 클릭하여 행과 열을 바꾸도록 한다.

◉ **동작4** 데이터 원본 선택 대화 상자의 확인 버튼을 클릭한다.

⊙ 차트의 모양에 변화가 없지만 부분합에서 ⊞ 또는 ⊟ 기호, 윤곽선기호
(①②③)를 클릭하여 데이터의 행 표시를 변경해도 차트의 모양이 변형되지 않
는다.

다음 따라하기는 2차원 묶은 세로 막대형 차트를 3차원 묶은 세로 막대형 차트로 차트 종
류를 변경하는 실습이다.

🗒 **따라하기**

◉ **동작1** 차트를 클릭하여 선택하고 디자인 리본 메뉴에서 종류 그룹의 종류(🔳)를
클릭한다.

⊙ 〈그림 5.18과〉와 같은 차트 종류 변경 대화 상자가 열린다.

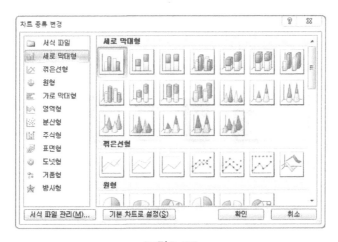

〈그림 5.18〉

⊙ **동작 2** 세로 막대형에서 3차원 묶은 세로 막대형을 클릭하고 확인 버튼을 클릭한다.

⊙ 〈그림 5.19〉와 같이 3차원 묶은 세로 막대형 차트 모양으로 차트가 변형되어 있다.

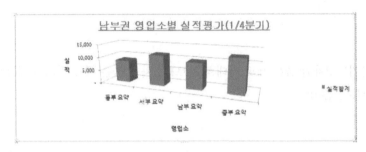

〈그림 5.19〉

⊙ **동작 3** 변형된 3차원 차트를 직각으로 축 고정하기 위해 차트에서 우측 버튼을 클릭하여 표시된 팝업 메뉴에서 3차원 회전을 클릭한 후 차트 영역 서식 대화 상자에 있는 차트 배율의 직각으로 축 고정을 체크하고 닫기 버튼을 클릭한다.

⊙ 〈그림 5.20〉과 같이 직각으로 축이 고정된 3차원 묶은 세로 막대 차트가 완성된다.

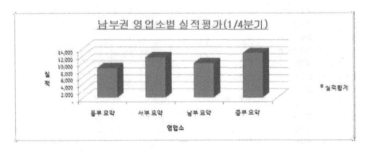

〈그림 5.20〉

다음 따라하기는 중부 요약의 막대 위에 데이터 레이블로 값을 표시하고 테두리 스타일을 둥글게, 그림자를 적용하는 실습이다.

🔳 **따라하기**

⊙ **동작 1** 차트의 그림 영역에 있는 중부 요약 막대를 클릭한다.

⊙ 동부, 서부, 남부, 중부 요약 4개의 막대가 모두 선택된다.

▶ **동작2**   모든 막대가 선택된 상태에서 중부 요약 막대를 다시 클릭한다.

　　　　▶ 중부 요약 막대만 선택된다.

▶ **동작3**   선택된 중부 요약 막대에서 우측 버튼을 클릭하여 열린 팝업 메뉴에서 데이터 레이블 추가를 클릭한다.

　　　　▶ 중부 요약 막대 위에 데이터 레이블로 값 12,813이 표시된다.

🔅 **데이터 레이블 서식을 변경하려면**

표시된 데이터 레이블을 클릭하여 선택한 후 데이터 레이블에서 우측 버튼 클릭 → 데이터 레이블 서식하여 레이블 옵tus, 표시 형식, 채우기, 테두리 색, 테두리 스타일 등을 변경할 수 있다.

▶ **동작4**   차트의 모서리를 둥글게 하기 위해 영역 서식에서 우측 버튼 → 차트 영역 서식 → 테두리 스타일 → 둥근 모서리 체크한다.

　　　　▶ 차트의 모서리가 둥글게 된다.

▶ **동작5**   차트의 테두리에 그림자 적용을 위해 영역 서식에서 우측 버튼 → 차트 영역 서식 → 그림자 → 미리 설정의 아래쪽 방향 화살표 → 오프셋 대각선 오른쪽 아래를 클릭한다.

　　　　▶ 차트에 오프셋 대각선 오른쪽 아래 그림자가 적용된다.

　　　　▶ 완성된 차트는 〈그림 5.21〉과 같다.

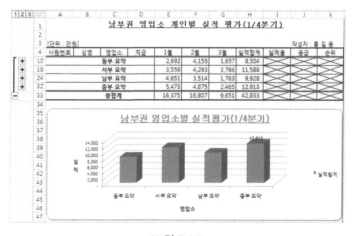

〈그림 5.21〉

5.8 연습 문제(1)

새 통합 문서에서 Sheet1의 이름을 **상수도요금7월**으로 변경하고 〈표 5.3〉의 **기본 자료**와 **처리 조건**, 〈표 5.4〉의 **출력 형식**과 **요구사항**을 참조하여 상수도요금7월 표를 완성하라. 데이터 입력 시 주의할 사항은 **학번과 코드는 반드시 따옴표(')를 붙여 텍스트 데이터로 입력**한다.

기본 자료

〈표 5.3〉

고객번호	구분코드	고객명	구분	전월(톤)	당월(톤)	사용량	금액
30001	11	이강산		156	542		
30002	12	강동구		253	744		
30003	13	김철수		124	346		
30004	11	나경민		145	633		
30005	11	산나래		126	585		
30006	12	화연조		178	568		
30007	13	강인자		196	642		
30008	12	강민자		145	422		
30009	11	이정숙		124	465		
30010	12	유진하	①	342	488	②	③
30011	13	이윤숙		234	477		
30012	13	하종구		214	588		
30013	11	민정하		196	599		
30014	12	이정아		150	652		
30015	13	심상호		133	452		
30016	11	오경훈		134	456		
30017	12	최미준		155	475		
30018	13	심형내		212	653		
30019	11	김두군		231	486		

출력 형식

〈표 5.4〉 경인지역 상수도 요금 산출 대장(7월분)

작성자 : ○○○

번호	코드	구분	성명	전월(톤)	당월(톤)	사용량	금액	사용율	순위
⋮	⋮	①	⋮	⋮	⋮	②	③	⑥	⑦
농업용 요약				④	④	④	④	✕	✕
⋮	⋮	①	⋮	⋮	⋮	②	③	⑥	⑦
주택용 요약				④	④	④	④	✕	✕
총 계				⑤	⑤	⑤	⑤	✕	✕

처리 조건

① 구분 : 구분코드에 따라 11은 주택용, 12는 공업용, 13은 농업용 아니면 공백

② 사용량 = 당월(톤) − 전월(톤)

③ 금액 = 사용량 × 구분코드별 단가*1.1(1원 단위 절사)
　　※ 구분코드별 단가 : 11이면 683, 12이면 626, 13이면 587 아니면 0

④, ⑤ 부분합 계산 : 구분별로 전월, 당월, 사용량, 금액의 부분합 계산

※ 정렬은 구분에 따라 농업용, 주택용, 공업용 순으로 사용자 지정 목록으로 정렬하되 동일 구분에서는 성명 오름차순으로 정렬

⑥ 사용율 : 개인별 사용량 / 구분별 사용량 합계
　　※ 사용율은 백분율 스타일(소수점이하 첫째 자리 표시)

⑦ 순위 : 구분별로 사용량 큰 값이 1위

요구 사항

① **테두리과 배경색**은 〈표 5.4〉의 출력 형식을 참조하여 적용하되 **항목명 배경색 : 흰색, 배경 1, 5% 더 어둡게, 데이터 배경색 : 흰색, 배경 1, 부분합과 총합계 배경색 : 흰색, 배경 1, 5% 더 어둡게**를 적용한다.

② 1, 2, 3행을 삽입하고 A1셀에 **경인지역 상수도 요금 산출 대장(7월분)**를 입력한 후 A1:J1 범위를 **병합하고 가운데 맞춤**한다. 병합된 A1셀의 글꼴 크기는 16, 글꼴은 **바탕체, 굵게, 밑줄**을 적용하고, 글꼴 색은 **검정, 텍스트 1, 15% 더 밝게**로 적용한 후 **행 높이를 적절히 조절**하라.

③ I3셀에 **작성자 : ○ ○ ○**으로 작성자의 이름을 입력한다.

④ A1:J3 범위를 선택하고 배경색으로 테마 색의 **흰색, 배경 1**을 적용하라.

⑤ 표에서 구분을 제외한 항목명과 번호, 코드, 성명, 순위 데이터는 **가운데 맞춤**하라.

⑥ 전월, 당월, 사용량, 금액의 숫자 데이터의 표시 형식은 **1000단위마다 쉼표 스타일(,)**로 적용하고 열 너비를 적절히 조절하라. 사용율은 백분율 스타일(소수점 이하 1자리 표시)

⑦ 인쇄 미리 보기의 페이지 설정에서 **확대/축소를 82%**로 설정하고 페이지 **가로 가운데 맞춤**하라.

⑧ 완성된 통합 문서를 작성자의 USB에 **상수도요금산출**로 저장하고 아래의 차트 작성 조건으로 차트를 작성하라.

차트 작성

※ 부분합을 요약하여 **구분별 요약과 사용량**으로 다음 요구 조건에 따라 2차원 묶은 막대형 차트를 작성하라(부분합 요약의 행 표시 여부에 관계없이 표가 변형되지 않도록 한다).

① 제목 : **경인지역 구분별 상수도 사용량 비교**를 입력하고 글꼴 굴림체, 글꼴 색 빨강색, 글꼴 크기 18, 진하게, 밑줄을 적용한다.

② 가로 축 제목 : 구분

③ 세로 축 제목(세로 제목) : 톤

④ 주택용 막대 위에 데이터 레이블 값 표시

⑤ 차트 테두리 스타일 : 모서리 둥글게, 그림자를 **오프셋 대각선 오른쪽 아래**로 적용

⑥ 차트를 부분합 요약 표 아래에 위치시켜 차트의 가로 크기가 표와 동일한 크기가 되도록 차트의 크기를 적절히 조절하라.

⑦ 차트의 종류를 3차원 묶은 세로막대형으로 변경하여 직각으로 축 고정하라.

⑧ 완성된 통합 문서를 작성자의 USB에 **상수도요금산출**로 재저장하라.

※ 부분합 계산과 차트 작성의 결과는 〈그림 5.22〉와 같다.

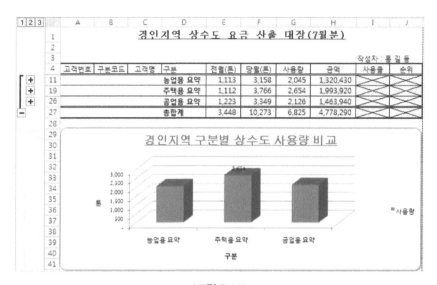

〈그림 5.22〉

5.9 연습 문제(2)

새 통합 문서에서 **Sheet1**의 이름을 18년일반검진으로 변경하고 〈표 5.5〉의 **기본 자료**와 **처리 조건**, 〈표 5.6〉의 **출력 형식**과 **요구사항**을 참조하여 18년일반검진비만판정표를 완성하라.

기본 자료

〈표 5.5〉

사원번호	성명	인사코드	근무부서	성별	직급	키(Cm)	체중(Kg)	비만도	판정
DA001	이동기	D05		남		165	83		
DA002	이말자	K05		여		177	58		
DA003	강순권	F02		남		174	80		
DA004	김말려	P01		남		164	79		
DA005	박창식	S05		여		180	77		
DA006	공일식	K05		남		181	75		
DA007	장동국	K04		남		168	68		
DA008	이다행	F03		남		164	69		
DA009	안아파	F05		여		170	69		
DA010	김건강	P03	①	남	②	181	70	③	④
DA011	심용희	S03		남		174	81		
DA012	정두선	K05		여		166	50		
DA013	진시림	F03		여		169	52		
DA014	한만숙	P04		여		171	55		
DA015	이마상	P05		남		167	64		
DA016	이동구	S04		남		162	89		
DA017	우유비	K03		여		158	66		
DA018	민상국	P05		남		163	59		
DA019	이도랑	P05		남		172	75		

출력 형식

〈표 5.6〉   **(주)대안상사 직원 일반검진(비만도) 현황**

작성자 : ○○○

사원번호	성명	인사코드	근무무서	성별	직급	키(Cm)	체중(Kg)	비만도	판정	순위
⋮	⋮	⋮	①	⋮	②	⋮	⋮	③	④	⑦
국내영업부 평균					✕	⑤	⑤	⑤	✕	✕
⋮	⋮	⋮	①	⋮	②	⋮	⋮	③	④	⑦
생산관리부 평균					✕	⑤	⑤	⑤	✕	✕
전체 평균					✕	⑥	⑥	⑥	✕	✕

처리 조건

① 근무부서 : 인사코드의 왼쪽 한 문자가 S이면 전략기획부, K이면 국내영업부, F이면 해외영업부, P이면 생산관리부 아니면 공백("")

② 직급 : 인사코드의 오른쪽 한 문자가 1이면 이사, 2이면 부장, 3이면 과장, 4이면 대리, 5이면 사원 아니면 공백("")

③ 비만도 : 몸무게 / (키 / 100)^2(소수점 이하 3자리 미만 반올림)

④ 판정 : 비만도가 30이상이면 비만, 25이상이면, 과체중 아니면 정상

⑤ ⑥ 부분합 계산 : 〈표 5.6〉의 출력 형식을 참조하여 근무부서에 따라 **키, 체중, 비만도의 평균 계산**

※ 정렬은 근무부서에 따라 오름차순 정렬하되 동일 구분에서는 성명 오름차순으로 정렬

⑦ 순위 : 근무부서별 순위를 계산하되 비만도가 높은 직원이 1위로 산정

요구 사항

① 테두리와 배경색은 〈표 5.6〉의 출력 형식을 참조하여 적용하되 **항목명 배경색 : 흰색, 배경 1, 5% 더 어둡게, 데이터 배경색 : 흰색, 배경 1, 부분합과 총합계 배경색 : 흰색, 배경 1, 5% 더 어둡게**를 적용한다.

② 1, 2, 3행을 삽입하고 A1셀에 (주)대안상사 직원 일반검진(비만도) 현황을 입력한 후 A1:J1 범위를 **병합하고 가운데 맞춤**한다. 병합된 A1셀의 글꼴 크기는 16, 글꼴은 **바탕체, 굵게, 밑줄**을 적용하고, 글꼴 색은 **검정, 텍스트 1, 15% 더 밝게**로 적용한 후 행 높이를 적절히 조절하라.

③ K3셀에 **작성자 : ㅇㅇㅇ**으로 작성자의 이름을 입력한다.

④ A1:L3 범위를 선택하고 배경색으로 테마 색의 **흰색, 배경 1**을 적용하라.

⑤ 표에서 항목명과 사원번호, 성명, 인사코드, 성별 데이터는 **가운데 맞춤**하라.

⑥ 인쇄 미리 보기의 페이지 설정에서 **확대/축소**를 82%로 설정하고 페이지 **가로 가운데 맞춤**하라.

⑦ 완성된 통합 문서를 작성자의 USB에 일반검진비만도현황으로 저장하고 아래의 차트 작성 조건으로 차트를 작성하라.

차트 작성

※ 부분합을 요약하여 근무부서별 비만도 평균으로 다음 요구 조건에 따라 2차원 묶은 막대형 차트를 작성하라(부분합 요약의 행 표시 여부에 관계없이 표가 변형되지 않도록 한다).

① 제목 : (주)대안상사 직원 부서별 비만도 비교를 입력하고 글꼴 굴림체, 글꼴 색 빨강색, 글꼴 크기 18, 진하게, 밑줄을 적용한다.

② 가로 축 제목 : 부서

③ 차트 테두리 스타일 : 모서리 둥글게, 그림자를 **오프셋 대각선 오른쪽 아래**로 적용

④ 차트를 부분합 요약 표 아래에 위치시켜 차트의 가로 크기가 표와 동일한 크기가 되도록 차트의 크기를 적절히 조절하라.

⑤ 차트의 종류를 3차원 묶은 세로막대형으로 변경하여 직각으로 축 고정하라.

⑥ 완성된 통합 문서를 작성자의 USB에 일반검진비만도현황으로 재 저장하라.

5.10 〔차트 작성〕 필기 연습 문제

1. 다음 중 차트에 대한 설명으로 옳지 않은 것은? 14년 1회 기출

① 표면형 차트 : 두 개의 데이터 집합에서 최적의 조합을 찾을 때 사용한다.

② 방사형 차트 : 분산형 차트의 한 종류로 데이터 계열 간의 항목 비교에 사용된다.

③ 분산형 차트 : 데이터의 불규칙한 간격이나 묶음을 보여주는 것으로 주로 과학이나 공학용 데이터 분석에 사용된다.

④ 이중 축 차트 : 특정 데이터 계열의 값이 다른 데이터 계열의 값과 현저하게 차이가 날 경우나 두 가지 이상의 데이터 계열을 가진 차트에 사용한다.

2. 다음 중 추세선을 사용할 수 있는 차트 종류는? 14년 2회 기출

① 3차원 묶은 세로 막대형 차트　　② 분산형 차트

③ 방사형 차트　　④ 표면형 차트

3. 다음 중 차트의 범례 설정에 대한 설명으로 옳지 않은 것은? 14년 3회 기출

① 차트에 범례가 표시되어 있으면 개별 범례 항목을 선택하여 데이터 계열 서식을 변경할 수 있다.

② 차트에서 범례 또는 범례 항목을 클릭한 후 〈Delete〉 키를 누르면 범례를 쉽게 제거할 수 있다.

③ 범례는 기본적으로 차트와 겹치지 않게 표시된다.

④ 마우스로 범례를 이동하거나 크기를 변경하면 그림 영역의 크기 및 위치는 자동으로 조정된다.

4. 다음 중 아래 차트에 설정되지 않은 차트 요소는? 14년 1회 기출

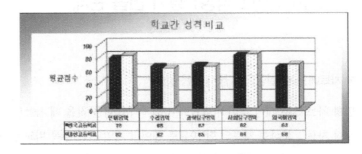

① 차트제목   ② 데이터 표
③ 데이터 레이블   ④ 세로(값) 축 제목

5. 다음 중 아래 그림과 같이 왼쪽 차트를 수정하여 오른쪽 차트로 변환하였을 때, 변환과 관련된 설명으로 옳지 않은 것은? 14년 1회 기출

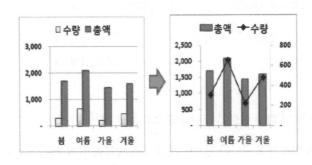

① '수량' 계열의 차트 종류를 변경하였다.
② 기본 세로축의 주 눈금선을 없앴다.
③ 보조 축으로 총액 계열을 사용하였다.
④ 기본 세로축의 주 단위를 500으로 설정하였다.

6. 다음 중 아래 차트에 대한 설명으로 옳지 않은 것은? 14년 3회 기출

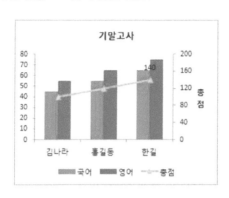

① 총점 계열이 보조 축으로 표시된 이중 축 차트이다.

② 범례는 아래쪽에 배치되어 있다.

③ 영어 계열의 홍길동 요소에 데이터 레이블이 있다.

④ 보조 세로(값) 축의 주 단위는 40이다.

7. 다음 중 차트에서 계열의 순서를 변경할 때 선택해야 할 바로가기 메뉴는? 14년 2회 기출

① 차트 이동   ② 데이터 선택
③ 차트 영역 서식   ④ 그림 영역 서식

8. 다음 중 3차원 차트로 변경이 가능한 차트 유형은? 2015년 3회

①   ②

③   ④

9. 다음 중 차트에서 계열의 순서를 변경할 때 선택해야할 바로 가기 메뉴는? 2016년 3회

① 차트 이동   ② 데이터 선택
③ 차트 영역 서식   ④ 그림 영역 서식

10. 다음 중 특정한 데이터 계열에 대한 변화 추세를 파악하기 위한 추세선을 표시할 수 있는 차트는? 2016년 1회

① 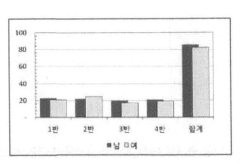   ②

③   ④

11. 다음 중 차트에 대한 설명으로 옳지 않은 것은? 2015년 3회

① 기본적으로 워크시트의 행과 열에서 숨겨진 데이터는 차트에 표시되지 않는다.

② 차트 제목, 가로/세로 축 제목, 범례, 그림 영역 등은 마우스로 드래그하여 이동할 수 있다.

③ 〈Ctrl〉키를 누른 상태에서 차트 크기를 조절하면 차트의 크기가 셀에 맞춰 조절된다.

④ 사용자가 자주 사용하는 차트 종류를 차트 서식 파일로 저장할 수 있다.

12. 다음 중 추세선을 추가할 수 있는 차트 종류는? 2017년1회

① 방사형   ② 분산형
③ 원형   ④ 표면형

13. 다음 중 아래의 차트에 대한 설명으로 옳지 않은 것은? 2015년 3회

구분	남	여	합계
1반	23	21	44
2반	22	25	47
3반	20	17	37
4반	21	19	40
합계	86	82	168

① 차트의 종류는 묶은 세로 막대형으로 계열 옵션의 '계열 겹치기'가 적용되었다.

② 각 [축 서식]에는 주 눈금과 보조 눈금이 '안쪽'으로 표시되도록 설정되었다.

③ 데이터 계열로 "남"과 "여"가 사용되고 있다.

④ 데이터 원본으로 표 전체 영역이 사용되고 있다.

14. 다음 중 아래의 차트에 대한 설명으로 옳지 않은 것은?  2016년 1회

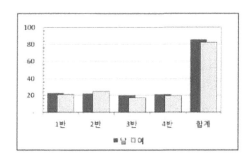

구분	남	여	합계
1반	23	21	44
2반	22	25	47
3반	20	17	37
4반	21	19	40
합계	86	82	168

① 차트의 종류는 묶은 세로 막대형으로 계열 옵션의 '계열 겹치기'가 적용되었다.

② 세로 (값) 축의 [축 서식]에는 주 눈금과 보조 눈금이 '안쪽'으로 표시되도록 설정되었다.

③ 데이터 계열로 '남'과 '여'가 사용되고 있다.

④ 표 전체 영역을 데이터 원본으로 차트를 작성하였다.

15. 다음 중 아래의 차트에 설정된 차트의 구성요소로 옳지 않은 것은? 2016년 1회

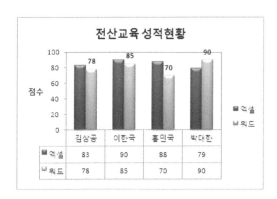

① 눈금선

② 데이터 표

③ '워드' 계열의 데이터 레이블

④ 세로 (값) 축 제목

16. 다음 중 도넛형 차트에 대한 설명으로 옳지 않은 것은? 2016년 2회

① 전체에 대한 각 데이터 계열의 관계를 보여주며, 하나의 고리에 여러 데이터 계열을 색 상으로 구분하여 표시한다.

② 도넛의 바깥쪽에 위치한 데이터 계열의 모든 조각을 한 번에 분리하거나 개별적으로 조 각을 선택하여 분리할 수도 있다.

③ [데이터 계열 서식] 대화상자의 [계열 옵션]에서 첫째 조각의 위치를 지정하는 회전 각 을 변경할 수 있다.

④ 데이터 계열이 많아 알아보기가 쉽지 않은 경우 누적 세로 막대형 차트나 누적 가로 막 대형 차트로 변경하는 것이 좋다.

17. 다음 중 아래의 차트에 대한 설명으로 옳지 않은 것은? 2016년 3회

① 데이터 계열이 중심점에서 외곽선으로 나오는 축을 갖는다.

② 여러 데이터 계열의 집계 값을 비교할 때 사용한다.

③ 같은 계열에 있는 모든 값들이 선으로 연결되며, 각 계열마다 축을 갖는다.

④ 여러 데이터 계열에 있는 숫자 값 사이의 관계를 보여 주거나 두 개의 숫자 그룹을 xy 좌 표로 이루어진 하나의 계열로 표시한다.

18. 다음 중 아래 차트에 대한 설명으로 옳지 않은 것은? 2016년 2회

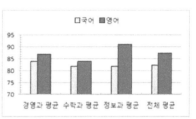

① 세로 (값) 축의 축 서식에서 주 눈금선 표시는 '바깥쪽', 보조 눈금 표시는 '안쪽'으로 설정하였다.

② 세로 (값) 축의 축 서식에서 주 단위 간격을 '5'로 설정하였다.

③ 데이터 계열 서식의 '계열 겹치기' 값을 0보다 작은 값으로 설정하였다.

④ 윤곽기호를 이용하여 워크시트와 차트에 수준 3의 정보 행이 표시되지 않도록 설정하였다.

19. 다음 중 차트에 대한 설명으로 옳지 않은 것은? 2016년 2회

① 기본적으로 워크시트의 행과 열에서 숨겨진 데이터는 차트에 표시되지 않는다.

② 차트 제목, 가로/세로 축 제목, 범례, 그림 영역 등은 마우스로 드래그하여 이동할 수 있다.

③ 〈Ctrl〉키를 누른 상태에서 차트 크기를 조절하면 차트의 크기가 셀에 맞춰 조절된다.

④ 사용자가 자주 사용하는 차트 종류를 차트 서식 파일로 저장할 수 있다.

20. 다음 중 아래 차트에 설정되어 있지 않은 차트 요소는? 2017년1회

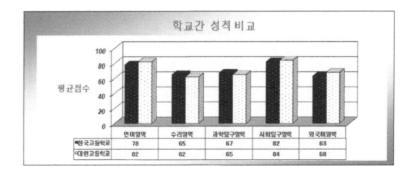

① 차트 제목　　　　　　　　② 데이터 표

③ 데이터 레이블　　　　　　④ 세로 (값) 축 제목

21. 다음 중 차트의 데이터 계열 서식에 대한 설명으로 옳지 않은 것은? 2017년1회

① 계열 겹치기 수치를 양수로 지정하면 데이터 계열 사이가 벌어진다.

② 차트에서 데이터 계열의 간격을 넓게 또는 좁게 지정할 수 있다.

③ 특정 데이터 계열의 값이 다른 데이터 계열 값과 차이가 많이 나거나 데이터 형식이 혼합되어 있는 경우 하나 이상의 데이터 계열을 보조 세로 (값) 축에 표시할 수 있다.

④ 보조 축에 그려지는 데이터 계열을 구분하기 위하여 보조 축의 데이터 계열만 선택하여 차트 종류를 변경할 수 있다.

22. 다음 중 차트에 대한 설명으로 옳지 않은 것은? 2016년 3회

① 기본적으로 워크시트의 행과 열에서 숨겨진 데이터는 차트에 표시되지 않으며 빈 셀은 간격으로 표시된다.

② 표에서 특정 셀 한 개를 선택하여 차트를 생성하면 해당 셀을 직접 둘러싸는 표의 데이터 영역이 모두 차트에 표시된다.

③ 차트를 만들 데이터를 선택한 후 〈Alt〉+〈F1〉키를 누르면 별도의 차트 시트가 생성된다.

④ 차트에 두 개 이상의 차트 종류를 사용하여 혼합형 차트를 만들 수도 있다.

CHAPTER **6**

필터의 이용과
데이터베이스 함수

필터를 이용한 레코드 검색 **6.1**

[고급 필터] 필기 연습 문제 **6.2**

데이터베이스 함수 **6.3**

연습 문제 **6.4**

[데이터베이스 함수] 필기 연습 문제 **6.5**

이 장에서는 다음의 요구 사항(①에서 ⑧까지)에 맞는 레코드(행)를 기본 자료 〈표 6.1〉에서 검색하는 자동 필터와 고급 필터를 학습한다. 또 데이터베이스 함수를 사용하여 기본 자료 〈표 6.1〉을 기반으로 지정한 조건(⑨에서 ⑪까지)으로 계산하는 방법을 학습한다.

요구 사항

① 소속기관이 투데이인 레코드를 검색(자동 필터 이용)하라.

② 신장이 170이상인 레코드를 검색(자동 필터 이용)하라.

③ 소속기관이 가라통상 또는 호암상선을 검색(자동 필터 이용)하라.

④ 소속기관이 미래금융인 레코드를 검색(고급 필터 이용)하라.

⑤ 성이 이씨인 레코드를 검색(고급 필터 이용)하라.

⑥ 체중이 70이상인 레코드를 검색(고급 필터 이용)하라.

⑦ 성별이 남자이고 주량이 10이상인 레코드를 검색(고급 필터 이용)하라.

⑧ 비고가 빈혈 또는 편두통인 레코드를 검색(고급 필터 이용)하라.

⑨ 여자의 평균 신장(데이터베이스 함수 이용)을 계산하라.

⑩ 여자의 평균 체중(데이터베이스 함수 이용)을 계산하라.

⑪ 여자의 평균 나이(데이터베이스 함수 이용)을 계산하라.

요구 사항

〈표 6.1〉

고객ID	소속기관	성명	성별	나이	신장	체중	주량	흡연	운동	비고
가001	코리아	이대우	여	34	165	66	4	5	5	당뇨
가002	가라통상	차범무	남	56	170	70	7	0	5	당뇨
가003	미래금융	무량해	여	23	168	55	14	5	0	무
가004	가라통상	사동기	남	44	176	70	7	0	3	무
가005	미래금융	이가래	남	34	170	70	4	10	3	고혈압
가006	호암상선	가구마	여	43	169	60	0	0	5	당뇨
가007	현대대학	감자당	여	55	164	58	2	10	0	고혈압
가008	현대대학	변무시	여	29	172	70	4	20	0	무
가009	이화마트	가동파	남	28	180	80	7	0	0	편두통
가010	이화마트	이도마	여	23	170	75	14	5	5	빈혈
가011	호암상선	김국자	여	24	165	54	4	3	3	무
가012	가라통상	이팔자	여	27	167	53	0	0	0	고혈압
가013	투데이	공가루	남	33	181	85	7	0	1	고혈압
가014	투데이	야구팔	남	34	179	78	14	0	1	무
가015	미래금융	마구다	남	40	170	68	7	4	0	무
가016	호암상선	소동바	남	41	169	65	11	2	0	관절염
가017	가라통상	마선구	남	42	174	67	11	0	3	관절염
가018	투데이	박처량	여	51	167	54	7	1	3	신경통
가019	현대대학	우울중	여	44	160	50	14	0	0	신경통
가020	투데이	주지마	여	33	161	50	2	1	1	관절염
가021	호암상선	어사랑	여	28	166	53	0	4	5	신경통
가022	미래금융	허무혀	여	29	159	49	12	7	5	무
가023	코리아	최불다	남	40	167	71	0	7	0	무
가024	현대대학	조미여	여	41	170	58	0	8	0	신경통
가025	코리아	여미구	여	53	172	61	14	4	3	관절염
가026	미래금융	당나구	남	42	169	66	7	0	4	빈혈
가027	가라통상	양계장	여	37	164	52	7	2	5	편두통
가028	이화마트	김구려	여	29	163	60	2	2	0	편두통
가029	호암상선	이해처	여	57	160	50	0	0	0	빈혈
가030	이화마트	어해라	남	31	177	69	2	0	1	빈혈

6.1 필터를 이용한 레코드 검색

데이터에 필터를 적용하면 지정한 조건에 맞는 행(레코드)만 표시되고 나머지 행은 숨겨진다. 필터링된 데이터는 다시 정렬하거나 이동하지 않고도 복사, 찾기, 편집 및 인쇄할 수 있으며 서식을 지정하거나 차트를 만들 수 있다.

6.1.1 자동 필터를 이용한 검색

자동 필터를 사용하면 목록 값, 서식 또는 조건으로 세 가지 유형의 필터를 만들 수 있다. 각 셀 범위나 표 열에 대해 한 번에 한 가지 유형의 필터만 사용할 수 있다. 예를 들어 셀 색이나 숫자 목록으로 필터링할 수 있지만 둘 다로 필터링할 수는 없다. 마찬가지로 아이콘이나 사용자 정의 필터로 필터링할 수 있지만 둘 다로 필터링할 수는 없다.

다음 따라하기는 〈표 6.1〉의 기본 자료를 작성하고 요구 사항 ① 소속기관이 투데이인 레코드를 자동 필터를 이용해 검색하는 실습이다.

🖳 따라하기

▶ **동작 1** 새 통합 문서에서 Sheet1의 이름을 기초검사자료로 변경하고 〈표 6.1〉의 데이터를 입력한 후 테두리를 적용하고 다음과 같이 배경색을 적용한다(A1:K1 범위의 배경색 : 황갈색, 배경 2, 10% 더 어둡게, A2:K31 범위의 배경색 : 흰색, 배경 1, 5% 더 어둡게).

▶ **동작 2** 고객ID, 성명, 성별 열의 항목명과 데이터는 가운데 맞춤한다.

▶ **동작 3** 입력한 데이터의 임의 셀을 선택하고 데이터 리본 메뉴에서 정렬 및 필터 그룹의 필터(▼)를 클릭한다.

　　▷ 자동 필터를 적용할 수 있도록 〈그림 6.1〉과 같이 데이터 항목명에 아래쪽 방향 화살표(▼)가 표시된다.

	A	B	C	D	E	F	G	H	I	J	K
1	고객번:	소속기관	성명	성별	나이	신장	체중	주량	흡연	운동	비고
2	가001	코리아	이대우	여	34	165	66	4	5	5	당뇨
3	가002	가라통상	차범무	남	56	170	70	7	0	5	당뇨
4	가003	미래금융	무량해	여	23	168	55	14	5	0	무
5	가004	가라통상	사동기	남	44	176	70	7	0	3	무
6	가005	미래금융	이가래	남	34	170	70	4	10	3	고혈압

〈그림 6.1〉

● **동작 4**   소속기관의 아래쪽 방향 화살표를 클릭한다.

  ▶ 〈그림 6.2〉와 같이 소속기관에서 검색 가능한 내용이 표시된다.

〈그림 6.2〉

● **동작 5**   (모두 선택)을 클릭하여 체크를 없애고 투데이를 클릭하여 체크하고 확인 버튼을 클릭한다.

  ▶ 소속기관이 투데이인 레코드만 검색되고 다른 레코드는 표시되지 않는다.
  ▶ 소속기관의 ▾ 표시가 ◢ 표시로 변경되어 소속기관으로 자통 필터 되었음을 나타낸다.

● **동작 6**   소속기관의 ◢ 기호를 클릭하고 (모두 선택)을 클릭한 후 확인 버튼을 클릭한다.

  ▶ 레코드(행)가 모두 표시된다.

다음 따라하기는 요구 사항 ② 신장이 170이상인 레코드를 자동 필터를 이용해 검색하는 실습이다.

📑 따라하기

▶ **동작 1** 신장의 아래쪽 방향 화살표를 클릭한 후 표시된 목록에서 숫자 필터 → (사용자 지정 필터)를 차례로 클릭한다.

　　⊙ 〈그림 6.3〉과 같은 사용자 지정 자동 필터 대화 상자가 열린다.

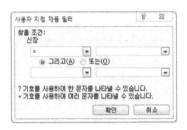

〈그림 6.3〉

▶ **동작 2** 찾을 조건: 신장 아래 입력 상자의 아래쪽 방향 화살표(▼)를 클릭하여 표시된 목록에서 >=을 선택하고, 오른쪽의 입력 상자에 170을 입력하고 확인 버튼을 클릭한다.

　　⊙ 신장이 170이상인 레코드가 모두 표시된다.

▶ **동작 3** 신장의 🔽 기호를 클릭하고 (모두 선택)을 클릭한 후 확인 버튼을 클릭한다.

　　⊙ 레코드(행)가 모두 표시된다.

다음 따라하기는 요구 사항 ③ 소속기관이 가라통상 또는 호암상선인 레코드를 자동 필터를 이용해 검색하는 실습이다.

📑 따라하기

▶ **동작 1** 소속기관의 아래쪽 방향 화살표를 클릭한 후 표시된 목록에서 텍스트 필터 → (사용자 지정 필터)를 차례로 클릭한다.

　　⊙ 사용자 지정 자동 필터 대화 상자가 열린다.

▶ **동작 2**   〈그림 6.4〉와 같이 입력하고 확인 버튼을 클릭한다.

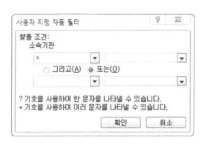

〈그림 6.4〉

⊳ 소속기관이 가라통상 또는 호암상선인 레코드가 검색된다.

▶ **동작 3**   데이터 리본 메뉴에서 정렬 및 필터 그룹의 필터를 클릭한다.

⊳ 항목명에 표시된 아래쪽 방향 화살표가 모두 없어져 자동 필터 기능이 해제되고 레코드가 모두 표시된다.

🔍 혼 자 해 보 기

지시 1 비고가 **고혈압**인 레코드를 검색하라.

지시 1 **체중**이 **60kg이상이고** 70kg**미만**인 레코드를 검색하라.

지시 3 **성명**의 **첫 번째 텍스트가 김**인 레코드만을 검색하라.

※ **성명**의 조건 데이터가 들어가는 입력 상자에 **김***을 입력한다.

지시 4 자동 필터를 해제하라.

6.1.2 고급 필터를 이용한 검색

자동 필터로 레코드를 검색하면 검색한 결과가 표시될 때 원본 데이터를 볼 수가 없고, 다양한 조건의 데이터를 검색하는데 한계가 있다. 그러나 고급 필터를 사용하면 원본 데이터를 유지하면서 검색된 레코드를 원하는 장소에 복사해 낼 수 있다.

다음 따라하기는 요구 사항 ④ 소속기관이 미래금융인 레코드를 고급 필터를 이용해 검색하는 실습이다.

📇 따라하기

▶ 동작 1 A34셀에 소속기관을 입력하고 A35셀에 미래금융을 입력한다.

▶ 동작 2 데이터가 있는 임의 셀을 선택하고 데이터 리본 메뉴의 정렬 및 필터 그룹에서 고급을 클릭한다.

- ▷ A1:K31 범위의 데이터가 점선으로 자동 선택되고 〈그림 6.5〉와 같은 고급 필터 대화 상자가 열린다.
- ▷ 목록 범위에는 $A$1:$K$31 범위가 자동 입력되어 있다.

〈그림 6.5〉

▶ 동작 3 조건 범위 입력상자에 있는 범위 지정 버튼(📷)을 클릭하여 마우스를 이용해 A34:A35 범위를 선택한 후 지정 버튼(📷)을 클릭한다.

- ▷ 시트에 선택된 범위는 점선으로 표시되고 조건 범위 입력상자에 $A$34:$A$35로 범위가 입력된다.

▶ 동작 4 확인 버튼을 클릭한다.

- ▷ 소속기관이 미래금융인 레코드가 원래의 데이터 위치에서 검색된다.

> 💡 **검색된 레코드들 다른 장소에 복사하려면**
>
> 〈그림 6.5〉의 창에서 다른 장소에 복사를 클릭한 후 복사 위치에서 검색된 레코드가 놓일 셀 또는 셀 범위를 지정하면 된다.

다음 따라하기는 요구 사항 ④ 소속기관이 미래금융인 레코드를 고급 필터로 검색하여 다른 장소에 복사하는 실습이다.

따라하기

▶ **동작 1** 데이터 리본 메뉴에서 정렬 및 필터 그룹의 지우기(✖)를 클릭하여 고급 필터 적용을 삭제한다.

  ▶ 레코드가 모두 표시된다.

▶ **동작 2** 데이터가 있는 임의 셀을 선택하고 데이터 리본 메뉴의 정렬 및 필터 그룹에서 고급을 클릭한다.

  ▶ 앞서 입력한 목록 범위 : $A$1: $K$31, 조건 범위 : $A$34: $A$35가 입력되어 있다.

▶ **동작 3** 다른 장소에 복사 버튼을 클릭하여 선택한 후 복사 위치 입력 상자의 범위 지정 버튼(🔼)을 클릭하고 A38셀을 클릭한 다음 범위 지정 버튼(🔼)을 클릭한다.

  ▶ 복사 위치에 $A$38이 입력된다.

▶ **동작 4** 확인 버튼을 클릭한다.

  ▶ 검색된 레코드가 A38셀부터 모두 복사되어 표시된다.

💡 **복사 위치에 범위를 선택하는 경우의 문제점**

복사 위치에 검색된 레코드가 놓일 첫 번째 셀을 선택하면 레코드의 수에 관계없이 복사된다. 그러나 복사 위치에 항목명을 입력하고 범위를 선택한 경우 레코드 수가 선택한 범위를 넘어 설 때는 레코드 손실을 알리는 메시지가 표시된다.

다음 따라하기는 요구 사항 소속기관이 코리아인 레코드를 고급 필터로 검색하여 다른 장
소에 복사하는 실습이다.

📑 따라하기

▶ **동작 1**   A35셀에 입력된 미래금융을 지우고 코리아를 입력한 후 데이터가 있는 임
의 셀을 선택하고 고급 필터를 실행한다.

     ▶ 고급 필터 대화 상자의 목록 범위, 조건 범위, 복사 위치가 이전의 내용으로 입
력되어 있다.

▶ **동작 2**   변경할 내용이 없으므로 다른 장소에 복사를 클릭하고 확인 버튼을 클릭한다.

     ▶ 소속기관이 코리아인 레코드가 A38셀부터 복사되어 표시된다.

다음 따라하기는 요구 사항 ⑤ 성이 이씨인 레코드를 고급 필터로 검색하여 다른 장소에
복사하는 실습이다.

📑 따라하기

▶ **동작 1**   검색 조건으로 A34셀에 성명을 입력하고 A35셀에 이*를 입력한다.

     ▶ 성명이 이씨인 레코드를 검색하기 위한 조건이다.

> 💡 ***과 ?의 사용**
>
> 텍스트와 결합하여 사용한다. *는 텍스트 전체를 의미하고 ?는 1개의 텍스르를 의미한다. 예를 들어 이
> *은 첫 글자는 이 이고 나머지 전체는 문자 길이에 관계없이 아무거나 상관없음을 의미한다. 이??는 첫
> 글자는 이 이지만 나머지 두 개의 텍스트는 상관없음을 의미한다.

▶ **동작 2**   데이터가 있는 임의 셀을 선택하고 고급 필터를 실행한다.

     ▶ 고급 필터 대화 상자의 목록 범위, 조건 범위, 복사 위치가 이전의 내용으로 입
력되어 있다.

⊙ **동작 3**   변경할 내용이 없으므로 다른 장소에 복사를 클릭하고 확인 버튼을 클릭한다.

⊙ 성명의 첫 글자가 이씨인 레코드가 A38셀부터 복사되어 표시된다.

다음 따라하기는 요구 사항 ⑥ 체중이 70이상인 레코드를 고급 필터로 검색하여 다른 장소에 복사하는 실습이다.

📑 따라하기

⊙ **동작 1**   검색 조건으로 A34셀에 체중을 입력하고 A35셀에 〉=70를 입력한다.

⊙ 체중이 70이상인 레코드를 검색하는 조건이다.

⊙ **동작 2**   데이터가 있는 임의 셀을 선택하고 고급 필터를 실행한다.

⊙ 고급 필터 대화 상자의 목록 범위, 조건 범위, 복사 위치가 이전의 내용으로 입력되어 있다.

⊙ **동작 3**   변경할 내용이 없으므로 다른 장소에 복사를 클릭하고 확인 버튼을 클릭한다.

⊙ 체중이 70상인 레코드가 A38셀부터 복사되어 표시된다.

다음 따라하기는 요구 사항 ⑦ 성별이 남자이고 주량이 10이상인 레코드를 고급 필터로 검색하여 다른 장소에 복사하는 실습이다.

📑 따라하기

⊙ **동작 1**   〈그림 6.6〉과 같이 A34셀에 성별, A35셀에 남을 입력하고 B34셀에 주량, B35셀에 〉=10을 입력한다.

⊙ 이것은 성별이 남자이고(AND) 주량이 10이상인 레코드를 검색하기 위한 조건이다.

34	성별	주량
35	남	〉=10
36		

〈그림 6.6〉

AND와 OR 조건의 입력 방법

〈그림 6.6〉의 35행의 데이터와 같이 같은 행에 있으면 두 개의 조건은 AND가 된다. 만약 A35셀에 남, B36셀에 >=10을 입력하여 두 개의 조건이 같은 행이 아니면 OR가 된다. 즉 성별이 남 또는주량이 10 이상인 레코드를 검색하는 조건이 된다.

▶ **동작 2** 데이터가 있는 임의 셀을 선택하고 고급 필터를 실행한다.

　　⊛ 고급 필터 대화 상자에서 목록 범위는 \$A\$1: \$K\$31, 조건 범위는 \$A\$34: \$A\$35로 지정되어 있다.

▶ **동작 3** 조건 범위의 범위 지정 버튼(🔳)을 사용하여 조건 범위를 \$A\$34: \$B\$35로 변경한다.

　　⊛ 조건 범위가 \$A\$34:\$B\$35로 변경된다.

▶ **동작 4** 다른 장소에 복사 버튼을 클릭한다.

　　⊛ 복사 위치에 앞서 사용한 \$A\$38: \$K\$38이 입력되어 있다.

▶ **동작 5** 확인 버튼을 클릭한다.

　　⊛ 성별이 남자이고 주량이 10이상인 레코드가 A38셀부터 복사되어 표시된다.

다음 따라하기는 요구 사항 ⑧ 비고가 빈혈 또는 편두통인 레코드를 고급 필터로 검색하여 다른 장소에 복사하는 실습이다.

📑 **따라하기**

▶ **동작 1** 〈그림 6.7〉과 같이 A34셀에 비고, A35셀에 빈혈을 입력하고 A36셀에 편두통을 입력한다. B34셀과 B35셀의 내용은 Delete키로 삭제한다.

　　⊛ 이것은 비고가 빈혈 또는(OR) 편두통인 레코드를 검색하기 위한 조건이다.

34	비고	
35	빈혈	
36	편두통	

〈그림 6.7〉

▶ **동작 2** 　데이터가 있는 임의 셀을 선택하고 고급 필터를 실행한다.

　　⊳ 고급 필터 대화 상자에서 목록 범위는 $A$1: $K$31, 조건 범위는 $A$34: $B$35로 지정되어 있다.

▶ **동작 3** 　조건 범위의 **범위 지정 버튼**( )을 사용하여 조건 범위를 $A$34: $A$36으로 변경한다.

　　⊳ 조건 범위가 $A$34:$A$36으로 변경된다.

▶ **동작 4** 　다른 장소에 복사 버튼을 클릭한다.

　　⊳ 복사 위치에 앞서 사용한 $A$38: $K$38이 입력되어 있다.

▶ **동작 5** 　확인 버튼을 클릭한다.

　　⊳ 비고가 빈혈 또는 편두통인 레코드가 A38셀부터 복사되어 표시된다.

🔍 **혼 자 해 보 기**

지시1 　성별이 여자이고 신장이 170이상인 레코드를 검색하라.

지시2 　나이가 30세 미만인 남자의 레코드를 검색하라.

지시3 　나이가 30세 미만인 남자의 레코드를 검색하여 성명, 소속기관, 나이, 비고 항목 순서로 표시하라.

💡 **항목을 선택하여 표시하거나 위치를 바꾸고자 할 경우**

복사할 영역에 미리 항목명을 입력하고 고급 필터 대화 상자에서 복사 위치를 지정할 때 미리 입력한 항목명의 범위를 선택한다. 이때 항목명이 틀리면 검색되지 않으므로 주의해야 한다.

지시4 　신장이 160이상이고 체중이 45이상 55이하인 여자 레코드를 검색하라.

지시5 　신장이 160이상이고 체중이 45이상 55이하인 여자 레코드를 검색하여 성명, 소속기관, 나이, 신장, 체중, 비고 필드 순서로 표시하라.

6.2 〔고급 필터〕 필기 연습 문제

1. 다음 중 고급 필터를 이용하여 국어 점수가 70점 이상에서 90점 미만인 데이터 행을 추출하기 위한 조건으로 옳은 것은? 14년 2회 기출

①

국어	국어
>=70	<90

②

국어
>=70
<90

③

국어	국어
>=70	
	<90

④

국어	
>=70	<90

2. 다음 중 아래의 〈데이터〉와 〈고급필터 조건〉을 이용하여 고급필터를 실행한 결과로 옳은 것은? 14년 3회 기출

〈데이터〉

	A	B	C
1	성명	부서명	성적
2	명진수	총무	70
3	김진명	영업	78
4	나오명	경리	90
5	김진수	영업	78

〈고급필터 조건〉

성명	부서명	성적
??명		
	영업	>80

①

성명	부서명	성적
김진명	영업	78

②

성명	부서명	성적
김진명	영업	78
나오명	경리	90

③

성명	부서명	성적
명진수	총무	70
김진명	영업	78
나오명	경리	90

④

성명	부서명	성적
명진수	총무	70
김진명	영업	78
나오명	경리	90

3. 다음 중 아래 워크시트에서 [A1:C5] 영역에 [A8:C10] 영역을 조건 범위로 설정하여 고급필터를 실행할 경우 필드명을 제외한 결과 행의 개수는? 2015년 3회

	A	B	C
1	**성명**	**거주지**	**마일리지**
2	최정수	서울	2000
3	정선미	경기	2500
4	주성철	경기	1700
5	박은희	충남	3000
6			
7			
8	**성명**	**거주지**	**마일리지**
9	박*		
10		경기	>2000

① 1개   ② 2개

③ 3개   ④ 4개

4. 다음 중 근무기간이 15년 이상이면서 나이가 50세 이상인 직원의 데이터를 조회하기 위한 고급필터의 조건으로 옳은 것은? 2016년 3회

①
근무기간	나이
>=15	>=50

②
근무기간	나이
>=15	
	>=50

③
근무기간	>=15
나이	>=50

④
근무기간	>=15	
나이		>=50

5. 다음 중 성명이 '정'으로 시작하거나 출신지역이 '서울'인 데이터를 추출하기 위한 고급 필터 조건은? 2016년 2회

①
성명	출신지역
정*	서울

②
성명	출신지역
정*	
	서울

③
성명	정*
출신지역	서울

④
성명	정*	
출신지역		서울

6.3 데이터베이스 함수

데이터베이스 함수를 사용하면 조건에 맞는 레코드의 특정 항목(필드)를 대상으로 합, 평균, 최대값, 최소값 등을 쉽게 계산할 수 있다. 데이터베이스 함수에는 DSUM, DA-VERAGE, DCOUNT, DCOUNTA, DMAX, DMIN, DSTDEV, DSTDEVP, DVAR, DVARP,… 등이 있다. 데이터베이스 함수는 모두 동일한 방법으로 사용되기 때문에 실무에 따라 적절히 필요한 함수를 선택하여 이용하면 된다. 데이터베이스 함수의 구문 형식은 함수명(데이터범위, 항목(필드), 조건)으로 구성된다.

6.3.1 DAVERAGE 함수

DAVERAGE 함수를 사용하면 데이터 범위에서 조건에 맞는 항목의 평균을 계산할 수 있다. 예를 들어 〈표 6.1〉의 데이터를 이용하여 여자의 평균 체중, 남자의 평균 체중, 남자의 평균 주량, 남자의 1일 평균 흡연, 남자의 평균 나이, 여자의 평균 운동일수 등을 계산할 수 있다.

다음 따라하기는 요구 사항 ⑨ 여자의 평균 신장을 데이터베이스 함수 이용해 계산하는 실습이다.

🗒 따라하기

▶ **동작 1** 34행에서 50행 범위의 데이터를 Delete키를 이용하여 모두 삭제한다.

▶ **동작 2** 〈그림 6.10〉과 같이 C34셀에 성별을 입력하고 C35셀에 여를 입력한 후 F34셀에 여자의 평균 신장 : 을 입력한다.

34		성별		여자의 평균 신장 :	
35		여			
36					

〈그림 6.10〉

▶ **동작 3** I34셀에 수식 =DAVERAGE($A$1:$K$31, "신장", $C$34:$C$35)을 입력한다.

    ▷ 〈그림 6.11〉과 같이 I34셀에 여자의 평균 신장이 계산된다.

34		성별	여자의 평균 신장 :	165.7
35		여		
36				

〈그림 6.11〉

🔆 데이터베이스 함수 사용시 주의할 점

데이터베이스 함수는 항목명이 중요하다. 만약 범위 선택시 항목명이 범위에 포함되지 않거나 항목명이 잘못 입력되면 원하는 답을 얻을 수 없다. 예를 들어 =DAVERAGE($A$1:$K$31, "신장", $C$34:$C$35)에서 $A$1:$K$31 범위는 항목명을 포함하는 데이터 범위이고, "신장"은 계산할 항목이다. 계산 항목은 항목명을 따옴표("")로 묶어 직접 입력하거나 H1과 같이 셀을 입력하거나, 데이터 범위에서 H열의 위치인 숫자 6을 표기한다. $C$34:$C$35는 함수에 이용될 조건으로 항목명을 포함하고 있다.

다음 따라하기는 요구 사항 ⑩ 여자의 평균 체중을 데이터베이스 함수를 이용하여 계산(체중 항목명을 숫자로 표기)하는 실습이다.

📋 따라하기

▶ **동작 1** F35셀에 여자의 평균 체중 : 을 입력한다.

▶ **동작 2** I35셀에 =DAVERAGE($A$1:$K$31, 7, $C$34:$C$35)을 입력한다.

    ▷ I35셀에 여자의 평균 체중이 계산된다.

다음 따라하기는 요구 사항 ⑪ 여자의 평균 나이를 데이터베이스를 함수 이용하여 계산(나이 항목명을 셀로 표기)하는 실습이다.

📋 따라하기

▶ **동작 1** F36셀에 여자의 평균 나이 : 을 입력한다.

▶ **동작 2**   I36셀에 =DAVERAGE($A$1:$K$31, E1, $C$34:$C$35)을 입력한다.

   ▶ I36셀에 여자의 평균 나이가 계산된다.

 혼 자 해 보 기

지시 1 C38셀에 **성별**, C39셀에 **남**을 입력하고 F38셀에 **남자의 평균 신장 :** 을 입력하고 I38셀에 **남자의 평균 신장**을 계산하라.

지시 2 F39셀에 **남자의 평균 체중 :** 을 입력하고 I39셀에 **남자의 평균 체중**을 계산하라.

지시 3 F40셀에 **남자의 평균 나이 :** 을 입력하고 I40셀에 **남자의 평균 나이**를 계산하라.

지시 4 F42셀에 **40세 이상 남성의 평균 주량 :** 을 입력하고 J42셀에 **40세 이상 남성의 평균 주량을 계산**하라. 단, 조건은 C42:D43 범위에 입력한다.

   ▶ 계산한 결과는 〈그림 6.12〉와 같다.

34		성별			여자의 평균 신장 :	165.7	
35		여			여자의 평균 체중 :	57.11	
36					여자의 평균 체중 :	36.67	
37							
38		성별			남자의 평균 신장 :	173.5	
39		남			남자의 평균 체중 :	71.58	
40					넘자의 평균 체중 :	38.75	
41							
42		나이	성별		40세 이상 남성의 평균 주량 :	46.78	
43		>=40	남				

〈그림 6.12〉

DSUM, DMAX, DMIN, DCOUNT. DCOUNTA, DVAR DVARP 함수

데이터베이스 함수에서 DSUM 함수는 합계를 계산한다. DMAX 함수와 DMIN 함수는 최대값과 최소값을 계산한다. DCOUNT 함수는 숫자가 있는 셀의 수를 계산하고 DCOUNTA 함수는 비어있지 않는 셀의 수를 계산한다. DVAR은 표본 집단의 분산을 계산하고 DVARP는 모집단의 분산, DSTDEVP는 모빈단의 표준 편차를 계산한다. 하는 DAVERAGE 함수는 평균을 계산한다. 이들 데이터베이스 함수는 모두 동일한 데이터베이스 함수 구문 형식을 가지고 있다.

6.4 연습 문제

새 통합 문서에서 Sheet1의 이름을 5월입원자료로 변경하고 〈표 6.2〉의 5월입원자료를 입력하여 기본 자료 표를 작성한다. 작성된 5월입원자료를 이용하여 〈표 6.3〉의 **출력 형식, 처리 조건, 요구사항**을 참조하여 5월 입원비 산정 현황 표를 완성하라. 또 완성된 5월 입원비 산정 현황 표를 이용하여 지시 사항의 필요한 정보를 검색하고 병원에서 요구하는 각종 통계 값을 계산하라.

기본 자료

〈표 6.2〉 5월입원자료

일련번호	환자번호	성명	보험사	입원일	퇴원일
05001	H-S-001	오동구	A사	2018-05-24	2018-05-30
05002	H-O-001	마창구	B사	2018-05-15	2018-05-30
05003	H-P-001	이돌기	C사	2018-05-20	2018-05-26
05004	H-P-002	저마당	C사	2018-05-01	2018-05-20
05005	H-S-002	이마당	C사	2018-05-20	2018-05-26
05006	H-S-003	오두리	A사	2018-05-30	2018-05-25
05007	H-O-002	손오고	무	2018-05-25	2018-05-29
05008	H-O-003	마동식	C사	2018-05-16	2018-05-26
05009	H-D-004	이무이	A사	2018-05-15	2018-05-24
05010	H-D-005	황방수	B사	2018-05-25	2018-05-30
05011	H-S-005	한두리	A사	2018-05-22	2018-05-30
05012	H-P-003	천일성	B사	2018-05-04	2018-05-27
05013	H-P-004	방무기	무	2018-05-06	2018-05-29
05014	H-O-004	지이수	무	2018-05-12	2018-05-28
05015	H-S-004	추시돌	C사	2018-05-11	2018-05-30
05016	H-D-001	김장구	A사	2018-05-25	2018-05-30
05017	H-D-002	이마성	B사	2018-05-21	2018-05-30
05018	H-O-005	박두기	A사	2018-05-25	2018-05-29
05019	H-P-005	변마구	B사	2018-05-20	2018-05-29
05020	H-D-003	송종이	C사	2018-05-22	2018-05-29

출력 형식

〈표 6.3〉   한국 병원 5월 입원 현황

작성자: ○ ○ ○

일련 번호	환자 번호	성명	진료 구분	보험사	입원일	퇴원일	입원일수	입원비	보험청구	본인부담	비고
⋮	⋮	⋮	①	⋮	⋮	⋮	②	③	④	⑤	⑥

처리 조건

① 진료구분 : 환자번호의 세 번째 문자가 S이면 외과, O이면 안과, P이면 소아과, D이면 피부과 아니면 공백("")

② 입원일수 = 퇴원일 − 입원일

③ 입원비 : 입원일 * 입원일수가 30일 이상이면 33000원*0.85 아니면 33000원

④ 보험청구 : 입원비 * 보험사가 A사 이면 0.85, B사 이면 0.8, C사 이면 0.87 아니면 0

⑤ 본인부담 = 입원비 − 보험청구

⑥ 비고 : 입원일이 30일 이상이면 장기입원, 5일 이하이면 단기 입원 아니면 공백("")

요구 사항

① 테두리과 배경색은 〈표 6.3〉의 출력 형식을 참조하여 적용하되 항목명 배경색 : 흰색, 배경 1, 5% 더 어둡게, 데이터 배경색 : 흰색, 배경 1, 부분합과 총합계 배경색 : 흰색, 배경 1, 5% 더 어둡게를 적용한다.

② 1, 2, 3행을 삽입하고 A1셀에 한국 병원 입원 **현황을** 입력한 후 A1:L1 범위를 **병합하고 가운데 맞춤**한다. 병합된 A1셀의 글꼴 크기는 16, 글꼴은 **바탕체, 굵게, 밑줄**을 적용하고, 글꼴 색은 **검정, 텍스트 1, 15% 더 밝게**로 적용한 후 행 **높이를 적절히 조절**하라.

③ K3셀에 **작성자 :** ○ ○ ○으로 작성자의 이름을 입력한다.

④ A1:L3 범위를 선택하고 배경색으로 테마 색의 **흰색, 배경** 1을 적용하라.

⑤ 표에서 항목명과 일련번호, 환자번호, 성명, 보험사 데이터는 **가운데 맞춤**하라.

⑥ 입원일수, 입원비, 보험청구, 본인부담의 숫자 데이터 표시 형식은 **1000단위마다 쉼표 스타일(,)로 적용**하고 열 너비를 적절히 조절하라. 또 입원일, 퇴원일의 날짜 형식은 yy−mm−dd로 설정하라.

⑦ 인쇄 미리 보기의 페이지 설정에서 **확대/축소를 적절한 크기**로 축소하여 설정하고 페이지 **가로 가운데 맞춤**한 후 **머리글** 왼쪽에 시스템 날짜, **바닥글** 오른쪽에 한국 병원을 추가하라.

⑧ 완성된 통합 문서를 작성자의 USB에 5월입원비정산으로 저장하고 아래의 지시 사항대로 처리하라.

지시 사항

① 기본자료[A4:L24]를 이용하여 A23:C24셀에 18-05-01에서 18-05-15일 사이에 입원한 안과 또는 소아과 환자를 검색하는 조건식을 입력하고 A27셀에 검색한 데이터를 표시

② 기본자료[A4:L24]를 이용하여 O5셀에 입원비합계를 입력하고 N4:N5셀에 진료구분이 안과인 자료의 조건을 입력 한 후, P5셀에 DSUM함수를 이용하여 안과의 입원비 합계를 계산

③ O8셀에 청구액합계를 입력하고 N7:N8셀에 보험사가 B사인 자료의 조건을 입력 한 후, P8셀에 DSUM함수를 이용하여 B사의 청구액 합계를 계산

④ O11셀에 환자수를 입력하고 N10:N11셀에 비고가 장기입원인 자료의 조건을 입력 한 후, P11셀에 DCOUNTA함수를 이용하여 장기입원 환자수를 계산

⑤ O14셀에 평균입원일을 입력하고 N13:N14셀에 진료구분이 피부과인 자료의 조건을 입력 한 후, P14셀에 DAVERAGE함수를 이용하여 피부과의 입원일 평균을 계산

⑥ 완성된 통합 문서를 작성자의 USB에 5월입원비정산으로 재저장하라.

6.5 〔데이터베이스 함수〕 필기 연습 문제

1. 아래 시트에서 키(Cm)가 170 이상인 사람의 수를 구하려고 한다. 다음 중 [E7] 셀에 입력할 수식으로 옳지 않은 것은? 13년 1회 기출

	A	B	C	D	E	F
1	번호	이름	키(Cm)	몸무게(Kg)		
2	12001	홍길동	165	67		키(Cm)
3	12002	이대한	171	69		>=170
4	12003	한민국	177	78		
5	12004	이우리	162	80		
6						
7	키가 170Cm 이상인 사람의 수?				2	
8						

① =DCOUNT(A1:D5,2,F2:F3) ② =DCOUNTA(A1:D5,2,F2:F3)

③ =DCOUNT(A1:D5,3,F2:F3) ④ =DCOUNTA(A1:D5,3,F2:F3)

2. 아래 워크시트에서 [D10] 셀에 '서울' 지점 금액의 평균을 계산하는 수식으로 적합하지 않은 것은? 13년 3회 기출

	A	B	C	D
1	지점명	수량	단가	금액
2	서울	100	800	80,000
3	부산	120	750	90,000
4	대구	130	450	58,500
5	대전	140	660	92,400
6	서울	100	990	99,000
7	부산	90	450	40,500
8	광주	140	760	106,400
9				
10	서울지점 금액의 평균			
11				

① =AVERAGEIF(A2:A8,A2,D2:D8)

② =AVERAGE(D2,D6)

③ =DAVERAGE(A1:D8,D1,A2)

④ =SUMIF(A2:A8,A2,D2:D8)/COUNTIF(A2:A8,A2)

CHAPTER 7

VLOOKUP(HLOOKUP) 함수

VLOOKUP(HLOOKUP) 함수 **7.1**

요구 사항의 처리와 머리글/바닥글 추가 **7.2**

차트 작성과 축 서식 변경 **7.3**

연습 문제(1) **7.4**

연습 문제(2) **7.5**

필기 연습 문제 **7.6**

이 장은 작성 중인 표에서 다른 표에 있는 특정 데이터를 가져오거나 이를 사용하여 계산에 이용하고자 할 경우 유용하게 사용할 수 있는 VLOOKUP 함수 또는 HLOOKUP 함수에 대해 학습한다. VLOOKUP(HLOOKUP) 함수는 복잡한 계산을 수행하는 수식을 간단하게 작성할 수 있어 실무 현장에서 매우 유용하다. 예를 들어 다음 〈표 7.1〉의 제품목록 표(테이블)와 〈표 7.2〉의 판매현황 표, VLOOKUP 함수를 이용하여 처리 조건, 출력 형식, 요구 사항으로 표를 완성한다. 다음으로 완성된 표를 이용하여 데이터를 요약한 후 차트를 작성하고 인쇄 미리 보기에서 머리글과 바닥글을 지정한다.

참조 자료

〈표 7.1〉 제품목록

제품코드	제품명	제조회사	규격	단위	판매가	이익율
BTLE042	LED TV	베스트	42	인치	1123000	35%
MTLC055	LCD TV	마운틴	55	인치	1238000	30%
KTLE055	LED TV	케이	55	인치	1486000	30%
BRF650	냉장고	베스트	650	리터	1045000	35%
MRF750	냉장고	마운틴	750	리터	1217000	35%
KRF850	냉장고	케이	850	리터	1379000	30%
BCL10	세탁기	베스트	10	Kg	778000	25%
MCL12	세탁기	마운틴	12	Kg	894000	30%
KCL15	세탁기	케이	15	Kg	889000	25%

기본 자료

〈표 7.2〉

판매월	제품코드	재고량	판매량
10월	BTLE042	22	21
10월	MTLC055	25	12
10월	KTLE055	27	23
10월	BRF650	23	12
10월	MRF750	30	18
10월	KRF850	29	21
10월	BCL10	28	24
10월	MCL12	22	18
10월	KCL15	21	19
11월	BTLE042	26	21
11월	MTLC055	27	23
11월	KTLE055	28	19
11월	BRF650	30	23
11월	MRF750	27	24
11월	KRF850	23	12
11월	BCL10	26	23
11월	MCL12	28	22
11월	KCL15	29	26
12월	BTLE042	31	23
12월	MTLC055	27	19
12월	KTLE055	25	17
12월	BRF650	28	18
12월	MRF750	27	20
12월	KRF850	26	23
12월	BCL10	21	17
12월	MCL12	34	33
12월	KCL15	37	36

다음 따라하기는 VLOOKUP 함수 사용을 위한 참조 자료 〈표 7.1〉과 기본 자료 〈표 7.2〉
를 작성하는 실습이다.

📑 따라하기

▶ **동작 1** 새 통합 문서에서 Sheet1의 이름을 제품목록으로 변경하고 〈표 7.1〉과 아래의 내용을 참조하여 A1:G10 범위에 데이터를 입력한다.

    ⊛ 〈표 7.1〉과 같은 테두리를 적용한 다음 A1:G1 배경색은 흰색, 배경 1, 15% 더 어둡게, A2: G10 배경색은 흰색, 배경 1을 적용하고 판매가는 1000단위 마다 쉼표 스타일을 적용한다.

▶ **동작 2** Sheet2의 이름을 판매내역4분기로 변경하고 기본 자료 〈표 7.2〉와 아래의 내용을 참조하여 데이터를 모두 입력한다.

    ⊛ 테두리 및 배경색을 적용하지 않는다.

7.1 VLOOKUP(HLOOKUP) 함수

VLOOKUP(HLOOKUP) 함수는 참조 표의 데이터 범위 가장 왼쪽 열(가장 위쪽 행)에서 특정 값을 검색해, 같은 행(열)에 있는 값을 찾아내는 함수이다. VLOOKUP에서 V는 Vertical(세로)를 HLOOKUP에서 H는 Horizontal(가로)를 의미하는데 참조 표의 기준이 열이면 VLOOKUP 함수를 사용하고 행이면 HLOOKUP 함수를 사용한다.

VLOOKUP의 구문 형식은 VLOOKUP(검색 값, 참조 표의 데이터 범위, 항목 위치, [논리 값])이다. 이 함수에서 **논리 값**이 0(FALSE)이면 참조 표의 첫 번째 열에서 **정확하게 일치하는 값**을 찾아 원하는 항목의 값을 반환한다. 따라서 참조 표는 정렬되어 있지 않아도 된다. 그러나 이 논리 값이 1(TRUE)이거나 생략되면 정확한 값이나 근사 값을 반환한다. 따라서 반드시 참조 표의 첫 번째 열의 값을 기준으로 오름차순 정렬되어 있어야 한다. HLOOKUP 함수의 구문 형식은 VLOOKUP 함수와 같다.

예를 들어 기본 자료 〈표 7.2〉에서 2013-10에 판매된 제품코드 BTLE042의 제품명을 찾는 방법은 정렬되어 있지 않은 제품목록 〈표 7.1〉에서 제품코드와 정확히 일치하는 데이터를 찾은 후 두 번째 열(제품명)에 있는 LED TV를 찾는다. 이를 요약하여 표현하면 다음과 같고 제조회사, 규격, 단위 등도 같은 방법으로 찾을 수 있다.

① 제품명 : 제품코드로 제품목록 테이블에서 찾음

② 제조회사 : 제품코드로 제품목록 테이블에서 찾음

③ 규격 : 제품코드로 제품목록 테이블에서 찾음

④ 단위 : 제품코드로 제품목록 테이블에서 찾음

또 판매금액은 제품코드로 제품목록에서 찾은 판매가 * 판매량으로 계산하고 부가세는 (판매금액 / 1.1) * 10% 수식으로 계산한다. 이익금액은 (제품코드로 제품목록에서 찾은 이익률 * 판매금액) - 부가세 수식으로 계산하고 **재고율**은 (재고량 - 판매량) / 재고량 수식으로 계산한다. 이를 요약하여 표현하면 다음과 같다.

⑤ 판매금액 : 제품코드로 제품목록 테이블에서 찾은 판매가 * 판매수량

⑥ 부가세 : (판매금액 / 1.1)*10% (소수점이하 절사)

⑦ 이익금액 : (제품코드로 제품목록 테이블에서 찾은 이익률 * 판매금액)-부가세 (1원 단위 절사)

⑧ 재고율 : (재고량 - 판매량) / 재고량

다음 따라하기는 판매내역4분기 표에서 C 열, D 열, E 열, F 열을 삽입하고 VLOOKUP 함수로 제품코드로 제품목록 테이블에서 ① 제품명, ② 제조회사, ③ 규격, ④ 단위를 찾아오는 실습이다.

따라하기

▶ **동작 1**   C, D, E, F 열의 열 머리글을 드래그 하여 범위를 선택하고 홈 리본 메뉴 → 셀 그룹의 삽입 → 시트 열 삽입 한다.

⊙ C, D, E, F 열이 삽입된다.

▶ **동작 2**   C1셀에 제품명을 입력하고 C2셀에 =VLOOKUP(B2, 제품목록!$A$2:$E$18, 2, 0)을 입력한다.

⊙ C1에 제품명이 입력되고 C2셀에 BTLE042의 제품명 LED TV가 반환된다.

VLOOKUP(HLOOKUP) 함수 사용시 주의 사항

=VLOOKUP(B2, 제품목록!$A$2:$E$10, 2, 0)에서 B2는 판매내역4분기의 제품코드이고 제품목록!$A$2:$E$10는 참조 표 제품목록의 범위이다. 2는 제품명이 참조 범위의 두 번째에 위치하고 있음을 나타 낸 것이며, 0은 제품목록이 정렬되어 있지 않으므로 정확히 일치하여 검색하도록 하는 논리 값이다. 주의해야 할 점은 참조 표의 범위에 항목명은 포함시키지 않아야 하며 복사를 위해 범위에 $를 붙여 범위를 고정시켜야 한다.

▶ **동작 3** C2셀의 수식을 C3:C28 범위에 복사한다.

　⊙ 제품목록을 참조하여C2:C28 범위에 제품명이 모두 찾아진다.

▶ **동작 4** 동일한 방법으로 D1셀에 제조회사를 입력하고 D2셀에 제품코드로 제조회사를 찾아오는 VLOOKUP 수식을 입력하고 D3:D28 범위에 복사한다.

　⊙ 제품목록을 참조하여 D2:D28 범위에 제조회사가 모두 찾아진다.

▶ **동작 5** 동일한 방법으로 E1셀에 규격을 입력하고 E2셀에 제품코드로 규격을 찾아오는 VLOOKUP 수식을 입력하고 E3:E28 범위에 복사한다.

　⊙ 제품목록을 참조하여 E2:E28 범위에 규격이 모두 찾아진다.

▶ **동작 6** 동일한 방법으로 F1셀에 단위를 입력하고 F2셀에 제품코드로 단위를 찾아오는 VLOOKUP 수식을 입력하고 F3:F28 범위에 복사한다.

　⊙ 제품목록을 참조하여 F2:F28 범위에 단위가 모두 찾아진다.

다음 따라하기는 I 열, J 열에 ⑤ 판매금액 : 제품코드로 제품목록에서 찾은 판매가 * 판매수량 ⑥ 부가세 : (판매금액 / 1.1) * 10%를 계산(소수점이하 절사)하는 실습이다.

📑 따라하기

▶ **동작 1** I1에 판매금액을 입력하고 I2셀에 제품코드를 이용하여 찾은 판매가 * 판매수량으로 판매금액을 계산하고 I3:I28 범위에 복사한다.

　⊙ I2:I28 범위에 판매금액이 계산된다.

⊙ **동작 2**　J1에 부가세를 입력하고 J2셀에 (판매금액/1.1)*10%로 부가세를 계산(ROUND-
DOWN 함수를 사용하여 소수점이하 절사)하고 J3:J28 범위에 복사한다.

　　⊙ J2:J28 범위에 부가세가 계산된다.

다음 따라하기는 ⑦ 이익금액 : (제품코드로 제품목록에서 찾은 이익률 * 판매금액) - 부가
세 ⑧ 재고율 : (재고량 - 판매량) / 재고량을 계산(백분율 스타일, 소수점이하 1자리까지
표시)하는 실습이다.

따라하기

⊙ **동작 1**　K1에 이익금액을 입력하고 K2셀에 (제품코드로 제품목록에서 찾은 이익률 *
판매수량) - 부가세 수식으로 이익금액을 계산(ROUNDDOWN 함수를 사용
하여 1원 단위 절사)하고 K3:K28 범위에 복사한다.

　　⊙ K2:K28 범위에 이익금액이 계산된다.

⊙ **동작 2**　L1에 재고율를 입력하고 L2셀에 (재고량—판매량)/재고량으로 재고율을 계산
하여 L3:L28 범위에 복사한 후 백분율 스타일을 적용하고 소수점이하 1자리까
지 표시한다.

　　⊙ L2:L28 범위에 재고율이 계산된다.

　　⊙ 계산이 모두 완료된 결과는 〈그림 7.1〉과 같다.

	A	B	C	D	E	F	G	H	I	J	K	L
1	판매년월	제품코드	제품명	제조회사	규격	단위	재고량	판매량	판매금액	부가세	이익금액	재고율
2	10월	BTLE042	LED TV	베스트	42	인치	25	12	13476000	1225090	3491510	52.0%
3	10월	MTLC055	LCD TV	마운틴	55	인치	30	18	22284000	2025818	4659380	40.0%
4	10월	KTLE055	LED TV	케이	55	인치	22	18	26748000	2431636	5592760	18.2%
5	10월	BRF650	냉장고	베스트	650	리터	22	21	21945000	1995000	5685750	4.5%
6	10월	MRF750	냉장고	마운틴	750	리터	23	12	14604000	1327636	3783760	47.8%
7	10월	KRF850	냉장고	케이	850	리터	28	24	33096000	3008727	6920070	14.3%
8	10월	BCL10	세탁기	베스트	10	Kg	27	23	17894000	1626727	2846770	14.8%
9	10월	MCL12	세탁기	마운틴	12	Kg	29	21	18774000	1706727	3923470	27.6%
10	10월	KCL15	세탁기	케이	15	Kg	21	19	16891000	1535545	2687200	9.5%
11	11월	BTLE042	LED TV	베스트	42	인치	27	23	25829000	2348090	6692060	14.8%
12	11월	MTLC055	LCD TV	마운틴	55	인치	27	24	29712000	2701090	6212510	11.1%
13	11월	KTLE055	LED TV	케이	55	인치	28	22	32692000	2972000	6835800	21.4%
14	11월	BRF650	냉장고	베스트	650	리터	26	21	21945000	1995000	5685750	19.2%
15	11월	MRF750	냉장고	마운틴	750	리터	30	23	27991000	2544636	7252210	23.3%
16	11월	KRF850	냉장고	케이	850	리터	26	23	31717000	2883363	6631730	11.5%
17	11월	BCL10	세탁기	베스트	10	Kg	28	19	14782000	1343818	2351680	32.1%
18	11월	MCL12	세탁기	마운틴	12	Kg	23	12	10728000	975272	2243120	47.8%
19	11월	KCL15	세탁기	케이	15	Kg	29	26	23114000	2101272	3677220	10.3%
20	12월	BTLE042	LED TV	베스트	42	인치	27	19	21337000	1939727	5528220	29.6%
21	12월	MTLC055	LCD TV	마운틴	55	인치	27	20	24760000	2250909	5177090	25.9%
22	12월	KTLE055	LED TV	케이	55	인치	34	33	49038000	4458000	10253400	2.9%
23	12월	BRF650	냉장고	베스트	650	리터	31	23	24035000	2185000	6227250	25.8%
24	12월	MRF750	냉장고	마운틴	750	리터	28	18	21906000	1991454	5675640	35.7%
25	12월	KRF850	냉장고	케이	850	리터	21	17	23443000	2131181	4901710	19.0%
26	12월	BCL10	세탁기	베스트	10	Kg	25	17	13226000	1202363	2104130	32.0%
27	12월	MCL12	세탁기	마운틴	12	Kg	26	23	20562000	1869272	4299320	11.5%
28	12월	KCL15	세탁기	케이	15	Kg	37	36	32004000	2909454	5091540	2.7%
29												

〈그림 7.1〉

계산이 완료된 결과 값이 다를 경우

계산을 완료한 결과 값이 〈그림 7.1〉과 다르다면 (1) 제품목록 시트와 〈표 7.1〉의 데이터가 같은지 비교한다. (2) 판매내역4분기 시트와 〈표 7.2〉의 데이터가 같은지 비교한다. (3) 판매내역4분기 시트의 수식이 정확한지를 살핀다. 만약 데이터가 잘못 입력되었다면 해당 데이터를 수정하고, 수식 입력이 잘못되었다면 수식을 수정하고 복사한다.

7.2 요구 사항의 처리와 머리글/바닥글 추가

7.2.1 출력 형식과 요구 사항의 처리

계산이 완료된 〈그림 7.1〉을 이용하여 〈표 7.3〉과 같은 출력 형식으로 표를 완성하려면 먼저 제조회사를 기준으로 데이터를 정렬한 후 제조회사별로 판매금액, 부가세, 이익금액의 부분합을 계산해야 한다. 부분합 계산을 위한 처리 조건, 테두리 적용 및 셀 서식 지정 등으로 표 완성을 위한 요구 사항 및 출력 형식은 다음과 같다.

혼 자 해 보 기

지시 1 다음의 **처리 조건**과 **요구 사항** 및 **출력 형식**에 따라 표를 완성하라(※ 완성된 표는 〈그림 7.2〉와 같다).

처리 조건

⑨, ⑩ **부분합 계산과 총합계 계산** : 제조회사별 판매금액, 부가세, 이익금액의 부분합 및 총합계를 계산한다(정렬기준은 제조회사에 따라 오름차순 정렬하되 동일 제조회사에서는 제품코드로 오름차순으로 정렬한다)

요구 사항

① 테두리과 배경색은 〈표 7.3〉의 출력 형식을 참조하여 적용하되 **항목명 배경색 : 흰색, 배경 1, 5% 더 어둡게, 데이터 배경색 : 흰색, 배경 1, 부분합과 총합계 배경색 : 흰색, 배경 1, 5% 더 어둡게**를 적용한다.

② 1, 2, 3행을 삽입하고 A1셀에 **(주)코리아 랜드 가전 매출 이익/부가세 산출(4분기)**를 입력한 후 A1:L1 범위를 **병합하고 가운데 맞춤**한다. 병합된 A1셀의 글꼴 크기는 16, 글꼴은 굴림체, **굵게, 밑줄**을 적용하고, 글꼴 색은 **검정, 텍스트 1, 15% 더 밝게**로 적용한 후 **행 높이를 적절히 조절**하라.

③ K3셀에 **작성자 : ○○○**으로 작성자의 이름을 입력한다.

④ A1:L3 범위를 선택하고 배경색으로 테마 색의 **흰색, 배경 1**을 적용하라.

⑤ 표에서 항목명과 판매년월 데이터는 **가운데 맞춤**하라.

⑥ 판매금액, 부가세, 이익금액의 숫자 데이터의 표시 형식은 1000단위마다 **쉼표 스타일**(,)로 적용하고 #이 표시되지 않도록 열 너비를 적절히 조절하라.

⑦ 인쇄 미리 보기의 페이지 설정에서 **확대/축소를 72%**로 설정하고 페이지 **가로 가운데 맞춤**하라.

⑧ 완성된 통합 문서를 작성자의 USB에 **매출및부가세산출**로 저장하라.

출력 형식

〈표 7.3〉　　　**(주)코리아 랜드 가전 매출 이익/부가세 산출(4분기)**

작성자 : ○○○

판매월	제품코드	제품명	제조회사	규격	단위	재고량	판매량	판매금액	부가세	이익금액	실적율
⋮	⋮	①	②	③	④	⋮	⋮	⑤	⑥	⑦	⑧
마운틴 요약						╳	╳	⑨	⑨	⑨	╳
⋮	⋮	①	②	③	④	⋮	⋮	⑤	⑥	⑦	⑧
베스트 요약						╳	╳	⑨	⑨	⑨	╳
총합계						╳	╳	⑩	⑩	⑩	╳

판매년월	제품코드	제품명	제조회사	규격	단위	재고량	판매량	판매금액	부가세	이익금액	재고율
10월	MCL12	세탁기	마운틴	12	Kg	29	21	18,774,000	1,706,727	3,925,470	27.6%
11월	MCL12	세탁기	마운틴	12	Kg	23	12	10,726,000	975,272	2,243,120	47.8%
12월	MCL12	세탁기	마운틴	12	Kg	26	23	20,562,000	1,869,272	4,299,320	11.5%
10월	MRF750	냉장고	마운틴	750	리타	23	12	14,604,000	1,327,636	3,783,760	47.8%
11월	MRF750	냉장고	마운틴	750	리타	30	23	27,991,000	2,544,636	7,252,210	23.3%
12월	MRF750	냉장고	마운틴	750	리타	28	18	21,906,000	1,991,454	5,675,640	35.7%
10월	MTLC055	LCD TV	마운틴	55	인치	30	18	22,284,000	2,025,818	4,659,380	40.0%
11월	MTLC055	LCD TV	마운틴	55	인치	27	24	29,712,000	2,701,090	6,212,510	11.1%
12월	MTLC055	LCD TV	마운틴	55	인치	27	20	24,780,000	2,250,909	5,177,090	25.9%
마운틴 요약								191,321,000	17,392,814	43,228,500	
10월	BCL10	세탁기	베스트	10	Kg	27	23	17,894,000	1,626,727	2,846,770	14.8%
11월	BCL10	세탁기	베스트	10	Kg	28	19	14,782,000	1,343,818	2,351,680	32.1%
12월	BCL10	세탁기	베스트	10	Kg	25	17	13,226,000	1,202,363	2,104,130	32.0%
10월	BRF650	냉장고	베스트	650	리타	22	21	21,945,000	1,995,000	5,685,750	4.5%
11월	BRF650	냉장고	베스트	650	리타	26	21	21,945,000	1,995,000	5,685,750	19.2%
12월	BRF650	냉장고	베스트	650	리타	31	23	24,035,000	2,185,000	6,227,250	25.8%
10월	BTLE042	LED TV	베스트	42	인치	25	12	13,476,000	1,225,090	3,491,510	52.0%
11월	BTLE042	LED TV	베스트	42	인치	27	23	25,828,000	2,348,090	6,692,060	14.8%
12월	BTLE042	LED TV	베스트	42	인치	27	19	21,337,000	1,939,727	5,528,220	29.6%
베스트 요약								174,468,000	15,860,815	42,613,120	
10월	KCL15	세탁기	케어	15	Kg	21	19	16,891,000	1,535,545	2,687,200	9.5%
11월	KCL15	세탁기	케어	15	Kg	29	26	23,114,000	2,101,272	3,677,220	10.3%
12월	KCL15	세탁기	케어	15	Kg	37	36	32,004,000	2,909,454	5,091,540	2.7%
10월	KRF850	냉장고	케어	850	리타	28	24	33,096,000	3,008,727	6,920,070	14.3%
11월	KRF850	냉장고	케어	850	리타	26	23	31,717,000	2,883,363	6,631,730	11.5%
12월	KRF850	냉장고	케어	850	리타	21	17	23,443,000	2,131,181	4,901,710	19.0%
10월	KTLE055	LED TV	케어	55	인치	22	18	26,748,000	2,431,636	5,592,760	18.2%
11월	KTLE055	LED TV	케어	55	인치	28	22	32,692,000	2,972,000	6,835,600	21.4%
12월	KTLE055	LED TV	케어	55	인치	34	33	49,038,000	4,458,000	10,253,400	2.9%
케어 요약								268,743,000	24,431,178	52,591,230	
종합계								634,533,000	57,684,807	136,432,850	

(주)코리아 랜드 가전 매출 이익/부가세 산출(4분기)

작성자 : 홍길동

〈그림 7.2〉

7.2.2 머리글 및 바닥글 추가

실무에서는 문서에 머리글 및 바닥글을 추가하여 문서와 관련된 추가 정보가 인쇄되도록 할 필요가 있다. 예를 들어 완성된 표 〈7.2〉를 인쇄할 때 용지 위쪽의 오른쪽 머리글 부분에 인쇄한 날짜가 자동으로 인쇄되고 용지 아래쪽의 왼쪽 바닥글 부분에 (주) 코리아 랜드가 표시되어 인쇄되도록 할 수 있다.

다음 따라하기는 인쇄 미리 보기에서 머리글 오른쪽에 날짜를 추가하고 바닥글 왼쪽에 (주)코리아 랜드가 표시되도록 하는 실습이다.

⬛ 따라하기

⊙ **동작 1**   인쇄 미리 보기에서 페이지 설정 → 머리글/바닥글 → 머리글 편집을 차례로
클릭한다.

     ⊙ 〈그림 7.3〉과 같이 머리글을 편집할 수 있는 대화 상자가 열린다.

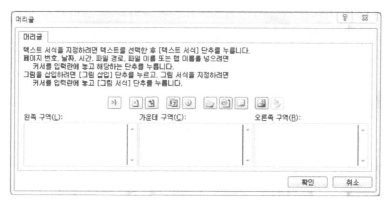

〈그림 7.3〉

⊙ **동작 2**   머리글의 오른쪽 구역을 클릭하고 날짜 삽입(🔳)을 클릭한 후 확인 버튼을
클릭한다.

     ⊙ 페이지 설정 대화 상자의 머리글 입력 상자와 머리글 영역에 시스템 날짜가 표
시된다.

⊙ **동작 3**   바닥글 편집을 클릭하여 열린 창의 바닥글 왼쪽 구역에 (주)코리아 랜드를
추가하고 확인 버튼을 클릭한다.

     ⊙ 바닥글 입력 상자와 바닥글 영역에 (주)코리아 랜드가 표시된다.

⊙ **동작 4**   확인 버튼을 클릭한다.

     ⊙ 미리 보기 용지의 머리글 오른쪽 구역에 시스템 날짜가 표시되고 바닥글 왼쪽
구역에 (주)코리아 랜드가 표시된다.

7.3 차트 작성과 축 서식 변경

7.3.1 부분합 요약과 차트 작성

부분합과 요구 사항이 모두 반영되어 처리된 표 〈그림 7.2〉를 이용하여 부분합을 요약하여 이를 이용해 차트를 작성한다. 차트는 부분합 요약의 행 표시 여부에 관계없이 차트의 모양이 변하지 않도록 제조회사별 요약과 이익금액으로 차트를 작성한다.

혼 자 해 보 기

지시 1 다음의 **차트 작성** 처리 조건으로 차트를 완성하라(※ 차트와 표는 〈그림 7.4〉와 같다).

차트 작성

※ 부분합을 요약하여 **제조회사별 요약**과 **이익금액**으로 다음 요구 조건에 따라 2차원 묶은 막대형 차트를 작성하라(부분합 요약의 행 표시 여부에 관계없이 표가 변형되지 않도록 한다).

① 제목 : **(주)코리아 랜드 회사별 매출 이익 비교(4분기)**를 입력하고 글꼴 굴림체, 글꼴 색 파랑색, 글꼴 크기 18, 진하게, 밑줄을 적용한다.

② 가로 축 제목 : 제조회사

③ 세로 축 제목(세로 제목) : 금액

④ 케이 막대 위에 데이터 레이블 값 표시

⑤ 차트 테두리 스타일 : 모서리 둥글게, 그림자를 **오프셋 대각선 오른쪽 아래**로 적용

⑥ 차트를 부분합 요약 표 아래에 위치시켜 차트의 가로 크기가 표와 동일한 크기가 되도록 차트의 크기를 적절히 조절하라.

⑦ 차트의 종류를 3차원 묶은 막대형으로 변경하여 직각으로 축 고정하라.

⑧ 완성된 통합 문서를 작성자의 USB에 **매출및부가세산출**로 재저장하라.

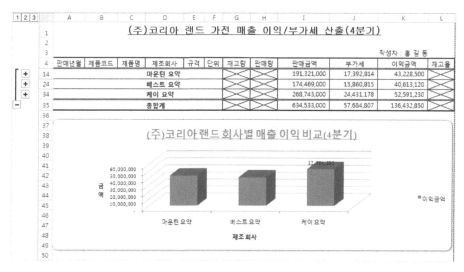

〈그림 7.4〉

7.3.2 축 서식의 표시 단위 변경

세로 축 값의 단위를 변경하면 세로 축 값을 간단하게 표시할 수 있다. 예를 들어 〈그림 7.4〉에서 원 단위로 되어 있는 세로 축 값 60,000,000을 천 단위로 나타내면 60,000으로 표시하고, 만 단위로 표시하면 6,000으로 표시할 수 있다.

다음 따라하기는 세로 축 값을 천 단위로 표시하고, 표시 단위의 레이블을 표시하는 실습이다.

📑 따라하기

▶ **동작 1**　차트의 세로 축 숫자에서 우측 버튼을 클릭한다.

　　▶ 〈그림 7.5〉와 같은 축 서식 대화 상자가 열린다.

💡 축 서식 대화 상자를 여는 다른 방법

세로 축 선택 → 레이아웃 리본 멘뉴 → 축 → 기본 세로 축 → 기타 기본 세로 축 옵션을 차례로 클릭한다.

〈그림 7.5〉

▶ **동작 2** 축 서식 창의 축 옵션에서 표시 단위 우측의 아래쪽 방향 화살표를 클릭하고
천을 선택한 후 차트에 단위 레이블 표시를 체크한다.

⊙ 세로 축 값 원 단위의 숫자 60,000,000이 60,000,으로 변경되고 단위 레이
블 천이 과 같은 방향으로 표시된다.

▶ **동작 3** 표시 단위 레이블 에서 우측 버튼을 클릭한 후 표시 단위 서식을 클릭하
고 맞춤을 클릭한다.

⊙ 〈그림 7.6〉과 같은 표시 단위 레이블 서식의 맞춤 대화 상자가 열린다.

〈그림 7.6〉

◉ **동작 4** 텍스트 방향의 아래쪽 방향 화살표를 클릭하고 세로를 선택한 후 닫기 버튼
을 클릭한다.

⊚ 〈그림 7.7〉과 같이 차트의 세로 축 값이 60,000,000에서 60,000으로 표시
되고 천 단위 표시 레이블이 표시된다.

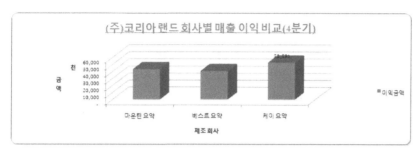

〈그림 7.7〉

7.4 연습 문제(1)

새 통합 문서에서 Sheet1의 이름을 **호봉**으로 변경하고 〈표 7.4〉의 호봉 표를 작성한다. Sheet2의 이름을 **급여대장9월**로 변경하고 인사자료를 입력하여 기본 자료 표를 작성한다. 호봉 표와 기본 자료 표를 이용하여 **처리 조건**, 〈표 7.5〉의 **출력 형식**과 **요구사항**을 참조하여 급여대장9월을 완성하라. 또 완성된 급여대장9월 표를 요약하여 차트 요구 사항에 따라 **부서별 근속수당**, **상여수당**을 비교하는 **차트**를 작성하라.

 호봉 테이블의 호봉 열 값이 정렬되어 있을 때

참조 테이블 호봉이 오름차순 정렬되어 있으므로 정확한 일치 여부를 결정하는 논리 값은 1을 입력하거나 생략할 수 있다. 이 경우 정확히 일치하는 값이 없으면 근사 값에 따라 해당 항목의 값을 찾으므로 구간에 따른 값을 찾을 때 유용하게 사용할 수 있다.

참조 자료

〈표 7.4〉 호봉

호봉	기본급	근속수당	상여수당	세율
1	1027000	215000	398000	2.0%
2	1181000	246000	310000	2.5%
3	1212000	257000	327000	2.7%
4	1343000	294000	335000	2.7%
5	1489000	312000	347000	2.9%
6	1523000	356000	355000	2.9%
7	1687000	397000	376000	3.1%
8	1712000	428000	489000	3.4%
9	1854000	462000	410000	3.4%
10	2092000	452000	431000	3.5%

기본 자료

〈표 7.5〉 인사자료

사번	성명	부서	호봉
K200201	김동자	인사과	7
K200202	이두기	영업과	6
K200203	장두기	경리과	3
K200204	고무식	총무과	1
K200205	김무리	기획과	2
K200206	박문수	인사과	4
K200207	성춘돌	인사과	5
K200208	이모리	영업과	8
K200209	아라이	영업과	9
K200210	이두리	경리과	10
K200211	조태식	총무과	9
K200212	최동국	기획과	8
K200213	최수리	경리과	7
K200214	이동기	총무과	6
K200215	강무리	기획과	5
K200216	박동석	인사과	8
K200217	이동구	영업과	4
K200218	김말려	경리과	5
K200219	기사려	총무과	6
K200220	오봉수	기획과	7
K200221	이병기	인사과	7
K200222	이봉군	영업과	9
K200223	장봉구	경리과	10
K200224	이돌식	총무과	10
K200225	박판팔	기획과	1

출력 형식

〈표 7.6〉 **(주)한국그룹 급여 산출대장(9월분)**

작성자 : ○ ○ ○

사번	성명	부서명	호봉	기본급	근속수당	상여수당	급여	세금	지급액
⋮	⋮	⋮	⋮	①	②	③	④	⑤	⑥
부서별 요약				⑦	⑦	⑦	⑦	⑦	⑦
⋮	⋮	⋮	⋮	①	②	③	④	⑤	⑥
부서별 요약				⑦	⑦	⑦	⑦	⑦	⑦
총합계				⑧	⑧	⑧	⑧	⑧	⑧

처리 조건

① 기본급 : 호봉으로 호봉 테이블에서 찾음

② 근속수당 : 호봉으로 호봉 테이블에서 찾음

③ 상여수당 : 호봉으로 호봉 테이블에서 찾음

④ 급여 = 기본급 + 근속수당 + 상여수당

⑤ 세금 = 호봉으로 호봉 테이블에서 찾은 세율 * 급여

⑥ 지급액 = 급여 − 세금 (1원 단위 절사)

⑦, ⑧ 부분합 계산 : 부서별로 기본급, 근속수당, 상여수당, 급여, 세금, 지급의 부분합 합계 계산

※ 정렬은 부서에 따라 기획과, 총무과, 인사과, 영업과, 경리과 순으로 사용자 지정 목록으로 정렬하되 동일 구분에서는 성명 오름차순으로 정렬

요구 사항

① 테두리과 배경색은 〈표 7.6〉의 출력 형식을 참조하여 적용하되 **항목명 배경색 : 흰색, 배경 1, 5% 더 어둡게, 데이터 배경색 : 흰색, 배경 1, 부분합과 총합계 배경색 : 흰색, 배경 1, 5% 더 어둡게**를 적용한다.

② 1, 2, 3행을 삽입하고 A1셀에 **(주)한국그룹 급여 산출대장(9월분)**를 입력한 후 A1:J1 범위를 **병합하고 가운데 맞춤**한다. 병합된 A1셀의 글꼴 크기는 16, 글꼴은 **바탕체, 굵게, 밑줄**을 적용하고, 글꼴 색은 **검정, 텍스트 1, 15% 더 밝게**로 적용한 후 행 높이를 적절히 조절하라.

③ I3셀에 **작성자 : ○ ○ ○**으로 작성자의 이름을 입력한다.

④ A1:J3 범위를 선택하고 배경색으로 테마 색의 **흰색, 배경 1**을 적용하라.

⑤ 표에서 항목명과 사번, 성명 데이터는 **가운데 맞춤**하라.

⑥ 기본급, 근속수당, 상여수당, 급여, 세금, 지급액의 숫자 데이터의 표시 형식은 1000 **단위마다 쉼표 스타일(,)**로 적용하고 열 너비를 적절히 조절하라.

⑦ 인쇄 미리 보기의 페이지 설정에서 **확대/축소**를 85%로 설정하고 페이지 **가로 가운데 맞춤**한 후 **머리글 왼쪽**에 시스템 날짜, **바닥글 오른쪽**에 (주)한국그룹을 추가하라.

⑧ 완성된 통합 문서를 작성자의 USB에 **급여대장9월**로 저장하고 아래의 차트 작성 조건으로 차트를 작성하라.

차트 작성

※ 부분합을 요약하여 **부서별 요약과 근속수당, 상여수당**으로 다음 요구 조건에 따라 2차 원 묶은 막대형 차트를 작성하라(부분합 요약의 행 표시 여부에 관계없이 표가 변형되지 않도록 한다).

① 제목 : **부서별 근속수당 및 상여수당 비교(9월)**를 입력하고 글꼴 굴림체, 글꼴 색 빨강색, 글꼴 크기 16, 진하게, 밑줄을 적용한다.

② 가로 축 제목 : 부서

③ 세로 축 단위 레이블 표시 : **천** 단위 레이블 표시(세로)

④ 총무과 근속수당 막대 위에 데이터 레이블 값 표시

⑤ 차트 테두리 스타일 : 모서리 둥글게, 그림자를 **오프셋 대각선 오른쪽 아래**로 적용

⑥ 차트를 부분합 요약 표 아래에 위치시켜 차트의 가로 크기가 표와 동일한 크기가 되도록 차트의 크기를 적절히 조절하라.

⑦ 차트의 종류를 3차원 묶은 막대형으로 변경하여 직각으로 축 고정하라.

⑧ 완성된 통합 문서를 작성자의 USB에 **급여대장9월**로 재저장하라.

※ 완성된 부분합 요약 표와 차트는 〈그림 7.8〉과 같다.

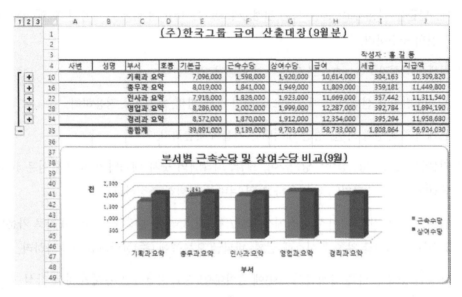

〈그림 7.8〉

7.5 연습 문제(2)

새 통합 문서에서 **Sheet1**의 이름을 보험료조견표로 변경하고 〈표 7.6〉의 나이와 나이별 보험료를 입력하여 표를 작성한다. **Sheet2**의 이름을 보험료납입자료로 변경하고 〈표 7.7〉의 고객별 보험 가입나이 및 납입횟수 등의 자료를 입력하여 기본 자료 표를 작성한다. 작성된 보험료조견표와 보험료납입자료를 이용하여 **처리 조건**, 〈표 7.8〉의 **출력 형식**과 **요구사항**을 참조하여 보험료납입환급현황 표를 완성하라. 또 완성된 보험료납입환급현황 표를 요약하여 차트 요구 사항에 따라 지역별, 납입금액, 미납금액**을 비교하는 차트**를 작성하라.

참조 자료

〈표 7.6〉 보험료조견표

나이	1회보험료	만기환급(%)	세율(%)
0	12500	15.1%	0%
5	12800	14.5%	0%
10	18500	13.9%	3%
15	22900	12.8%	3%
20	25400	11.2%	5%
25	34600	10.4%	5%
30	43500	8.3%	7%
35	47900	6.2%	7%
40	52500	4.3%	7%
45	56700	3.1%	7%
50	61300	2.5%	7%
55	68400	0.0%	0%
60	74600	0.0%	0%
65	79800	0.0%	0%
70	84500	0.0%	0%

기본 자료

〈표 7.7〉 보험료납입자료

고객번호	성명	지역	가입나이	납입횟수	미납횟수
E06A001	나이롱	서울특별시	12	225	0
E06A002	김보험	부산광역시	5	226	0
E06A003	진정모	부산광역시	3	125	5
E06A004	모두리	경상남도	1	245	4
E06A005	마상국	경기도	4	278	6
E06A006	이미정	서울특별시	17	201	5
E06A007	사오영	서울특별시	25	114	0
E06A008	손무기	부산광역시	36	164	0
E06A009	발무기	경상남도	58	88	7
E06A010	오두령	경기도	36	136	0
E06A011	박미우	부산광역시	9	198	0
E06A012	우선수	서울특별시	46	88	4
E06A013	이도수	부산광역시	64	31	3
E06A014	공선미	경기도	60	76	5
E06A015	정다리	경기도	15	208	0
E06A016	장도리	경상남도	44	68	0
E06A017	이동구	서울특별시	23	59	4
E06A018	정영출	경상남도	18	196	0
E06A019	변주수	경기도	8	248	0
E06A020	막가네	경기도	19	154	6
E06A021	잘하네	서울특별시	18	132	5
E06A022	변수창	경기도	62	65	1
E06A023	최무율	부산광역시	65	75	0
E06A024	나가성	경상남도	50	50	0
E06A025	이말례	경상남도	49	82	6

출력 자료

〈표 7.8〉　　　　　　**(주)대운보험 보험료 납입 및 예상환급 현황**

작성자: ○ ○ ○

고객 번호	지역	성명	가입 나이	보험료	납입 횟수	미납 횟수	납입금액	미납금액	예상환급액	세액	비고
⋮	⋮	⋮	⋮	①	⋮	⋮	②	③	④	⑤	⑥
지역별 요약				✕	✕	✕	⑦	⑦	⑦	⑦	✕
⋮	⋮	⋮	⋮	①	⋮	⋮	②	③	④	⑤	⑥
지역별 요약				✕	✕	✕	⑦	⑦	⑦	⑦	✕
총합계				✕	✕	✕	⑧	⑧	⑧	⑧	✕

처리 자료

① 보험료 : 나이로 보험료조견표 테이블에서 찾음

② 납입금액 = 보험료 * 납입횟수

③ 미납금액 = 보험료 * 미납횟수

④ 예상환급액 = 납입금액 * 나이로 보험료조견표 테이블에서 만기환급율을 찾음(1원 단위 반올림)

⑤ 세액 = 예상환급액 * 나이로 보험료조견표 테이블에서 세율을 찾음(1원 단위 절사)

⑥ 비고 = 미납횟수가 0보다 크면 미납있음 아니면 공백("")

⑦, ⑧ 부분합 계산 : 지역별로 납입금액, 미납금액, 예상환급액, 세액의 부분합 합계 계산

※ 정렬은 지역에 따라 서울특별시, 경기도, 부산광역시, 경상남도 순으로 사용자 지정 목록으로 정렬하되 동일 구분에서는 성명 오름차순으로 정렬

요구 사항

① **테두리과 배경색은** 〈표 7.8〉의 출력 형식을 참조하여 적용하되 **항목명 배경색 : 흰색, 배경 1, 5% 더 어둡게, 데이터 배경색 : 흰색, 배경 1, 부분합과 총합계 배경색 : 흰색, 배경 1, 5% 더 어둡게를** 적용한다.

② 1, 2, 3행을 삽입하고 A1셀에 (주)대운보험 보험료 납입 및 예상환급 현황를 입력한 후 A1:L1 범위를 병합하고 가운데 맞춤한다. 병합된 A1셀의 글꼴 크기는 16, 글꼴은 바탕체, 굵게, 밑줄을 적용하고, 글꼴 색은 검정, 텍스트 1, 15% 더 밝게로 적용한 후 행 높이를 적절히 조절하라.

③ K3셀에 작성자 : ○○○으로 작성자의 이름을 입력한다.

④ A1:L3 범위를 선택하고 배경색으로 테마 색의 흰색, 배경 1을 적용하라.

⑤ 표에서 항목명과 고객번호, 성명 데이터는 가운데 맞춤하라.

⑥ 보험료, 납입횟수, 미납횟수, 납입금액, 미납금액, 예상환급액, 세액의 숫자 데이터 표시 형식은 1000단위마다 쉼표 스타일(,)로 적용하고 열 너비를 적절히 조절하라.

⑦ 인쇄 미리 보기의 페이지 설정에서 확대/축소를 적절한 크기로 축소하여 설정하고 페이지 가로 가운데 맞춤한 후 머리글 왼쪽에 시스템 날짜, 바닥글 오른쪽에 (주)대운보험을 추가하라.

⑧ 완성된 통합 문서를 작성자의 USB에 대운보험예상환급현황으로 저장하고 아래의 차트 작성 조건으로 차트를 작성하라.

차트 작성

※ 부분합을 요약하여 지역별로 납입금액, 예상환급금으로 다음 요구 조건에 따라 2차원 묶은 막대형 차트를 작성하라(부분합 요약의 행 표시 여부에 관계없이 표가 변형되지 않도록 한다).

① 제목 : 지역별 보험료 및 예상환급금 비교를 입력하고 글꼴 굴림체, 글꼴 색 지글꼴 크기 16, 진하게, 밑줄을 적용한다.

② 가로 축 제목 : 지역

③ 세로 축 단위 레이블 표시 : 천 단위 레이블 표시(세로)

④ 부산광역시 예상환급금 막대 위에 데이터 레이블 값 표시

⑤ 차트 테두리 스타일 : 모서리 둥글게, 그림자를 오프셋 대각선 오른쪽 아래로 적용

⑥ 차트를 부분합 요약 표 아래에 위치시켜 차트의 가로 크기가 표와 동일한 크기가 되도록 차트의 크기를 적절히 조절하라.

⑦ 차트의 종류를 3차원 묶은 막대형으로 변경하여 직각으로 축 고정하라.

⑧ 완성된 통합 문서를 작성자의 USB에 대운보험예상환급현황으로 재저장하라.

7.6 필기 연습 문제

1. 아래 워크시트에서 [B2:D6] 영역을 참조하여 [C8] 셀에 표시된 바코드에 대한 단가를 [C9] 셀에 표시하였다. 다음 중 [C9] 셀의 수식으로 옳은 것은? 14년 2회 기출

	A	B	C	D
1		바코드	상품명	단가
2		351	CD	1,000
3		352	칫솔	1,500
4		353	치약	2,500
5		354	종이컵	800
6		355	케이스	1,100
7				
8		바코드	352	
9		단가	1,500	

① =VLOOKUP(C8,$B$2:$D$6,3,0)

② =HLOOKUP(C8,$B$2:$D$6,3,0)

③ =VLOOKUP($B$1:$D$6,C8,3,1)

④ =HLOOKUP($B$1:$D$6,C8,3,1)

2. 다음 중 아래의 수식을 [A7] 셀에 입력한 경우 표시되는 결과 값으로 옳은 것은? 14년 3회 기출

=IFERROR(VLOOKUP(A6,$A$1:$B$4,2),"입력오류")

	A	B
1	0	미흡
2	10	분발
3	20	적정
4	30	우수
5		
6	-5	
7		

① 미흡   ② 분발

③ 입력오류   ④ #N/A

3. 다음 중 아래 그림에서 [E2] 셀의 함수식이 =CHOOSE(RANK(D2,$D$2:$D$5),"대상","금상","은상","동상")일 때, 결과 값으로 옳은 것은? 14년 1회 기출

	A	B	C	D	E
1	설명	이론	실기	합계	순위
2	갈나래	47	45	92	
3	이석주	38	47	85	
4	박멸권	46	48	94	
5	장영주	49	48	97	

① 대상　　　　　　　　　　② 금상
③ 은상　　　　　　　　　　④ 동상

4. 다음 중 아래 시트에서 [A7] 셀에 수식 =$A$1+$A2를 입력한 후 [A7] 셀을 복사하여 [C8] 셀에 붙여넣기 했을 때, [C8] 셀에 표시되는 결과로 옳은 것은? 14년 1회 기출

	A	B	C
1	1	2	3
2	2	4	6
3	3	6	9
4	4	8	12
5	5	10	15
6			
7			
8			

① 3　　　　　　　　　　② 4
③ 7　　　　　　　　　　④ 10

5. 다음 중 데이터 통합에 관한 설명으로 옳지 않은 것은? 14년 1회 기출

① 데이터 통합은 위치를 기준으로 통합할 수도 있고, 영역의 이름을 정의하여 통합할 수도 있다.

② '원본 데이터에 연결'기능은 통합 할 데이터가 있는 워크시트와 통합 결과가 작성될 워크시트가 같은 통합문서에 있는 경우에만 적용할 수 있다.

③ 다른 원본 영역의 레이블과 일치하지 않는 레이블이 있는 경우에 통합하면 별도의 행이나 열이 만들어 진다.

④ 여러 시트에 있는 데이터나 다른 통합 문서에 입력되어 있는 데이터를 통합할 수 있다.

6. 다음 중 아래의 워크시트에서 '박지성'의 결석 값을 찾기 위한 함수식은? 2017년1회

	A	B	C	D
1		성적표		
2	이름	중간	기말	결석
3	김남일	86	90	4
4	이천수	70	80	2
5	박지성	95	85	5

① =VLOOKUP("박지성", $A$3:$D$5, 4, 1)

② =VLOOKUP("박지성", $A$3:$D$5, 4, 0)

③ =HLOOKUP("박지성", $A$3:$D$5, 4, 0)

④ =HLOOKUP("박지성", $A$3:$D$5, 4, 1)

7. 다음 중 아래 워크시트에서 [D4] 셀에 입력한 수식의 실행 결과로 옳은 것은? (단, [D4] 셀에 설정되어 있는 표시형식은 '날짜'임) 2016년 2회

	SUM	▾ × ✓ fx	=EOMONTH(D2,1)	
	A	B	C	D	E
1	사원번호	성명	직함	생년월일	
2	101	구민정	영업과장	1980-12-08	
3					
4				=EOMONTH(D2,1)	

① 1980-11-30　　　　　　　② 1980-11-08

③ 1981-01-31　　　　　　　④ 1981-01-08

8. 아래 워크시트에서 [A2:B6] 영역을 선택한 후 그림과 같이 중복된 항목을 제거하였다. 다음 중 유지되는 행의 개수로 옳은 것은? 2016년 3회

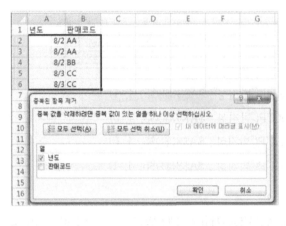

① 1   ② 2

③ 3   ④ 4

9. 다음 중 정렬 기능에 대한 설명으로 옳지 않은 것은? 2016년 3회

① 머리글의 값이 정렬 작업에 포함되거나 제외되도록 설정할 수 있다.

② 날짜가 입력된 필드의 정렬에서 내림차순을 선택하면 이전 날짜에서 최근 날짜 순서로 정렬할 수 있다.

③ 사용자 지정 목록을 사용하여 사용자가 정의한 순서대로 정렬할 수 있다.

④ 셀 범위나 표 열의 서식을 직접 또는 조건부 서식으로 설정한 경우 셀 색 또는 글꼴 색을 기준으로 정렬할 수 있다.

10. 다음 중 데이터 관리 기능인 자동 필터에 대한 설명으로 옳지 않은 것은? 2016년 2회

① 필터는 데이터 목록에서 설정된 조건에 맞는 데이터만을 추출하여 나타내기 위한 기능으로 워크시트의 다른 영역으로 결과 테이블을 자동 생성할 수 있다.

② 두 개 이상의 필드(열)로 필터링 할 수 있으며, 필터는 누적 적용되므로 추가하는 각 필터는 현재 필터 위에 적용된다.

③ 필터는 필요한 데이터 추출을 위해 조건을 만족하지 않는 데이터를 잠시 숨기는 것이므로 목록 자체의 내용은 변경되지 않는다.

④ 자동 필터를 사용하여 추출한 데이터는 레코드(행) 단위로 표시된다.

11. 다음 중 정렬에 관한 설명으로 옳지 않은 것은? 2015년 3회

① 특정 글꼴 색이 적용된 셀을 포함한 행이 위에 표시되도록 정렬할 수 있다.

② 사용자 지정 목록을 사용하여 사용자가 정의한 순서대로 정렬할 수 있다.

③ 최대 64개의 열을 기준으로 정렬할 수 있다.

④ 위쪽에서 아래쪽으로 정렬 시 숨겨진 행도 포함하여 정렬할 수 있다.

12. 다음 중 고급 필터를 이용하여 전기세가 '3만원 이하'이거나 가스비가 '2만원 이하'인 데이터 행을 추출하기 위한 조건으로 옳은 것은? 2016년 1회

①

전기세	가스비
< = 30000	< = 20000

②

전기세	가스비
< = 30000	
	< = 20000

③

전기세	< = 30000
가스비	< = 20000

④

전기세	< = 30000	
가스비		< = 20000

13. 다음 중 아래 워크시트의 [A1:E9] 영역에서 고급 필터를 실행하여 영어 점수가 영어 평균 점수를 초과하거나 성명의 두 번째 문자가 '영'인 데이터를 추출하고자 할 때, 조건으로 ㉮와 ㉯에 입력할 내용으로 옳은 것은? 2017년1회

	A	B	C	D	E	F	G	H
1	성명	반	국어	영어	수학		영어평균	성명
2	강동식	1	81	89	99		㉮	
3	남궁영	2	88	75	85			㉯
4	강영주	2	90	88	92			
5	이동수	1	86	93	90			
6	박영민	2	75	91	84			
7	윤영미래	1	88	80	73			
8	이순영	1	100	84	96			
9	영지오	2	95	75	88			

① ㉮ =D2>AVERAGE(D2:D9) ㉯ = "=?영*"

② ㉮ =D2>AVERAGE(D2:D9) ㉯ = "=*영?"

③ ㉮ =D2>AVERAGE($D$2:$D$9) ㉯ = "=?영*"

④ ㉮ =D2>AVERAGE($D$2:$D$9) ㉯ = "=*영?"

CHAPTER **8**

양식 컨트롤과
여러 가지 함수

기본 표 작성 **8.1**

AVERAGE, MAX, MIN 함수 **8.2**

COUNTIF, COUNT 함수 **8.3**

날짜 함수 **8.4**

양식 컨트롤과 INDEX 함수 **8.5**

완성된 시트의 이용 **8.6**

필기 연습 문제 **8.7**

이 장에서는 참조 자료 〈표 8.1〉, 〈표 8.2〉와 기본 자료 〈표 8.3〉, 출력 형식 〈표 8.4〉를 이용하여 AVERAGE, MAX, MIN, COUNTIF 등의 함수와 날짜 함수, 양식 컨트롤, INDEX 함수, 시트 복사의 활용 등을 학습 한다.

참조 자료

〈표 8.1〉 등급기준

점수	등급		평점
0	F		0
60	D0		1.0
65	D+		1.5
70	C0		2.0
75	C+		2.5
80	B0		3.0
85	B+		3.5
90	A0		4.0
95	A+		4.5

〈표 8.2〉 요일

요일순번	요일
1	(일요일)
2	(월요일)
3	(화요일)
4	(수요일)
5	(목요일)
6	(금요일)
7	(토요일)

기본 자료

⟨표 8.3⟩ SP성적

학번	성명	중간고사	기말고사	과제물	출석
280278	이민우	22	32	14	9
290162	강동우	28	40	15	10
210233	김민철	22	21	16	10
270214	곽진구	21	36	15	9
210225	강애성	26	25	18	10
210216	강민아	27	28	19	9
280297	김인숙	28	29	20	10
210248	송진석	30	35	11	9
290229	박팔남	27	36	12	8
230237	황방순	23	38	13	7
210255	오방수	26	39	14	10
240266	김돌석	28	37	15	9
210213	이돌석	29	34	16	8
210277	장판돌	30	36	15	10
260288	화진주	27	30	18	10
210290	진선미	25	29	19	9
270280	이방석	28	28	20	8
210281	장두리	27	26	11	10
290219	나두리	26	33	12	10
290220	한국장	21	34	13	10

참조 자료

〈표 8.4〉

코리아 대학 SP 교과 성적(2학기)

작성일: ⑩   ⑪   작성자 : ○○○

학번	성명	중간고사	기말고사	과제물	출석	합계	등급	평점	순위
⋮	⋮	⋮	⋮	⋮	⋮	①	②	③	④
참고사항 평균		⑤	⑤	⑤	⑤	⑤	✕		⑤
최고점수		⑥	⑥	⑥	⑥	⑥			
최저점수		⑦	⑦	⑦	⑦	⑦			

등급	A+	A0	B+	B0	C+	C0	D+	D-	F
취득인원	⑧	⑧	⑧	⑧	⑧	⑧	⑧	⑧	⑧
취득율	⑨	⑨	⑨	⑨	⑨	⑨	⑨	⑨	⑨

학생자료	검색성명	학년	학과	주소	전화번호
	⑫	⑬		⑬	⑬

처리 조건

① 합계 : 중간고사 + 기말고사 + 과제물 + 출석

② 등급 : 합계 값으로 참조시트의 등급 테이블에서 찾음

③ 평점 : 합계 값으로 참조시트의 등급 테이블에서 찾음 (소수점 첫째 자리까지 표시)

④ 합계를 기준으로 순위 구함 (RANK 함수 사용)

⑤ 항목별 평균 값 계산 (AVERAGE 함수 사용)

⑥ 항목별 최고 점수(MAX 함수 사용)

⑦ 항목별 최저 점수(MIN 함수 사용)

⑧ 등급별 취득 인원수(COUNTIF 함수 사용)

⑨ 취득율 = 등급별 취득 인원수 / 총인원수

　　※ 총인원수는 COUNT 함수를 사용

　　※ 백분율 유형으로 지정(소수점이하 첫째 자리까지 표시)

⑩ 시스템 날짜를 ○**월** ○**일**로 표시함

⑪ 시스템 날짜의 요일을 (○**요일**)로 표시함

8.1 기본 표 작성

다음 따라하기는 참조 자료1의 등급 및 요일 테이블과 기본 자료를 이용하여 출력 형식 ①~④의 처리 조건으로 기본 표를 작성하는 실습이다.

📖 따라하기

▶ **동작 1** 새 통합 문서에서 Sheet1의 이름을 참조자료로 변경한 후 A1:C10 범위에 〈표 8.1〉의 등급 테이블을 작성하고 E1:F8 범위에 〈표 8.2〉의 요일 테이블을 작성한다.

▶ **동작 2** Sheet2의 이름을 SP성적으로 변경한 후 A1:F21 범위에 〈표 8.3〉의 기본 자료를 입력한다(학번은 텍스트로 입력).

▶ **동작 3** G1에 합계를 입력하고 G2에 ① 합계 : 중간고사 + 기말고사 + 과제물 + 출석을 계산하는 수식을 입력하고 G3:G21 범위에 복사한다.

▶ **동작 4** H1에 등급을 입력하고 H2에 ② 등급 : 합계 값으로 참조시트의 등급 테이블에서 찾는 수식을 입력하고 H3:H21 범위에 복사한다.

▶ **동작 5** I1에 평점을 입력하고 I2에 ③ 평점 : 합계 값으로 참조시트의 등급 테이블에서 찾는 수식을 입력하고 I3:I21 범위에 복사한 후 소수점 첫째 자리를 표시하도록 자릿수 늘림(줄임) 한다.

▶ **동작 6** J1에 순위를 입력하고 J2에 RANK 함수를 사용하여 ④ 합계를 기준으로 순위 구하는 수식을 입력하고 IJ:J21 범위에 복사한다.

　　⊙ 합계, 등급, 평점, 순위가 계산된 기본 표는 〈그림 8.1〉과 같다.

	A	B	C	D	E	F	G	H	I	J
1	학번	성명	중간고사	기말고사	과제물	출석	합계	등급	평점	순위
2	280278	이민우	22	32	14	9	77	C+	2.5	18
3	290162	강동우	28	40	15	10	93	A0	4.0	1
4	210233	김민철	22	21	16	10	69	D+	1.5	20
5	270214	곽진구	21	36	15	9	81	B0	3.0	13
6	210225	강애성	26	25	18	10	79	C+	2.5	16
7	210216	강민아	27	28	19	9	83	B0	3.0	10
8	280297	김인숙	28	29	20	10	87	B+	3.5	5
9	210248	송진석	30	35	11	9	85	B+	3.5	7
10	290229	박팔남	27	36	12	8	83	B0	3.0	10
11	230237	황방순	23	38	13	7	81	B0	3.0	13
12	210255	오방수	26	39	14	10	89	B+	3.5	3
13	240266	김돌석	28	37	15	9	89	B+	3.5	3
14	210213	이돌석	29	34	16	8	87	B+	3.5	5
15	210277	장판돌	30	36	15	10	91	A0	4.0	2
16	260288	화진주	27	30	18	10	85	B+	3.5	7
17	210290	진선미	25	29	19	9	82	B0	3.0	12
18	270280	이방석	28	28	20	8	84	B0	3.0	9
19	210281	장두리	27	26	11	10	74	C0	2.0	19
20	290219	나두리	26	33	12	10	81	B0	3.0	13
21	290220	한국장	21	34	13	10	78	C+	2.5	17

〈그림 8.1〉

8.2 AVERAGE, MAX, MIN 함수

AVERAGE, MAX, MIN 함수는 특정 범위에서 합계, 최대 값, 최소 값을 구하는 함수다. 세 함수의 구문 형식은 AVERAGE(셀 범위), MAX(셀 범위), MIN(셀 범위)이다. 예를 들어 〈그림 8.1〉의 결과에서 중간고사, 기말고사, 과제물, 출석, 합계, 평점 항목의 평균, 최대 값, 최소 값을 계산하려면 AVERAGE, MAX, MIN 함수를 이용한다.

함수 마법사의 사용

함수의 구문 형식을 기억하지 못할 경우 수식 리본 메뉴의 함수 라이브러리 그룹에서 재무, 논리, 텍스트, … 에서 함수 영역을 선택하고 특정 함수를 선택하면 함수 마법사 창이 열린다. 마법사 창에서 요구하는 셀이나 값을 입력하고 확인 버튼을 클릭한다. 그러나 실무 현장에서는 여러 가지 함수를 함께 사용하는 경우가 빈번하므로 마법사의 사용보다 수식으로 함수를 직접 입력하여 사용하는 것이 편리하다.

다음 따라하기는 AVERAGE, MAX, MIN 함수를 사용하여 중간고사, 기말고사, 과제물, 출석, 합계, 평점 항목의 ⑤ 평균, ⑥최고점수, ⑦ 최소점수를 구하는 실습이다.

📑 **따라하기**

▶ **동작 1** A22셀에 참고사항, B22셀에 평균을 입력하고 〈표 8.3〉의 ⑤ 항목별 평균 값 계산을 위해 C22셀에 수식 =AVERAGE(C2:C21)을 입력한 후 D22:I22 범위에 복사한다.

▶ 22행에 중간고사, 기말고사, 과제물, 출석, 합계, 평점의 평균 값이 계산된다.

▶ **동작 2** H22셀의 #DIV/0!을 Delete 키로 지운다.

▶ **동작 3** 동일한 방법으로 〈표 8.4〉를 참조하여 23행의 **최고점수**를 MAX 함수로 구하고, 24행의 **최저점수**를 MIN 함수로 구한다.

▶ 23행과 24행에 중간고사, 기말고사, 과제물, 출석, 합계의 최고점수와 최저점수가 계산된다.

💡 **도움말 활용 방법**

엑셀에는 재무, 날짜/시간, 수학/삼각, 통계, 찾기/참조영역, 데이터베이스, 텍스트, 논리, 정보, 공학, 큐브 등과 관련한 수많은 함수가 존재한다. 이들 함수의 사용 방법과 용도를 모두 안다는 것은 현실적으로 어렵다. 그러므로 특정 업무에 필요한 함수는 도움말을 참조하여 함수의 구문 형식을 찾아서 사용해야 한다. 도움말은 함수 키 F1을 친 후 특정 함수를 검색하면 된다.

8.3 COUNTIF, COUNT 함수

통계 함수인 COUNTIF 함수는 지정한 범위에서 조건에 맞는 셀의 개수를 구한다. COUNTIF 함수의 구문 형식은 COUNTIF(셀 범위, 조건)이다. 통계 함수인 COUNT 함수는 지정한 범위에서 숫자가 포함된 개수를 구하고 COUNTA 함수는 공백이 아닌 셀의 개수를 구한다. COUNT 함수의 구문 형식은 COUNT(셀 범위)이고 COUNTA의 구문형식은 COUNTA(셀 범위)이다. 예를 들어 예제의 처리조건 ⑧은 COUNTIF 함수를 이용해 H2 : H21범위에서 A+ 등급의 취득인원이 몇 명인지, A0 등급의 취득인원이 몇 명인지 구한다. 또 처리 조건 ⑨는 COUNT 함수를 이용해 전체 인원을 수를 계산하여 취득율 계산에 이용한다.

다음 따라하기는 COUNTIF 함수를 사용하여 ⑧ 등급별 취득 인원수를 계산하고 COUNT 함수를 이용해 ⑨ 취득율을 계산하는 실습이다.

따라하기

▶ **동작 1** 처리 조건⑧과 ⑨를 계산하기 위해 26행에서 27행까지 〈그림 8.13〉과 같이 텍스트 데이터를 입력한다.

25									
26	등급	A+	A0	B+	B0	C+	C0	D+	D0	F
27	취득인원								
28	취득율								
29									

〈그림 8.2〉

▶ **동작 2** B27 셀에 =COUNTIF($H$2:$H$21, B26) 수식을 입력한다.

⊛ B27셀에는 A+의 인원수 0이 표시된다.

> #### COUNTIF 함수의 설명
>
> COUNTIF($H$2:$H$21, B26) 수식에서 $H$2:$H$21은 등급이 입력되어 있는 셀 범위이다. B26 셀은 조건 셀로 A+ 텍스트가 있다. 따라서 COUNTIF 함수는 $H$2:$H$21셀의 범위에서 A+의 수를 계산한다. 복사해야하므로 셀 범위는 절대 참조 셀로 해야 한다. 반면에 조건은 C26, D26, …과 같이 상대적으로 변해야 하므로 상대 참조 셀로 수식을 작성한다.

▶ **동작 3** B27셀을 C27:J27 범위에 복사한다.

⊛ B27:J27 범위에 각 등급의 개수가 계산된다.

▶ **동작 4** B28셀에 =B27/COUNT($G$2:$G$21)을 입력한다.

⊛ B28에 취득율 0이 표시된다.

COUNT 함수의 설명

수식에서 COUNT 함수는 $G$2:$G$21 범위에서 숫자가 들어 있는 셀의 개수를 계산한다. 즉 학생의 전체 인원수를 계산한다. 다른 셀에 복사해야 하므로 절대 참조 셀로 해야 한다. 반면 B28은 C28, D28, …로 변해야 하므로 상대 참조 셀로 수식을 작성 한다.

▶ **동작 5**   B28셀을 C28:J28 범위에 복사하고 백분율 스타일로 소수점이하 첫째 자리 까지 표시되도록 자릿수 늘림(줄임) 한다.

   ▶ B28:J28 범위에 각 등급의 취득율이 계산된다.

   ▶ 취득인원과 취득율이 계산된 결과는 〈그림 8.3〉과 같다.

25									
26 등급	A+	A0	B+	B0	C+	C0	D+	D0	F
27 취득인원	0	2	6	7	3	1	1	0	0
28 취득율	0.0%	10.0%	30.0%	35.0%	15.0%	5.0%	5.0%	0.0%	0.0%
29									

〈그림 8.3〉

8.4 날짜 함수의 사용

8.4.1 TODAY 함수

TODAY 함수는 컴퓨터에 설정된 시스템 날짜를 표시하는 함수이다. TODAY 함수의 구문 형식은 TODAY()로 인수가 없다. 예를 들어 완성한 문서에 자동으로 문서를 작성한 날짜를 입력하려면 TODAY 함수를 사용한다.

다음 따라하기는 1, 2, 3 행을 삽입하고 처리 조건 ⑩ 작성일을 B3셀에 자동으로 ○월 ○ 일로 표시하도록 하는 실습이다.

📋 따라하기

▶ **동작 1** 1, 2, 3행을 행 삽입한 후 A3셀에 작성일:을 입력하고 오른쪽 맞춤한다.

▶ **동작 2** B3셀에 =TODAY()를 입력한다.

　　▶ 시스템 날짜가 년-월-일 형식으로 표시된다.

▶ **동작 3** B3셀의 셀 서식에서 **날짜** 표시 형식을 ○월○일 형식으로 지정한다.

　　▶ 시스템 날짜가 ○월○일 형식으로 표시된다.

8.4.2 WEEKDAY 함수

WEEKDAY 함수는 기본적으로 날짜에 해당하는 요일을 1(일요일)에서 7(토요일) 사이의 정수로 반환한다. WEEKDAY 함수의 구문 형식은 WEEKDAY(날짜 데이터, 반환 값의 형식)과 같다. 반환 값의 형식이 1또는 생략이면 1(일요일)에서 7(토요일) 사이의 정수로 반환하고 2이면 1(월요일)에서 7(일요일) 사이의 정수로 반환하고 3이면 0(월요일)에서 6(일요일) 사이의 정수를 반환한다. 예를 들어 =WEEKDAY(TODAY())와 같이 입력하여 시스템 날짜가 목요일이면 4를 반환한다. 이와 같이 WEEKDAY 함수는 요일을 숫자로 반환하므로 VLOOKUP 함수 또는 CHOOSE 함수와 결합하여 사용한다.

다음 따라하기는 TODAY 함수, WEEKDAY 함수와 VLOOKUP 함수를 결합하여 참조 자료의 요일을 표시하는 실습이다.

📋 따라하기

▶ **동작 1** C3셀에 =WEEKDAY(TODAY())를 입력한다.

　　▶ C3셀에 시스템 날짜의 요일이 숫자로 반환된다.

▶ **동작 2** C3셀의 식을 =VLOOKUP(WEEKDAY(TODAY()), 참조자료!\$E\$2:\$F\$8, 2)
로 수정한다.

　　　▶ 요일의 숫자 값으로 요일 테이블에 있는 (○요일)을 찾아온다.

☀ CHOOSE 함수를 이용한 요일 표시 방법

WEEKDAY와 CHOOSE 함수를 결합한 수식은 =CHOOSE(WEEKDAY(TODAY()), "(일요일)", "(월요일)", "(화요일)", "(수요일)", "(목요일)", "(금요일)", "(토요일)")이다. CHOOSE 함수의 구문 형식은 CHOOSE(참조 수, 인수 목록)으로 참조 수의 값에 따른 인수 목록의 위치에 있는 값을 반환한다. 예를 들어 =CHOOSE(3, "A", "B", "C") 수식은 C를 반환한다.

🔍 혼 자 해 보 기

지시 1 다음 **요구 사항**에 따라 **테두리**를 적용하고 **셀 서식**을 지정하라.

요구 사항

① A1셀에 **코리아 대학 SP 교과 성적(2학기)**를 입력한 후 A1:J1 범위를 **병합하고 가운데 맞춤**한다. 병합된 A1셀의 글꼴 크기는 16, 글꼴은 **굴림체, 굵게, 밑줄**을 적용하고, 글꼴 색은 **검정, 텍스트 1, 15% 더 밝게**로 적용한 후 **행 높이**를 적절히 조절하라.

② 테두리는 〈표 8.4〉의 출력 형식을 참조하여 적용한다. 배경색은 **항목명** : 황갈색, 배경 2, 10% 더 어둡게, **데이터** : 흰색, 배경 1, 5% 더 어둡게, **A1:J3 범위** : 흰색, 배경 1, 5% 더 어둡게, **참고사항의 평균 행** : 황갈색, 배경 2, 10% 더 어둡게, **최대값과 최소값 행** : 주황, 강조 1, 80% 더 밝게, 등급 행 : 황갈색, 배경 2, 10% 더 어둡게, **취득인원과 취득율 행** : 주황, 강조 1, 80% 더 밝게를 적용한다. 제시하지 않은 부분은 사용자가 적절하게 지정한다.

③ I3셀에 **작성자** : ○○○으로 작성자의 이름을 입력한다.

④ A1:J3 범위를 선택하고 배경색으로 테마 색의 **흰색, 배경 1, 5% 더 어둡게**를 적용하라.

⑤ 표에서 항목명과 학번, 성명 데이터는 **가운데 맞춤**하라.

⑥ 인쇄 미리 보기의 페이지 설정에서 **확대/축소를 85%로** 설정하고 페이지 **가로 가운데 맞춤**한 후 **머리글 왼쪽**에 시스템 날짜, **바닥글 오른쪽**에 **코리아 대학**을 추가하라.

⑦ 완성된 통합 문서를 작성자의 USB에 **성적산출2학기**로 저장하라.

※ 요구 사항을 모두 적용한 결과는 〈그림 8.4〉와 같다.

	A	B	C	D	E	F	G	H	I	J
1				코리아 대학 SP 교과 성적 (2학기)						
2										
3	작성일: 1월 24일 (목요일)								작성자 : 홍길동	
4	학번	성명	중간고사	기말고사	과제물	출석	합계	등급	평점	순위
5	280278	이민우	22	32	14	9	77	C+	2.5	18
6	290162	강동우	28	40	15	10	93	A0	4.0	1
7	210233	김민철	22	21	16	10	69	D+	1.5	20
8	270214	곽진구	21	36	15	9	81	B0	3.0	13
9	210225	강애성	26	25	18	10	79	C+	2.5	16
10	210216	강민아	27	28	19	9	83	B0	3.0	10
11	280297	김인숙	28	29	20	10	87	B+	3.5	5
12	210248	송진석	30	35	11	9	85	B+	3.5	7
13	290229	박팔남	27	36	12	8	83	B0	3.0	10
14	230237	황방순	23	38	13	7	81	B0	3.0	13
15	210255	오방수	26	39	14	10	89	B+	3.5	3
16	240266	김풀석	28	37	15	9	89	B+	3.5	3
17	210213	이풀석	29	34	16	8	87	B+	3.5	5
18	210277	장판롤	30	36	15	10	91	A0	4.0	2
19	260288	화진주	27	30	18	10	85	B+	3.5	7
20	210290	진선미	25	29	19	9	82	B0	3.0	12
21	270280	이방석	28	28	20	8	84	B0	3.0	9
22	210281	장두리	27	26	11	10	74	C0	2.0	19
23	290219	나두리	26	33	12	10	81	B0	3.0	13
24	290220	한국장	21	34	13	10	78	C+	2.5	17
25	참고사항	평균	26.05	32.3	15.3	9.25	82.9		3.05	
26		최대값	30	40	20	10	93			
27		최소값	21	21	11	7	69			
28										
29	등급	A+	A0	B+	B0	C+	C0	D+	D0	F
30	취득인원	0	2	6	7	3	1	1	0	0
31	취득율	0.0%	10.0%	30.0%	35.0%	15.0%	5.0%	5.0%	0.0%	0.0%

〈그림 8.4〉

8.5 양식 컨트롤과 INDEX 함수

양식 컨트롤은 다양한 도구로 구성되어 있어 워크시트에 만든 표를 자동화 기능이 강화된 높은 품질의 문서를 작성하는데 사용된다. 예를 들어 〈표 8.4〉를 참조하여 33, 34 행에 학생 자료 검색을 위한 서식을 만든 다음 양식 컨트롤과 INDEX 함수를 사용하여 학생 성명을 선택하면 〈표 8.5〉의 학생자료에서 나머지 항목이 자동 검색되도록 만들 수 있다.

참조 자료

〈표 8.5〉 학생자료

성명	학과	학년	주소	전화번호
황방순	의약사무	1	성남시 모란동 367-9	777-2525
오방수	의약사무	3	서초구 서초동 478-3	223-6565
김돌석	행정정보	2	동작구 흑석동 467-99	224-6699
이돌석	의약사무	1	진주시 신안동 536-3	122-5858
장판돌	의약사무	3	진주시 봉곡동 672-1	740-5896
화진주	컴퓨터공학	3	진주시 상대동 441-2	748-5252
진선미	의약사무	1	수영구 남천동 463-99	748-6464
이방석	의약사무	2	영도구 남항동 478-99	749-1230
장두리	의약사무	1	부산진구 부암동 321-90	778-5412
나두리	행정정보	1	동래구 수안동 1290-1	753-6542
한국장	경영정보	2	동작구 홍문동 788-90	754-6985
이민우	의약사무	3	남구 신안동 989-99	758-9521
강동우	의약사무	2	북구 흑석동 564-90	752-3625
김민철	컴퓨터공학	4	남양주군 상봉동 78-4	751-6589
곽진구	의약사무	1	영도구 흑성동 67-9	714-8652
강애성	의약사무	3	진주시 봉안동 333-2	746-5231
강민아	경영정보	1	해운대구 좌동 567-1	749-6595
김인숙	컴퓨터공학	3	구로구 시흥동 678-54	748-6214
송진석	의약사무	2	구로구 시흥동 678-9	746-2323
박팔남	컴퓨터공학	4	수원시 팔달동 463-7	744-6230

다음 따라하기는 양식 컨트롤 삽입과 INDEX 함수 사용을 위해 33, 34 행에 학생 자료 검색을 위한 서식을 추가하고 학생자료 시트를 작성하는 실습이다.

따라하기

▶ **동작 1** Sheet3의 이름을 학생자료로 변경하고 〈표 8.5〉의 학생자료 표를 작성한 후
성명 오름차순 정렬하고 테두리를 적용한다.

　　　▶ 검색에 이용할 학생자료 표가 작성된다.

▶ **동작 2** 33, 34행에 〈그림 8.5〉과 같이 텍스트를 입력한다.

32							
33	학생자료	검색성명	학년	학과	주소		전화번호
34							
35							

〈그림 8.6〉

▶ **동작 2** E33:H33 범위를 병합하고 가운데 맞춤, E34:H34 범위를 병합하고 가운데
맞춤, I33:J33 범위를 병합하고 가운데 맞춤, I34:J34 범위를 병합하고 가운데
맞춤한 다음 〈그림 8.7〉과 같이 테두리를 적용하고 배경색은 A33:J33 범위
는 황갈색, 배경 2, 10% 더 어둡게를 적용하고 B34:J34 범위는 주황, 강조 1,
80% 더 밝게를 적용한다.

32						
33	학생자료	검색성명	학년	학과	주소	전화번호
34						
35						

〈그림 8.7〉

8.5.1 콤보 상자(양식 컨트롤)의 삽입

양식 컨트롤을 사용하려면 리본 메뉴 선택 탭에 개발 도구 탭을 추가해야 한다. 개발 도
구 탭의 추가 여부는 사용자의 필요에 따라 결정한다.

다음 따라하기는 리본 메뉴 선택 탭에 개발 도구 탭이 없을 경우 개발 도구 탭을 추가하는
실습이다.

📋 따라하기

▶ **동작 1**   Microsoft Office 버튼(🔲)을 클릭하여 표시된 창의 아래쪽에 있는 Excel 옵션
을 클릭한다.

    ▶ Excel 옵션 창이 열린다.

▶ **동작 2**   Excel 옵션 창에서 Excel에서 가장 많이 사용하는 옵션 아래에 있는 **리본 메**
뉴에 개발 도구 탭 표시를 체크하고 확인 버튼을 클릭한다.

    ▶ 리본 메뉴 선택 탭에 개발 도구가 추가된다.

다음 따라하기는 B4셀에 콤보 상자(양식 컨트롤)을 삽입하는 실습이다.

📋 따라하기

▶ **동작 1**   개발 도구 리본 메뉴의 컨트롤 그룹에서 삽입을 클릭한다.

    ▶ 〈그림 8.8〉과 같은 양식 컨트롤과 Active X 컨트롤 선택 창이 열린다.

〈그림 8.8〉

▶ **동작 2**   양식 컨트롤에서 콤보 상자(🔲)를 클릭하여 작은 십자 형태로 변한 마우스 포
인터를 B34셀의 좌측 상단에서 우측 하단까지 드래그하여 〈그림 8.9〉와 같이
삽입한다.

32						
33	학생자료	검색성명	학년	학과	주소	전화번호
34		▼				
35						

〈그림 8.9〉

콤보 상자가 잘못 삽입되었을 경우 간단한 조치 방법

콤보 상자에서 우측 버튼을 클릭하여 선택한 후 잘라내기 하거나 Delete 키를 쳐 삭제한 후 다시 삽입한다.

▶ **동작 3** 삽입된 콤보 상자에서 우측 버튼 → 컨트롤 서식을 차례로 클릭한 후 개체 서식 창에서 〈그림 8.10〉과 같이 입력 범위를 학생자료!$A$2:$E$21과 같이 지정하고, 셀 연결은 $A$34를 지정한 후 확인 버튼을 클릭한 후 임의 셀을 클릭한다.

　▶ 개체 서식이 지정되고 콤보 상자 선택 점이 없어진다.

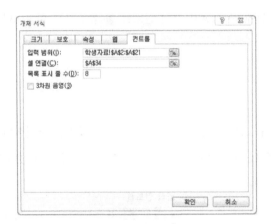

〈그림 8.10〉

▶ **동작 4** 삽입된 콤보 상자에 마우스 포인터를 옮기면 포인터가 손가락 모양으로 변환된다. 콤보 상자에서 아래쪽 방향 화살표를 클릭 한 후 나타나는 성명 목록에서 곽진구를 선택한다.

　▶ 콤보 상자에 곽진구가 선택되고 A34셀에 숫자 4가 표시된다. 숫자 4는 곽진구가 성명 목록의 4 번째 위치에 있기 때문이다.

 개체 서식에서 입력 범위와 셀 연결의 의미

입력 범위에는 콤보 상자에 표시될 목록의 셀 범위를 지정한다. 셀 연결에서는 콤보 상자에서 선택한 목록의 위치를 숫자로 반환할 셀을 선택한다.

▶ **동작 5** 삽입된 콤보 상자의 아래쪽 방향 화살표를 클릭 한 후 나타나는 성명 목록에서 장두리를 선택한다.

　▶ 콤보 상자에 장두리가 선택되고 A34셀에 숫자 15가 표시된다.

8.5.2 INDEX 함수

INDEX 함수는 참조형과 배열형으로 구분된다. 참조형은 특정 행과 열이 교차되는 위치의 셀 참조를 반환하고, 구문 형식은 INDEX(참조할 셀 범위, 행의 값, 열의 값)이다. 배열형은 행과 열 번호 인덱스로 선택한 배열이나 테이블 요소의 값을 반환한다. 예를 들어 콤보 상자에서 선택한 이름의 위치는 A34셀에 표시된다. 따라서 참조형 INDEX 함수를 이용하면 학생자료!A2:E21 범위에서 A34셀을 이용하여 학과, 학년, 주소, 전화번호를 검색할 수 있다.

다음 따라하기는 C34셀에 콤보 상자 목록에서 선택한 이름의 학년을 INDEX 함수로 찾아오는 실습이다.

📑 따라하기

▶ **동작 1** C34 셀을 선택하고 =INDEX(학생자료!A2:E21, A34, 3)을 입력한다.

　▶ 콤보 상자에 선택한 이름의 학년이 C34셀에 표시된다.

> 💡 **참조형 INDEX 함수의 설명**
>
> =INDEX(학생자료!A2:E21, A34, 3)에서 학생자료!A2:E21은 검색할 테이블이고, A34는 행, 3은 열의 값으로 C열(학년)이다. 따라서 학생자료!A2:E21 범위에서 행과 열이 교차하는 지점의 값을 찾아 반환한다.

▶ **동작 2** 동일한 방법으로 D34셀에 콤보 상자에서 선택한 이름의 학과를 반환하는 INDEX 함수 식을 작성한다.

　▶ 콤보 상자에 선택한 이름의 학과가 D34셀에 표시된다.

▶ **동작 3** 동일한 방법으로 E34셀에 콤보 상자에서 선택한 이름의 주소를 반환하는 INDEX 함수 식을 작성한다.

　　▶ 콤보 상자에 선택한 이름의 주소가 E34셀에 표시된다.

▶ **동작 4** 동일한 방법으로 I34셀에 콤보 상자에서 선택한 이름의 전화번호를 반환하는 INDEX 함수 식을 작성한다.

　　▶ 콤보 상자에 선택한 이름의 전화번호가 E34셀에 표시된다.

▶ **동작 5** 콤보 상자의 목록에서 김돌석을 선택하여 〈그림 8.11〉과 같이 선택되는지를 확인한다.

32						
33	학생자료	검색성명	학년	학과	주소	전화번호
34	5	김돌석 ▼	2	행정정보	동작구 흑석동 467-99	224-6699
35						

〈그림 8.11〉

▶ **동작 6** A34셀의 숫자가 보이지 않도록 글꼴 색을 흰색으로 지정한다. 완성된 통합 문서를 작성자의 USB에 성적산출2학기로 저장하라.

　　▶ INDEX 수식에 사용된 값이 보이지 않는다.

▶ **동작 7** 최종 완성한 통합 문서를 작성자의 USB에 성적산출2학기로 재저장한다.

8.6 완성된 시트의 이용

완성된 통합 문서는 복사하여 또 다른 문서로 쉽게 만들 수 있다. 예를 들어 **성적산출2학기** 통합 문서에서 SP 과목을 수강하는 학생들이 동일하게 DB 과목을 수강한다면 SP성적을 복사하여 DB성적을 쉽게 처리할 수 있다.

〈표 8.6〉 DB성적

학번	성명	중간고사	기말고사	과제물	출석
280278	이민우	28	38	16	10
290162	강동우	28	40	19	9
210233	김민철	27	21	18	9
270214	곽진구	29	35	17	10
210225	강애성	26	25	16	10
210216	강민아	27	28	18	9
280297	김인숙	28	29	20	10
210248	송진석	30	35	17	9
290229	박팔남	27	36	18	8
230237	황방순	25	38	15	9
210255	오방수	26	39	18	10
240266	김돌석	28	37	16	9
210213	이돌석	29	34	19	8
210277	장판돌	30	36	15	9
260288	화진주	27	30	18	10
210290	진선미	25	29	19	9
270280	이방석	26	35	20	9
210281	장두리	27	26	18	10
290219	나두리	26	33	12	8
290220	한국장	21	34	13	10

다음 따라하기는 SP성적 시트를 복사하여 〈표 8.6〉의 DB성적으로 처리하는 실습이다.

따라하기

▶ **동작 1** SP성적 시트를 선택하고 우측 버튼 → 이동/복사 → (끝으로 이동) → 복사본 만들기 체크 → 확인을 차례로 클릭한다.
　▶ SP성적 (2) 시트가 추가된다.

▶ **동작 2** SP성적 (2) 시트의 이름을 DB성적으로 변경한다.
　▶ SP성적 시트와 동일한 DB성적 시트가 된다,

▶ **동작 3**   C5:F24 범위를 선택하고 Delete 키를 쳐 중간고사, 기말고사, 과제물, 출석 점수를 모두 삭제한다.

    ▶ 데이터가 모두 삭제되어 모든 성적이 0또는 F가 된다.

▶ **동작 4**   〈표 8.6〉 DB성적의 중간고사, 기말고사, 과제물, 출석 점수를 삭제된 위치 에 모두 입력한다.

    ▶ 데이터가 입력되면 DB성적은 모두 자동으로 계산된다.

▶ **동작 5**   최종 완성한 통합 문서를 작성자의 USB에 성적산출2학기로 재저장한다.

💡 엑셀 통합 문서의 장점

한번 작성된 시트는 복사한 후 데이터를 변경하여 다른 시트로 쉽게 만들 수 있다. 그러므로 엑셀의 자 동 계산 기능과 복사 기능을 잘 활용하면 업무 처리의 효율을 높일 수 있다.

8.7 필기 연습 문제

1. 다음 중 아래 워크시트에서 근무일수를 구하기 위해 [B9] 셀에 사용한 함수로 옳은 것은? 14 년 3회 기출

	A	B	C	D
1	9월 아르바이트 현황			
3	날짜	김은수	한규리	정태경
4	09월 22일	V	V	
5	09월 23일	V		V
6	09월 24일	V	V	
7	09월 25일	V	V	V
8	09월 26일	V	V	V
9	근무일수	5	4	3

① =COUNTA(B4:B8)   ② =COUNT(B4:B8)
③ =COUNTBLANK(B4:B8)   ④ =DCOUNT(B4:B8)

2. 다음 중 [A1:C4] 영역에 대한 수식의 실행 결과가 다르게 나타나는 것은? 14년 2회 기출

	A	B	C
1	바나나	7	2500
2	오렌지	6	1500
3	사과	5	1200
4	배	3	1300

① =COUNTIF(B1:B4,"◇"&B3)   ② =COUNTIF(B1:B4,">3")
③ =INDEX(A1:C4,4,2)   ④ =TRUNC(SQRT(B1))

3. 다음 중 하이퍼링크에 대한 설명으로 옳지 않은 것은? 14년 1회 기출

① 단추에는 하이퍼링크를 지정할 수 있지만 도형에는 하이퍼링크를 지정할 수 없다.
② 다른 통합 문서에 있는 특정 시트의 특정 셀로 하이퍼링크를 지정할 수 있다.
③ 특정 웹 사이트로 하이퍼링크를 지정할 수 있다.
④ 현재 사용 중인 통합 문서의 다른 시트로 하이퍼링크를 지정할 수 있다.

4. 다음 중 창 나누기 기능에 대한 설명으로 옳지 않은 것은? 14년 2회 기출

① 화면에 표시되는 창 나누기 형태는 인쇄 시에는 적용되지 않는다.

② 셀 포인터의 위치에 따라 수직, 수평, 수직·수평분할이 가능하다.

③ 창 나누기를 수행하여 나누기 한 각각의 구역의 확대/축소 비율을 다르게 설정할 수 있다.

④ 나누기를 취소하려면 창을 나누고 있는 분할줄을 아무 곳이나 두 번 클릭한다.

5. 다음 중 [A7] 셀에 수식 '=SUMIFS(D2:D6, A2:A6, "연필", B2:B6, "서울")'을 입력한 경우 그 결과 값은? 2017년1회

	A	B	C	D
1	품목	대리점	판매계획	판매실적
2	연필	경기	150	100
3	볼펜	서울	150	200
4	연필	서울	300	300
5	볼펜	경기	300	400
6	연필	서울	300	200
7	=SUMIFS(D			

① 100　　　　　　　　　　② 500

③ 600　　　　　　　　　　④ 750

6. 다음 중 아래의 워크시트에서 수식 '=DAVERAGE(A4:E10, "수확량", A1:C2)'의 결과로 옳은 것은? 2015년 3회

	A	B	C	D	E
1	나무	높이	높이		
2	배	>10	<20		
3					
4	나무	높이	나이	수확량	수익
5	배	18	17	14	105
6	배	12	20	10	96
7	체리	13	14	9	105
8	사과	14	15	10	75
9	배	9	8	8	76.8
10	사과	8	9	6	45

① 15　　　　　　　　　　② 12

③ 14　　　　　　　　　　④ 18

7. 다음 중 함수 사용에 대한 설명으로 옳지 않은 것은? 2015년 3회

① 함수 마법사는 [수식] 탭의 [함수 라이브러리] 그룹에 있는 [함수 삽입] 명령을 선택하거나 수식 입력 줄에 있는 함수 삽입 아이콘(f_x)을 클릭하여 실행한다.

② [수식] 탭의 [함수 라이브러리] 그룹에서 범주를 선택하고 사용하고자 하는 함수를 선택하면 [함수 인수] 대화상자가 표시된다.

③ 함수식을 직접 입력할 때에는 입력한 함수명의 처음 몇 개의 문자와 일치하는 함수 목록을 표시하여 선택하게 하는 함수 자동 완성 기능을 이용할 수 있다.

④ 중첩함수는 함수를 다른 함수의 인수 중 하나로 사용하며, 최대 3개 수준까지 함수를 중첩할 수 있다.

8. 다음 중 아래의 워크시트에서 함수의 사용 결과가 나머지 셋과 다른 것은? 2015년 3회

	A	B	C	D
1				
2	100	200	300	400

① =LARGE(A2:C2,2)
② =LARGE(A2:D2,2)
③ =SMALL($A$2:$C$2,2)
④ =SMALL($A$2:$D$2,2)

9. 다음 중 함수의 결과가 옳은 것은? 2016년 1회

① =COUNT(1, "참", TRUE, "1") → 1

② =COUNTA(1, "거짓", TRUE, "1") → 2

③ =MAX(TRUE, "10", 8, ,3) → 10

④ =ROUND(215.143, -2) → 215.14

10. [A1] 셀에 '851010-1234567'과 같이 주민등록번호가 입력되어 있을 때, 이 셀의 값을 이용하여 [B1] 셀에 성별을 '남' 또는 '여'로 표시하고자 한다. 다음 중 이를 위한 수식으로 옳은 것은? (단, 주민등록번호의 8번째 글자가 1이면 남자, 2이면 여자임)(2016년 1회)

① =CHOOSE(MID(A1,8,1), "남","여")

② =HLOOKUP(A1, 8, B1)

③ =INDEX(A1, B1, 8)

④ =IF(RIGHT(A1,8)="1", "남", "여")

11. 아래의 워크시트에서 [B2:D5] 영역은 '점수'로 이름이 정의되어 있다. 다음 중 [A6] 셀에 수식 '=AVERAGE(INDEX(점수, 2, 1), MAX(점수))'을 입력하는 경우 결과 값으로 옳은 것은? 2016년 1회

	A	B	C	D
1	성명	중간	기말	실기
2	오금회	85	60	85
3	백나영	90	80	95
4	김장선	100	80	76
5	한승호	80	80	85
6				

① 85 ② 90
③ 95 ④ 100

12. 다음 중 '=SUM(A3:A9)' 수식이 '=SUM(A3A9)'와 같이 범위 참조의 콜론(:)이 생략된 경우 나타나는 오류 메시지로 옳은 것은? 2016년 2회

① #N/A ② #NULL!
③ #REF! ④ #NAME?

13. 다음 중 함수식과 그 결과로 옳지 않은 것은? 2016년 2회

① =ODD(4) → 5 ② =EVEN(5) → 6
③ =MOD(18,-4) → -2 ④ =POWER(5,3) → 15

14. 다음 중 아래의 워크시트를 참조하여 작성한 수식 '=VLOOKUP (LARGE(A2:A9,4), A2:F9,5,0)'의 결과로 옳은 것은? 2016년 3회

	A	B	C	D	E	F
1	번호	이름	국어	영어	수학	합계
2	1	이대한	90	88	77	255
3	2	한민국	50	60	80	190
4	3	이호리	10	50	90	150
5	4	김애리	88	74	95	257
6	5	한공주	78	80	88	246
7	6	박초아	33	45	35	113
8	7	박예원	84	57	96	237
9	8	김윤이	64	90	68	222

① 90 ② 95
③ 88 ④ 74

15. 다음 중 [D9] 셀에서 사과나무의 평균 수확량을 구하고자 하는 경우 나머지 셋과 다른 결과를 표시하는 수식은? 2016년 3회

	A	B	C	D	E	F
1	나무번호	종류	높이	나이	수확량	수익
2	001	사과	18	20	18	105000
3	002	배	12	12	10	96000
4	003	체리	13	14	9	105000
5	004	사과	14	15	10	75000
6	005	배	9	8	8	77000
7	006	사과	8	9	10	45000
8						
9	사과나무의 평균 수확량					

① =INT(DAVERAGE(A1:F7,5,B1:B2))

② =TRUNC(DAVERAGE(A1:F7,5,B1:B2))

③ =ROUND(DAVERAGE(A1:F7,5,B1:B2),0)

④ =ROUNDDOWN(DAVERAGE(A1:F7,5,B1:B2),0)

16. 다음 중 각 함수식과 그 결과가 옳지 않은 것은? 2017년1회

① =TRIM(" 1/4분기 수익") → 1/4분기 수익

② =SEARCH("세","세금 명세서", 3) → 5

③ =PROPER("republic of korea") → REPUBLIC OF KOREA

④ =LOWER("Republic of Korea") → republic of korea

17. 아래 그림에서 [E2] 셀의 함수식이=CHOOSE(RANK(D2,$D$2:$D$5),"대상","금상","은상","동상")일 때, 결과 값으로 옳은 것은? 14년 1회 기출

	A	B	C	D	E
1	성명	이론	실기	합계	순위
2	갈나래	47	45	92	
3	이석주	38	47	85	
4	박명권	46	48	94	
5	장영주	49	48	97	

① 대상   ② 금상

③ 은상   ④ 동상

18. 아래 워크시트에서 [A2:B8] 영역을 참조하여 [E3:E7] 영역에 학점별 학생 수를 표시하고자
한다. 다음 중 [E3] 셀에 수식을 입력한 후 채우기 핸들을 이용하여 [E7] 셀까지 계산하려고
할 때 [E3] 셀에 입력해야 할 수식으로 옳은 것은? 2016년 3회

	A	B	C	D	E
1	엑셀 성적 분포				
2	이름	학점		학점	학생수
3	김현미	B		A	2
4	조미림	C		B	1
5	심기훈	A		C	2
6	박원석	A		D	1
7	이영준	D		F	0
8	최세종	C			

① =COUNTIF(B3:B8, D3) ② =COUNTIF($B$3:$B$8, D3)

③ =SUMIF(B3:B8, D3) ④ =SUMIF($B$3:$B$8, D3)

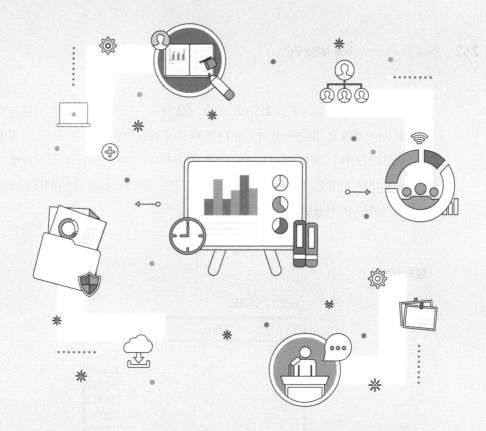

9

피벗 테이블 보고서

기본 테이블 작성 **9.1**
피벗 테이블 보고서 작성 **9.2**
필기 연습 문제 **9.3**

이 장에서는 〈표 9.1〉, 〈표 9.2〉, 〈표 9.3〉, 〈표 9.4〉, 처리 조건, 요구 사항을 이용하여 기본 표를 작성하고 방대한 양의 데이터를 빠르게 요약하여 분석할 수 있는 **피벗 테이블 보고서**를 학습한다. 피벗 테이블 보고서를 사용하면 숫자 데이터를 철저하게 분석하고 데이터에 대한 다양한 질문에 답할 수 있다. 피벗 테이블 보고서는 대량의 데이터를 빠르게 요약하는 데 사용할 수 있는 대화형 테이블이다.

참조 자료

〈표 9.1〉 성과급

점수	성과급
0	1000000
30	1050000
40	1110000
50	1160000
60	1220000
65	1280000
70	1320000
75	1400000
80	1550000
85	1700000
90	1900000
95	2100000

〈표 9.2〉 요일

요일순번	요일
1	(일요일)
2	(월요일)
3	(화요일)
4	(수요일)
5	(목요일)
6	(금요일)
7	(토요일)

기본 자료

〈표 9.3〉

사번	성명	근무처	성별	직위	개척	창조	능력	개인
36201	이호돌	연구개발팀	남	팀장	69	55	64	83
36202	강남순	문화광고팀	여	대리	65	63	76	85
36203	김두봉	국내영업팀	남	사원	36	23	68	90
36204	권달순	기획관리팀	여	사원	58	54	69	89
36205	권중자	해외영업팀	여	사원	69	28	65	85
36206	박지우	연구개발팀	남	대리	56	59	63	89
36207	이지상	국내영업팀	남	대리	85	45	23	90
36208	이개풍	기획관리팀	여	사원	99	66	99	81
36209	박성애	해외영업팀	여	사원	75	98	35	95
36210	이자우	문화광고팀	남	사원	56	57	36	84
36211	장풍자	해외영업팀	여	팀장	95	80	97	93
36212	한소리	기획관리팀	여	대리	85	56	35	92
36213	마통자	국내영업팀	여	사원	99	99	99	91
36214	박불러	문화광고팀	남	사원	66	36	36	94
36215	이지란	연구개발팀	남	사원	24	26	96	96
36216	신중훈	문화광고팀	남	팀장	80	98	98	85
36217	권중우	문화광고팀	남	대리	34	65	94	85
36218	우설진	국내영업팀	여	사원	88	95	52	82
36219	이선망	기획관리팀	여	팀장	85	75	65	84
36220	장다리	해외영업팀	남	사원	84	85	24	84
36221	마금자	연구개발팀	여	대리	79	68	36	98
36222	사대기	국내영업팀	남	대리	78	46	23	86
36223	이미선	기획관리팀	여	사원	76	36	85	82
36224	김선진	해외영업팀	여	사원	64	23	74	86
36225	이달봉	문화광고팀	남	사원	62	52	65	88
36226	박우진	국내영업팀	남	팀장	63	46	86	90
36227	진인수	해외영업팀	남	대리	64	69	69	95

출력 형식

〈표 9.4〉 　　　　　　**(주)한국센터 성과급 지급 현황표(전반기)**

작성일 :　　③　　　④　　　　　　　　　　　　　　　　　　작성자 : ○○○

사번	성명	근무처	성별	직위	개척	창조	능력	개인	평균	성과급
⋮	⋮	⋮	⋮	⋮	⋮	⋮	⋮	⋮	①	②

처리 조건

① 평균 : (개척 + 창조 + 능력 + 개인) / 4 (소수점이하 첫째자리 표시)

② 성과급 : 평균 점수에 따라 성과급 테이블에서 성과급을 찾음

③ 작성일 : 1, 2, 3 행 삽입 후 시스템 날짜를 ○월 ○일로 표시

④ 요일 : 시스템 날짜의 요일 값으로 요일 테이블에서 찾아 (○요일)로 표시

요구 사항

① **테두리과 배경색**은 〈표 9.4〉의 출력 형식을 참조하여 적용하되 **항목명 배경색 : 황갈색 배경 2, 10% 더 어둡게, 데이터 배경색 : 흰색, 배경 1**을 적용한다.

② A1셀에 **(주)한국센터 성과급 지급 현황표(전반기)**를 입력한 후 A1:K1 범위를 **병합하고 가운데 맞춤**한다. 병합된 A1셀의 글꼴 크기는 16, 글꼴은 **바탕체, 굵게, 밑줄**을 적용하고, 글꼴 색은 **검정, 텍스트 1, 15% 더 밝게**로 적용한 후 **행 높이를 적절히 조절**하라.

③ J3셀에 **작성자 : ○○○**으로 작성자의 이름을 입력한다.

④ A1:K3 범위를 선택하고 배경색으로 테마 색의 **흰색, 배경** 1을 적용하라.

⑤ 표에서 항목명과 사번, 성명, 근무처, 성별, 직위 데이터는 **가운데 맞춤**하라.

⑥ 성과급의 숫자 데이터 표시 형식은 1000단위마다 **쉼표 스타일(,)**로 적용하고 열 너비를 적절히 조절하라.

⑦ 인쇄 미리 보기의 페이지 설정에서 **확대/축소를 85%**로 설정하여 여백을 조절하고 페이지 **가로 가운데 맞춤**한 후 머리글 오른쪽에 시스템 날짜, **바닥글 왼쪽에 (주)한국센터**를 추가하라.

⑧ 완성된 통합 문서를 작성자의 USB에 **성과급산출**로 저장하라.

9.1 기본 테이블 작성

다음 따라하기는 〈표 9.1〉, 〈표 9.2〉, 〈표 9.3〉, 〈표 9.4〉와 처리 조건 및 요구 사항에 따라 기본 표를 작성하는 실습이다.

따라하기

▶ **동작 1** 새 통합 문서의 Sheet1의 이름을 **참조자료**로 변경하고 A1:B13 범위에 〈표 9.1〉의 성과급 테이블을 A15:B22 범위에 〈표 9.2〉의 요일 테이블을 작성한다.

▶ **동작 2**   Sheet2의 이름을 전반기성과급으로 변경하고 A1:B13 범위에 〈표 9.3〉의 기본 자료를 작성한다.

▶ **동작 3**   〈표 9.4〉를 참조하여 처리 조건 ① 평균과 ② 성과급(VLOOKUP 함수 사용)을 계산한다.

▶ **동작 4**   〈표 9.4〉를 참조하여 1, 2, 3행을 삽입하고 처리 조건 ③ 작성일과 ④ 요일(TODAY(), WEEKDAY, VLOOKUP 함수 사용)을 계산한다.

▶ **동작 5**   요구 사항의 ① ～ ⑧을 처리한다.
　　　　　▶ 완성된 표는 〈그림 9.1〉과 같다.

	A	B	C	D	E	F	G	H	I	J	K
1				한국센터 성과급 지급 현황표(전반기)							
2											
3	작성일: 1월 25일 (금요일)								작성자 : 홍길동		
4	사번	성명	근무처	성별	직위	개척	창조	능력	개인	평균	성과급
5	36201	이호돌	연구개발팀	남	팀장	69	55	64	83	67.8	1,280,000
6	36202	강남순	문화광고팀	여	대리	65	63	76	85	72.3	1,320,000
7	36203	김두룡	국내영업팀	남	사원	36	23	68	90	54.3	1,160,000
8	36204	권달순	기획관리팀	여	사원	58	54	69	89	67.5	1,280,000
9	36205	권중자	해외영업팀	여	사원	69	28	65	85	61.8	1,220,000
10	36206	박지우	연구개발팀	남	대리	56	59	63	89	66.8	1,280,000
11	36207	이지상	국내영업팀	남	대리	85	45	23	90	60.8	1,220,000
12	36208	이개풍	기획관리팀	여	사원	99	66	99	81	86.3	1,700,000
13	36209	박성애	해외영업팀	여	사원	75	98	35	95	75.8	1,400,000
14	36210	아자우	문화광고팀	남	사원	56	57	36	84	58.3	1,160,000
15	36211	장풍자	해외영업팀	여	팀장	95	80	97	93	91.3	1,900,000
16	36212	한소리	기획관리팀	여	대리	85	56	35	92	67.0	1,280,000
17	36213	마룡자	국내영업팀	여	사원	99	99	99	91	97.0	2,100,000
18	36214	박물러	문화광고팀	남	사원	66	36	36	94	58.0	1,160,000
19	36215	이지란	연구개발팀	남	사원	24	26	96	96	60.5	1,220,000
20	36216	신중훈	문화광고팀	남	팀장	80	98	98	85	90.3	1,900,000
21	36217	권중우	문화광고팀	남	대리	34	65	94	85	69.5	1,280,000
22	36218	우설진	국내영업팀	여	사원	88	95	52	82	79.3	1,400,000
23	36219	이선망	기획관리팀	여	팀장	85	75	65	84	77.3	1,400,000
24	36220	장다리	해외영업팀	남	사원	84	85	24	84	69.3	1,280,000
25	36221	마금자	연구개발팀	여	대리	79	68	36	98	70.3	1,320,000
26	36222	사대기	국내영업팀	남	대리	78	46	23	86	58.3	1,160,000
27	36223	이미선	기획관리팀	여	사원	76	36	85	82	69.8	1,280,000
28	36224	김선진	해외영업팀	여	사원	64	23	74	86	61.8	1,220,000
29	36225	이달룡	문화광고팀	남	사원	62	52	65	88	66.8	1,280,000
30	36226	박우진	국내영업팀	남	팀장	63	46	86	90	71.3	1,320,000
31	36227	진인수	해외영업팀	남	대리	64	69	69	95	74.3	1,320,000
32											

〈그림 9.1〉

9.2 피벗 테이블 보고서 작성

피벗 테이블 보고서는 대량의 데이터를 철저하게 분석하고 데이터에 대한 다양한 질문에 답할 수 있는 대화형 테이블이다. 예를 들어 피벗 테이블 보고서를 이용하면 〈그림 9.1〉의 표를 다양하게 분석할 수 있다.

9.2.1 피벗 테이블 만들기 및 필드 축소/확대

〈그림 9.1〉의 표를 이용하여 근무처별 남녀 인원수를 요약하거나 직위별 성과급의 평균, 남녀별 직위의 인원수 등 다양한 내용을 분석하여 요약할 수 있다.

다음 따라하기는〈그림 9.1〉의 표에서 근무처별 남녀의 인원수를 피벗 테이블 보고서를 이용하여 분석한다.

따라하기

동작 1 A4:K31 범위의 데이터를 선택(또는 데이터 영역의 임의 셀 선택)하고 삽입 리본 메뉴의 표 그룹에서 **피벗 테이블**(📊)을 클릭한다.

⊳ 분석할 데이터 범위가 점선으로 표시되고 〈그림 9.2〉와 같은 피벗 테이블 만들기 창이 열린다.

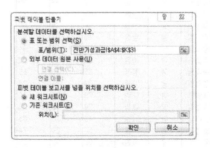

〈그림 9.2〉

동작 2 피벗 테이블 보고서의 위치로 새 워크시트를 선택하고 확인 버튼을 클릭한다.

⊳ 새 워크시트에 〈그림 9.3〉과 같이 시트의 왼쪽에 피벗 테이블이 삽입되고 오른쪽에피벗 테이블 필드 목록 창이 나타난다.

피벗 테이블과 피벗 테이블 필드 목록의 용도

〈그림 9.3〉의 왼쪽 피벗 테이블은 분석되는 결과를 실시간으로 표시하는 테이블이다. 〈그림 9.3〉의 오른쪽 피벗 테이블 필드 목록은 분석할 표에 있는 필드 목록을 표시하여 분석에 필요한 필드의 이동 및 함수 선택 등의 작업을 수행하는 곳이다.

〈그림 9.3〉

▶ **동작 3** 〈그림 9.4〉와 같이 보고서에 추가할 필드 선택 영역에 있는 근무처를 아래의 행 레이블 영역에 끌어다 놓고 성별은 열 레이블 영역에 끌어다 놓고 성명은 **Σ** 값 영역에 끌어다 놓는다.

▷ 피벗 테이블에는 근무처별 남녀의 인원수가 표시된다.

〈그림 9.4〉

▶ **동작 4** 〈그림 9.5〉와 같이 완성된 피벗 테이블 범위가 아닌 임의 셀을 클릭한다.

> ▶ 오른쪽의 피벗 테이블 필드 목록 창과 리본 메뉴 선택 탭에 피벗 테이블 도구와
> 연관된 옵션, 디자인이 없어진다.

	A	B	C	D	E
1					
2					
3	개수 : 성명	열 레이블 ▼			
4	행 레이블 ▼	남	여	총합계	
5	국내영업팀	4	2	6	
6	기획관리팀		5	5	
7	문화광고팀	5	1	6	
8	연구개발팀	3	1	4	
9	해외영업팀	2	4	6	
10	총합계	14	13	27	

〈그림 9.5〉

▶ **동작 5** 피벗 테이블 내에 있는 임의 셀을 클릭한다.

> ▶ 오른쪽의 피벗 테이블 필드 목록 창과 리본 메뉴 선택 탭에 피벗 테이블 도구와
> 연관된 옵션, 디자인이 나타난다.

▶ **동작 6** 피벗 테이블 삽입된 시트의 이름을 전반기성과급분석으로 변경하고 전반기
성과급 시트 다음에 위치시킨다.

🔅 **피벗 테이블 보고서를 이용하면**

데이터가 방대한 경우에도 피벗 테이블 보고서를 이용하여 간단하게 〈그림 9.5〉와 같은 요약 결과를 쉽
게 얻을 수 있다.

다음 따라하기는 전반기성과급분석의 근무처별 남녀 인원수 피벗 테이블에서 근무처별 남
녀 인원수를 직위별로 상세히 표시하는 실습이다.

따라하기

▶ **동작 1**   피벗 테이블의 국내영업팀을 선택하고 옵션 리본 메뉴의 활성 필드 그룹에
서 전체 필드 확장(🔳)을 클릭하여 열린 하위 수준 표시 창에서 직위를 선택
하고 확인 버튼을 클릭한다.

  ⑨ 〈그림 9.6〉과 같이 각 근무처별로 직위가 추가되어 남녀 인원수가 표시된다.

  ⑨ 각 영업팀의 왼쪽에 축소 버튼(➖)이 붙어 있다.

  ⑨ 피벗 테이블 필드 목록에 있는 행 레이블의 근무처 밑에 직위가 추가되어 있다.

💡 **필드를 추가하는 간단한 방법**

피벗 테이블 필드 목록에 있는 필드 선택 영역의 직위를 행 레이블의 근무처 다음에 끌어다 놓는다.

	A	B	C	D	E
1					
2					
3	개수 : 성명	열 레이블 ▾			
4	행 레이블 ▾	남	여	총합계	
5	⊟ 국내영업팀	4	2	6	
6	대리	2		2	
7	사원	1	2	3	
8	팀장	1		1	
9	⊟ 기획관리팀		5	5	
10	대리		1	1	
11	사원		3	3	
12	팀장		1	1	
13	⊟ 문화광고팀	5	1	6	
14	대리	1	1	2	
15	사원	3		3	
16	팀장	1		1	
17	⊟ 연구개발팀	3	1	4	
18	대리	1	1	2	
19	사원	1		1	
20	팀장	1		1	
21	⊟ 해외영업팀	2	4	6	
22	대리	1		1	
23	사원	1	3	4	
24	팀장		1	1	
25	총합계	14	13	27	

〈그림 9.6〉

다음 따라하기는 〈그림 9.6〉와 같이 전체 필드 확장된 피벗 테이블을 전체 필드 축소로 축
소시키고 국내영업팀 직위별 남녀 인원수만 표시하는 실습이다.

🔃 따라하기

▶ **동작 1** 피벗 테이블에서 근무처 이름을 임의로 선택하고 옵션 리본 메뉴의 활성 필드 그룹에서 전체 필드 축소(▀▐)를 클릭한다.

  ▶ 모든 근무처 왼쪽에 확대 버튼(⊞)이 표시되고 직위 필드가 축소되어 표시되지 않는다.

▶ **동작 2** 국내영업팀의 확대 버튼(⊞)을 클릭한다.

  ▶ 〈그림 9.7〉과 같이 국내 영업팀의 직위별 남녀 인원수가 확대되어 표시된다.

	A	B	C	D	E
1					
2					
3	개수 : 성명	열 레이블 ▾			
4	행 레이블 ▾	남	여	총합계	
5	⊟ 국내영업팀	4	2	6	
6	대리	2		2	
7	사원	1	2	3	
8	팀장	1		1	
9	⊞ 기획관리팀		5	5	
10	⊞ 문화광고팀	5	1	6	
11	⊞ 연구개발팀	3	1	4	
12	⊞ 해외영업팀	2	4	6	
13	총합계	14	13	27	
14					

〈그림 9.7〉

▶ **동작 3** 기획관리팀, 문화광고팀, 연구개발팀, 해외영업팀의 확대 버튼(⊞)을 모두 클릭한다.

  ▶ 모든 근무처의 직위별 남녀 인원수가 확대되어 표시된다.

9.2.2 피벗 테이블의 데이터 영역 선택

피벗 테이블 보고서에 서식을 적용하거나 데이터를 복사하거나 내용을 변경하려면 명령을 사용하거나 마우스를 사용하여 개별 셀 또는 데이터 영역을 선택해야 한다. 마우스를 사용하여 셀 또는 데이터 영역을 선택하려고 선택 대상에 마우스 포인터를 옮기면 마우스 포인터의 모양이 달라진다. 데이터 영역을 선택하기 위해 마우스 포인터를 필드 및 레이블의 위쪽이나 왼쪽에 놓으면 마우스 포인터가 아래쪽 화살표 ↓ 또는 오른쪽 화살표 → 로 바뀐다.

다음 따라하기는 마우스를 이용하여 피벗 테이블 전체를 선택하고 데이터 영역과 레이블 영역을 선택하는 실습이다.

📑 따라하기

▶ **동작 1** 피벗 테이블의 A3셀의 왼쪽 또는 위에 마우스 포인터를 옮겨 마우스 포인터가 아래쪽 화살표 ↓ 또는 오른쪽 화살표 ➡ 로 바뀌면 클릭한다.

　　　　⊙ 피벗 테이블 전체 범위가 선택된다.

💡 **마우스 포인터의 모양이 ↓ 또는 ➡ 바뀌지 않는 경우**

피벗 테이블의 옵션 리본 메뉴에 있는 동작 그룹의 선택을 클릭하고 ⊞ 사용 가능을 클릭한다.

▶ **동작 2** 옵션 리본 메뉴에서 동작 그룹의 선택을 클릭하고 값을 클릭한다.

　　　　⊙ 피벗 테이블에서 데이터 값 영역이 선택된다.

▶ **동작 3** 옵션 리본 메뉴에서 동작 그룹의 선택을 클릭하고 레이블을 클릭한다.

　　　　⊙ 피벗 레이블의 레이블 영역이 선택된다.

▶ **동작 4** 옵션 리본 메뉴에서 동작 그룹의 선택을 클릭하고 레이블 및 값을 클릭한다.

　　　　⊙ 피벗 레이블의 레이블 영역과 데이터 영역 전체가 선택된다.

💡 **피벗 테이블에서 영역 선택의 또 다른 방법**

피벗 테이블 전체 영역을 선택하려면 피벗 테이블의 임의 셀 선택 → 옵션 리본 메뉴 → 동작 그룹의 전체 피벗 테이블을 클릭한다. 값 영역을 선택하려면 전체 영역 선택 후 → 옵션 → 값을 클릭하고 레이블 영역을 선택하려면 전체 영역 선택 후 → 옵션 → 레이블을 클릭한다.

다음 따라하기는 마우스를 이용하여 근무처, 성별, 직위의 데이터를 각각 선택하는 실습이다.

📑 따라하기

▶ **동작 1** A5셀의 국내영업팀 왼쪽에 마우스 포인터를 옮겨 마우스 포인터가 오른쪽
화살표 ➡ 로 변하면 클릭한다.

  ⊙ 국내영업팀 레이블과 데이터가 선택된다.

▶ **동작 2** C4셀의 여 위에 마우스 포인터를 옮겨 마우스 포인터가 아래쪽 화살표 ⬇
로 변하면 클릭한다.

  ⊙ 여 레이블과 데이터가 선택된다.

▶ **동작 3** A6셀의 대리 왼쪽에 마우스 포인터를 옮겨 마우스 포인터가 오른쪽 화살표
➡ 로 변하면 클릭한다.

  ⊙ 모든 근무처의 대리 데이터가 모두 선택된다.

▶ **동작 4** A8셀의 팀장 왼쪽에 마우스 포인터 옮겨 마우스 포인터가 오른쪽 화살표 ➡
로 변하면 클릭한다.

  ⊙ 모든 근무처의 팀장 데이터가 모두 선택된다.

▶ **동작 5** 피벗 테이블의 임의 셀을 클릭한다.

  ⊙ 팀장 데이터의 선택이 모두 해제된다.

9.2.3 행 레이블의 선택 표시 및 부분합 숨기기와 표시

피벗 테이블에 분석된 결과에서 나타내고 싶지 않은 항목을 숨길 수 있다. 예를 들어 국내영업팀과 해외영업팀이 제외된 근무처를 표시하거나 대리가 제외된 직위만 표시하거나 근무처별로 계산된 부분합을 숨기거나 표시할 수 있다.

다음 따라하기는 근무처가 모두 표시된 피벗 테이블에서 국내영업팀과 해외영업팀이 제외된 근무처만 표시하는 실습이다.

📇 **따라하기**

▶ **동작 1**   A4셀의 행 레이블 아래쪽 방향 화살표를 클릭한다.

⊳ 〈그림 9.8〉과 같은 필드 선택 창이 열린다.

〈그림 9.8〉

▶ **동작 2**   국내영업팀과 해외영업팀의 체크를 없애고 확인 버튼을 클릭한다.

⊳ 〈그림 9.9〉와 같이 국내영업팀, 해외영업팀을 제외한 근무처만 표시된다.

	A	B	C	D	E
1					
2					
3	개수 : 성명	열 레이블 ▾			
4	행 레이블 ▾	남	여	총합계	
5	⊟기획관리팀		5	5	
6	대리		1	1	
7	사원		3	3	
8	팀장		1	1	
9	⊟문화광고팀	5	1	6	
10	대리	1	1	2	
11	사원	3		3	
12	팀장	1		1	
13	⊟연구개발팀	3	1	4	
14	대리	1	1	2	
15	사원	1		1	
16	팀장	1		1	
17	총합계	8	7	15	
18					

〈그림 9.9〉

다음 따라하기는 피벗 테이블의 근무처별로 표시되어 있는 부분합을 숨기는 실습이다.

따라하기

▶ **동작 1**

A5셀의 위에 마우스 포인터를 옮겨 마우스 포인터가 아래쪽 화살표 ↓로 변하면 클릭한다.

  ▶ 행 레이블의 기획관리팀, 문화광고팀, 연구개발팀이 선택된다.

▶ **동작 2** 옵션 리본 메뉴의 활성 필드 그룹의 필드 설정(🔧)을 클릭한다.

  ▶ 〈그림 9.10〉과 같은 필드 설정 창이 열린다.

〈그림 9.10〉

▶ **동작 3**

부분합의 없음을 클릭하고 확인 버튼을 클릭한다.

  ▶ 〈그림 9.11〉과 같이 각 근무처별 부분합이 표시되지 않는다.

	A	B	C	D	E
1					
2					
3	개수 : 성명	열 레이블 ▾			
4	행 레이블 ▾	남	여	총합계	
5	⊟기획관리팀				
6	대리		1	1	
7	사원		3	3	
8	팀장		1	1	
9	⊟문화광고팀				
10	대리	1	1	2	
11	사원	3		3	
12	팀장	1		1	
13	⊟연구개발팀				
14	대리	1	1	2	
15	사원	1		1	
16	팀장	1		1	
17	총합계	8	7	15	
18					

〈그림 9.11〉

혼 자 해 보 기

지시1 숨겨진 국내영업팀을 해외영업팀을 표시하라.

지시2 근무처별 부분합이 표시되도록 하라.

    ▶ 모든 근무처의 부분합이 표시된다.

지시3 **근무처별 직위**의 전체 필드를 축소하라.

    ▶ 결과는 〈그림 9.12〉과 같다.

	A	B	C	D	E
1					
2					
3	개수 : 성명	열 레이블 ▾			
4	행 레이블 ▾	남	여	총합계	
5	⊞ 국내영업팀	4	2	6	
6	⊞ 기획관리팀		5	5	
7	⊞ 문화광고팀	5	1	6	
8	⊞ 연구개발팀	3	1	4	
9	⊞ 해외영업팀	2	4	6	
10	총합계	14	13	27	
11					

〈그림 9.12〉

💡 **전체 필드를 축소하는 두 가지 방법**

피벗 테이블에서 근무처 이름을 임의로 선택하고 옵션 리본 메뉴의 활성 필드 그룹에서 전체 필드 축소 (▤)를 클릭한다. 또는 각 근무처에 있는 필드 축소 버튼(⊟)을 모두 클릭한다.

9.2.4 피벗 테이블의 필드 이동

피벗 테이블은 필드 이동을 통해 요구하는 문제의 해결을 신속하게 할 수 있다. 예를 들어 〈그림 9.12〉의 피벗 테이블을 수정하여 근무처의 성별에 따른 성과급을 지급 내용을 분석할 수 있다.

다음 따라하기는 피벗 테이블에서 행 레이블 영역의 직위와 Σ 값 영역의 개수:성별을 보고서에 추가할 필드 선택 영역으로 이동시키고 Σ 값 영역에 합계 : 성과급을 이동시키는 실습이다.

따라하기

▶ **동작 1**

피벗 테이블을 선택하여 표시된 **피벗 테이블 필드 목록**에서 행 레이블의 직위를 보고서
에 추가할 필드 선택 영역으로 끌어다 놓는다.

  ▶ 행 레이블 영역의 직위가 보고서에 추가할 필드 선택 영역으로 이동하고 직위
   에 있던 체크가 없어진다.
  ▶ 각 영업팀의 왼쪽에 있는 필드 확대 버튼(⊞) 모두 없어진다.

💡 **보고서에 추가할 필드 선택 영역에서 체크가 붙은 필드**

체크가 붙은 필드는 아래의 행 레이블, 열레이블, Σ 값 영역에 해당 필드가 사용되고 있음을 의미한다.

▶ **동작 2**　Σ 값 영역에서 개수 : 성명을 보고서에 추가할 필드 선택 영역으로 끌어다
놓는다.

  ▶ 보고서에 추가할 필드 선택 영역의 성명에 있던 체크가 없어진다.
  ▶ 피벗 테이블의 데이터 영역의 값이 모두 없어진다.

▶ **동작 3**　보고서에 추가할 필드 선택 영역의 성과급을 Σ 값 영역으로 끌어다 놓는다.

  ▶ Σ 값 영역에 합계 : 성과급이 표시된다.
  ▶ 〈그림 9.13〉과 같이 근무처별 남녀 성과급의 합계가 계산된다.
  ▶ 행 영역의 '직위'필드가 삭제됨.

	A	B	C	D	E
1					
2					
3	합계 : 성과급	열 레이블 ▾			
4	행 레이블 ▾	남	여	종합계	
5	국내영업팀	4860000	3500000	8360000	
6	기획관리팀		6940000	6940000	
7	문화광고팀	6780000	1320000	8100000	
8	연구개발팀	3780000	1320000	5100000	
9	해외영업팀	2600000	5740000	8340000	
10	총합계	18020000	18820000	36840000	
11					

〈그림 9.13〉

9.2.5 데이터 영역 필드의 함수 및 표시 형식 변경

Σ 값 영역에 사용된 계산 함수는 사용자의 필요에 따라 평균, 최소값, 최대값, 표준 편차, 표본 분산 등의 함수로 변경하여 계산할 수 있고 계산된 결과의 표시 형식도 변경할 수 있다. 예를 들어 근무처의 성별에 따른 성과급의 합계를 계산하여 요약한 결과〈그림 9.13〉을 성과급의 평균으로 변경하고 쉼표 스타일을 지정할 수 있다.

다음 따라하기는 피벗 테이블에서 근무처의 성별에 따른 성과급의 합계를 성과급의 평균으로 변경하여 쉼표 스타일을 지정하는 실습이다.

따라하기

▶ **동작 1** 피벗 테이블에서 데이터 영역의 임의의 **숫자** 데이터를 선택한다.

▶ **동작 2** 옵션 리본 메뉴의 활성 필드 그룹에 있는 필드 설정(🔧)을 클릭한다.
　　　　　▶ 〈그림 9.14〉과 같은 값 필드 설정 창이 열린다.

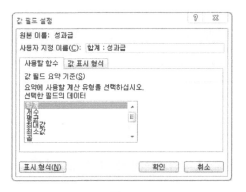

〈그림 9.14〉

💡 값 필드 설정 창을 여는 다른 방법

Σ 값 영역에 있는 합계 : 성과급의 아래쪽 방향 화살표를 클릭하고 값 필드 설정을 클릭한다.

● 동작 3 사용할 함수 탭의 값 필드 요약 기준으로 목록 상자에서 **평균**을 선택하고
아래의 표시 형식 버튼을 클릭 한 후 **숫자** - 1000 단위 구분 기호(,) 사용을
체크하고 소수이하 자릿수는 0를 지정하여 확인 → 확인 버튼을 클릭한다.

⊙ 〈그림 9.15〉과 같이 평균 : 성과급이 요약되고 백분율 스타일이 적용된다.

	A	B	C	D	E
1					
2					
3	평균 : 성과급	열 레이블			
4	행 레이블	남	여	총합계	
5	국내영업팀	1,215,000	1,750,000	1,393,333	
6	기획관리팀		1,388,000	1,388,000	
7	문화광고팀	1,356,000	1,320,000	1,350,000	
8	연구개발팀	1,260,000	1,320,000	1,275,000	
9	해외영업팀	1,300,000	1,435,000	1,390,000	
10	총합계	1,287,143	1,447,692	1,364,444	
11					

〈그림 9.15〉

혼 자 해 보 기

지시 1 〈그림 9.16〉와 같이 근무처의 직위별 성과급의 평균을 분석하라.

	A	B	C	D	E
1					
2					
3	평균 : 성과급	열 레이블			
4	행 레이블	대리	사원	팀장	총합계
5	국내영업팀	1,190,000	1,553,333	1,320,000	1,393,333
6	기획관리팀	1,280,000	1,420,000	1,400,000	1,388,000
7	문화광고팀	1,300,000	1,200,000	1,900,000	1,350,000
8	연구개발팀	1,300,000	1,220,000	1,280,000	1,275,000
9	해외영업팀	1,320,000	1,280,000	1,900,000	1,390,000
10	총합계	1,272,500	1,347,143	1,560,000	1,364,444
11					

〈그림 9.16〉

지시 2 〈그림 9.17〉과 같이 직위의 성별에 따른 개인점수 평균을 요약하고 **표시 형식**
은 숫자에서 소수 자릿수를 0으로 지정하라.

	A	B	C	D	E
1					
2					
3	평균 : 개인	열 레이블			
4	행 레이블	남	여	총합계	
5	대리	89	92	90	
6	사원	89	86	88	
7	팀장	86	89	87	
8	총합계	89	88	88	
9					

〈그림 9.17〉

9.2.6 피벗 테이블의 행/열 총합계 표시하지 않기

피벗 테이블에서는 행 또는 열의 총합계를 표시하거나 표시하지 않을 수 있다. 예를 들어 〈그림 9.17〉에서 사용자의 필요에 따라 행 또는 열의 총합계를 표시하지 않을 수 있다.

다음 따라하기는 피벗 테이블에서 열의 총합계를 표시하지 않는 실습이다.

따라하기

▶ **동작 1** 피벗 테이블을 선택하고 옵션 리본 메뉴의 피벗 테이블 그룹에서 옵션(🖐)
을 클릭한다.

    ▶ 〈그림 9.18〉과 같은 피벗 테이블 옵션 창이 열린다.

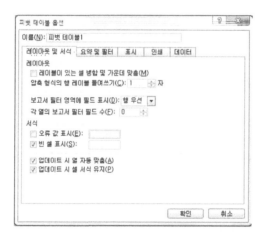

〈그림 9.18〉

▶ **동작 2** 요약 및 필터 탭을 클릭하고 열의 총합계 표시를 클릭하여 체크를 없앤다.

    ▶ 〈그림 9.19〉와 같이 피벗 테이블에서 열 합계가 표시되지 않는다.

〈그림 9.19〉

🔍 혼 자 해 보 기

지시 1 피벗 테이블 〈그림 9.19〉에서 **열의 총합계**를 표시하라.

지시 2 〈그림 9.20〉과 같이 근무처 직위별 능력점수의 평균을 요약하고 **표시 형식**은 **숫자**에서 소수 자릿수를 0으로 하라.

	A	B	C	D	E	F
1						
2						
3	평균 : 능력	열 레이블 ▾				
4	행 레이블 ▾	대리	사원	팀장	총합계	
5	국내영업팀	23	73	86	59	
6	기획관리팀	35	84	65	71	
7	문화광고팀	85	46	98	68	
8	연구개발팀	50	96	64	65	
9	해외영업팀	69	50	97	61	
10	총합계	52	65	82	64	
11						

〈그림 9.20〉

9.2.7 피벗 테이블의 그룹/그룹 해제

피벗 테이블에서는 몇 개의 필드를 묶어 그룹화를 할 수 있다. 예를 들어 〈그림 9.20〉에서 국내영업팀과 기획관리팀을 묶어 한 개의 그룹으로 만들고, 문화광고팀과 연구개발팀, 해외영업팀을 묶어 한 개의 그룹으로 만들어 표시할 수 있다.

다음 따라하기는 국내영업팀과 기획관리팀을 묶어 한 개의 그룹으로 만들고, 문화광고팀과 연구개발팀, 해외영업팀을 묶어 한 개의 그룹으로 만들어 표시하는 실습이다.

📋 따라하기

▶ 동작 1 피벗 테이블의 A5:A6범위(국내영업팀과 기획관리팀)을 선택한 후 옵션 리본 메뉴의 그룹에서 그룹 선택(➡)을 클릭한다.

　▶ 〈그림 9.21〉과 같이 국내영업팀과 기획관리팀이 그룹1이 된다.

	A	B	C	D	E	F
1						
2						
3	평균 : 능력	열 레이블 ▾				
4	행 레이블 ▾	대리	사원	팀장	총합계	
5	⊟ 그룹1					
6	국내영업팀	23	73	86	59	
7	기획관리팀	35	84	65	71	
8	⊞ 문화광고팀	85	46	98	68	
9	⊞ 연구개발팀	50	96	64	65	
10	⊞ 해외영업팀	69	50	97	61	
11	총합계	52	65	82	64	
12						

〈그림 9.21〉

▶ **동작 2** A8:A10 범위(문화광고팀, 연구개발팀, 해외영업팀)을 그룹 선택하여 그룹2로 지정한다.

▶ 문화광고팀, 연구개발팀, 해외영업팀이 그룹2가 된다.

다음 따라하기는 피벗 테이블에 만들어진 그룹1과 그룹2의 부분합을 표시하는 실습이다.

따라하기

▶ **동작 1** 피벗 테이블의 A5셀(그룹1)을 선택하고 **옵션** 리본 메뉴에서 활성 필드 그룹의 **필드 설정**()을 클릭하여 열린 필드 설정 창에서 부분합의 **자동**을 클릭하고 **확인** 버튼을 클릭한다.

▶ 〈그림 9.22〉과 같이 그룹1과 그룹2의 부분합이 표시된다.

	A	B	C	D	E	F
1						
2						
3	평균 : 능력	열 레이블 ▾				
4	행 레이블 ▾	대리	사원	팀장	총합계	
5	⊟ 그룹1	27	79	76	64	
6	국내영업팀	23	73	86	59	
7	기획관리팀	35	84	65	71	
8	⊟ 그룹2	68	54	86	64	
9	문화광고팀	85	46	98	68	
10	연구개발팀	50	96	64	65	
11	해외영업팀	69	50	97	61	
12	총합계	52	65	82	64	
13						

〈그림 9.22〉

다음 따라하기는 피벗 테이블에 만들어진 그룹1과 그룹2를 해제하는 실습이다.

📖 따라하기

▶ **동작 1**

그룹1을 선택하고 옵션 리본 메뉴에서 그룹의 그룹 해제(♣)를 클릭한다.

  ▶ 피벗 테이블의 그룹1이 해제된다.

▶ **동작 2**   그룹2를 선택하고 그룹 해제 한다.

  ▶ 그룹2가 해제되고 피벗 테이블의 필드 확장/축소 버튼이 없어진다.

9.2.8 피벗 테이블의 데이터 변경과 적용

피벗 테이블은 원본 데이터의 일부가 바뀌어도 피벗 테이블에 반영되어 계산되지 않는다. 예를 들어 연구개발팀의 대리에 해당하는 사람의 능력 점수를 모두 90점으로 변경하였다면 연구개발팀에서 대리의 평균 능력 점수는 90점이 되어야 하지만 자동으로 반영되지 않는다.

다음 따라하기는 연구개발팀 대리의 능력 점수를 모두 90점으로 변경하고 피벗 테이블에 반영하는 실습이다.

📖 따라하기

▶ **동작 1**   성과급전반기 시트를 선택하여 연구개발팀 대리의 능력 점수를 모두 90점으로 변경한다.

▶ **동작 2**   전반기성과급분석 시트를 선택하여 피벗 테이블에서 연구개발팀 대리의 평균 : 능력 점수를 확인한다.

  ▶ 연구개발팀 대리의 능력 평균 점수는 50점으로 변화가 없다.

▶ **동작 3**　피벗 테이블을 선택하고 옵션 리본 메뉴에서 데이터 그룹의 새로 고침(🔄)

을 클릭한다.

　▶ 전반기성과급 시트에서 수정한 데이터가 피벗 테이블에 반영된다.

　▶ 연구개발팀 대리의 평균 : 능력 점수가 90점으로 계산된다.

9.2.9 계산 필드의 삽입/삭제

계산 필드는 사용자가 정의한 수식을 사용하는 필드나 항목으로 피벗 테이블 에 있는 다른 필드나 항목의 내용을 사용하여 계산할 수 있다. 이것은 주로 피벗 테이블의 내용을 기반으로 한 예측 값을 산출할 때 이용한다. 예를 들어 근무처의 직위별 성과급을 요약하고 성과급이 12% 인상되었을 때의 예측 값을 계산할 수 있다.

다음 따라하기는 근무처의 직위별 성과급을 요약하고 성과급이 12% 인상되었을 때의 예측 값을 계산하는 실습이다.

📑　**따라하기**

▶ **동작 1**　〈그림 9.23〉과 같이 근무처의 직위별 성과급 합계를 피벗 테이블보고서로 요약하고 표시 형식을 쉼표 스타일로 지정한다.

	A	B	C	D	E	F
1						
2						
3	합계 : 성과급	열 레이블 ▾				
4	행 레이블 ▾	대리	사원	팀장	총합계	
5	국내영업팀	2,380,000	4,660,000	1,320,000	8,360,000	
6	기획관리팀	1,280,000	4,260,000	1,400,000	6,940,000	
7	문화광고팀	2,600,000	3,600,000	1,900,000	8,100,000	
8	연구개발팀	2,870,000	1,220,000	1,280,000	5,370,000	
9	해외영업팀	1,320,000	5,120,000	1,900,000	8,340,000	
10	총합계	10,450,000	18,860,000	7,800,000	37,110,000	
11						

〈그림 9.23〉

▶ **동작 2** 　피벗 테이블을 선택하고 옵션 리본 메뉴에서 도구 그룹의 수식 → 계산 필드
를 차례로 클릭한다.

　　　⊙ 〈그림 9.24〉과 같은 계산 필드 삽입 창이 열린다.

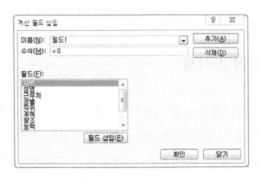

〈그림 9.24〉

▶ **동작 3**

이름 입력 상자의 필드1을 지우고 12%인상시 성과급을 입력한 후수식 입력 상자에서 =
성과급*1.12를 입력하고 추가 버튼을 클릭한다.

　　　⊙ 피벗 테이블 필드 목록에 12% 인상시 성과급 필드가 추가된다.

▶ **동작 4** 　확인 버튼을 클릭한다.

　　　⊙ 〈그림 9.25〉과 같이 합계 : 12% 인상시 성과급이 추가되어 있다.

	A	B	C	D	E
1					
2					
3		열 레이블			
4	행 레이블	대리	사원	팀장	총합계
5	국내영업팀				
6	합계 : 성과급	2,380,000	4,660,000	1,320,000	8,360,000
7	합계 : 12% 인상시 성과급	2,665,600	5,219,200	1,478,400	9,363,200
8	기획관리팀				
9	합계 : 성과급	1,280,000	4,260,000	1,400,000	6,940,000
10	합계 : 12% 인상시 성과급	1,433,600	4,771,200	1,568,000	7,772,800
11	문화광고팀				
12	합계 : 성과급	2,600,000	3,600,000	1,900,000	8,100,000
13	합계 : 12% 인상시 성과급	2,912,000	4,032,000	2,128,000	9,072,000
14	연구개발팀				
15	합계 : 성과급	2,870,000	1,220,000	1,280,000	5,370,000
16	합계 : 12% 인상시 성과급	3,214,400	1,366,400	1,433,600	6,014,400
17	해외영업팀				
18	합계 : 성과급	1,320,000	5,120,000	1,900,000	8,340,000
19	합계 : 12% 인상시 성과급	1,478,400	5,734,400	2,128,000	9,340,800
20	전체 합계 : 성과급	10,450,000	18,860,000	7,800,000	37,110,000
21	전체 합계 : 12% 인상시 성과급	11,704,000	21,123,200	8,736,000	41,563,200

〈그림 9.25〉

계산된 값이 열에 추가되어 〈그림 9.25〉와 다를 때

이 경우는 피벗 테이블을 선택하고 피벗 테이블 필드 선택 목록을 살펴보면 **Σ** 값이라는 필드가 행 레이블의 직위 필드 아래에 있음을 알 수 있다. 따라서 열 레이블에 있는 **Σ** 값 필드를 행 레이블의 근무처 필드 아래로 끌어다 놓으면 된다. 결과는 〈그림 9.25〉와 같다.

다음 따라하기는 추가된 12% 인상시 성과급 필드를 삭제하는 실습이다.

따라하기

▶ **동작 1**   피벗 테이블을 선택하고 옵션 리본 메뉴에서 도구 그룹의 수식 → 계산 필드를 차례로 클릭한다.

    ▷ 계산 필드 삽입 창이 열린다.

▶ **동작 2**   이름 입력 상자의 아래쪽 방향 화살표를 클릭하여 표시된 12% 인상시 성과급을 클릭한다.

    ▷ 이름 입력 상자에는 12% 인상시 성과급이 표시되고 수식 입력 상자에는 =성과급*1.12가 표시된다.

▶ **동작 3**   삭제 버튼을 클릭하고 확인 버튼을 클릭한다.

    ▷ 추가되었던 12% 인상시 성과급 계산 필드가 삭제 된다.

혼 자 해 보 기

지시 1 　13% **인상시 성과급** 필드를 추가하라.

지시 2 　15% **인상시 성과급** 필드를 추가하라.

▶ 완성된 피벗 테이블은 〈그림 9.26〉과 같다.

	A	B	C	D	E
1					
2					
3		열 레이블 ▼			
4	행 레이블 ▼	대리	사원	팀장	총합계
5	국내영업팀				
6	합계 : 성과급	2,380,000	4,660,000	1,320,000	8,360,000
7	합계 : 13% 인상시 성과급	2,689,400	5,265,800	1,491,600	9,446,800
8	합계 : 15% 인상시 성과급	2,737,000	5,359,000	1,518,000	9,614,000
9	기획관리팀				
10	합계 : 성과급	1,280,000	4,260,000	1,400,000	6,940,000
11	합계 : 13% 인상시 성과급	1,446,400	4,813,800	1,582,000	7,842,200
12	합계 : 15% 인상시 성과급	1,472,000	4,899,000	1,610,000	7,981,000
13	문화광고팀				
14	합계 : 성과급	2,600,000	3,600,000	1,900,000	8,100,000
15	합계 : 13% 인상시 성과급	2,938,000	4,068,000	2,147,000	9,153,000
16	합계 : 15% 인상시 성과급	2,990,000	4,140,000	2,185,000	9,315,000
17	연구개발팀				
18	합계 : 성과급	2,870,000	1,220,000	1,280,000	5,370,000
19	합계 : 13% 인상시 성과급	3,243,100	1,378,600	1,446,400	6,068,100
20	합계 : 15% 인상시 성과급	3,300,500	1,403,000	1,472,000	6,175,500
21	해외영업팀				
22	합계 : 성과급	1,320,000	5,120,000	1,900,000	8,340,000
23	합계 : 13% 인상시 성과급	1,491,600	5,785,600	2,147,000	9,424,200
24	합계 : 15% 인상시 성과급	1,518,000	5,888,000	2,185,000	9,591,000
25	전체 합계 : 성과급	10,450,000	18,860,000	7,800,000	37,110,000
26	전체 합계 : 13% 인상시 성과급	11,808,500	21,311,800	8,814,000	41,934,300
27	전체 합계 : 15% 인상시 성과급	12,017,500	21,689,000	8,970,000	42,676,500

〈그림 9.26〉

지시 3 　완성된 통합 문서를 **성과급산출**로 재저장하라.

9.3 필기 연습 문제

1. 다음 중 아래의 피벗 테이블과 이를 활용한 데이터 추출에 대한 설명으로 옳지 않은 것은?
   14년 2회 기출

평균 : TOEIC	열 레이블 ▾	
행 레이블 ▾	**경영학과**	**컴퓨터학과**
김경호	880	
김영민	790	
박찬진	940	
최미진		990
최우석		860
총합계	**870**	**925**

① 피벗 테이블 옵션에서 열 총합계 표시가 해제되었다.

② 총 합계는 TOEIC 점수에 대한 평균이 계산되었다.

③ 행 레이블 영역, 열 레이블 영역, 그리고 값 영역에 각각 하나의 필드가 표시되었다.

④ 행 레이블 필터를 이용하면 성이 김씨인 사람에 대한 자료만 추출할 수도 있다.

2. 다음 중 시나리오에 관한 설명으로 옳지 않은 것은? 14년 1회 기출

① 하나의 시나리오에 최대 32개까지 변경 셀을 지정할 수 있다.

② 시나리오의 결과는 요약 보고서나 피벗테이블 보고서로 작성할 수 있다.

③ 시나리오 병합을 통하여 다른 통합문서나 다른 워크시트에 저장된 시나리오를 가져올
수 있다.

④ 시나리오는 입력된 자료들을 그룹별로 분류하고 해당 그룹별로 특정한 계산을 수행하는
기능이다.

3. 다음 중 다양한 상황과 변수에 따른 여러 가지 결과 값의 변화를 가상의 상황을 통해 예측하
여 분석할 수 있는 도구는? 14년 2회 기출

① 시나리오 관리자   ② 목표값 찾기

③ 해찾기   ④ 데이터 표

4. 다음 중 메모에 대한 설명으로 옳지 않은 것은? 14년 1회 기출

① 메모 상자의 크기는 조절이 가능하다.

② 인쇄 시 메모의 인쇄 여부를 설정할 수 있다.

③ 정렬을 하면 메모도 메모가 삽입된 셀과 함께 이동된다.

④ 피벗 테이블 보고서의 레이아웃(행, 열, 보고서 필터, 값)이 변경되면 메모도 메모가 삽입된 셀과 함께 이동된다.

5. 다음 중 아래 그림과 같이 연 이율과 월 적금액이 고정되어 있고, 적금기간이 1년, 2년, 3년, 4년, 5년인 경우 각 만기 후의 금액을 확인하기 위한 도구로 적합한 것은? 2015년 3회

① 고급 필터
③ 목표값 찾기
② 데이터 통합
④ 데이터 표

6. 다음 중 다양한 상황과 변수에 따른 여러 가지 결과 값의 변화를 가상의 상황을 통해 예측하여 분석할 수 있는 도구는? 2017년1회

① 시나리오 관리자
③ 부분합
② 목표값 찾기
④ 통합

7. 다음 중 피벗 테이블 보고서에 대한 설명으로 옳지 않은 것은? 2016년 2회

① 피벗 테이블 보고서를 작성한 후에 사용자가 새로운 수식을 추가하여 표시할 수 있다.

② 원본 데이터가 변경되면 피벗 테이블 보고서의 데이터도 자동으로 변경된다.

③ 피벗 테이블 보고서는 현재 작업 중인 워크시트나 새로운 워크시트에 작성할 수 있다.

④ 피벗 테이블을 삭제하더라도 피벗 테이블과 연결된 피벗 차트는 삭제되지 않고 일반 차트로 변경된다.

8. 다음 중 각 워크시트에서 채우기 핸들을 [A3] 셀로 드래그 한 경우 [A3] 셀에 입력되는 값으로 옳지 않은 것은? 2016년 3회

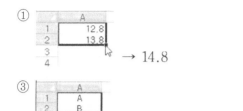

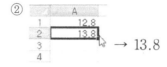

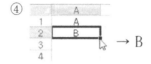

9. 다음 중 아래 워크시트에서 [A1:B1] 영역을 선택한 후 채우기 핸들을 이용하여 [B3] 셀까지 드래그 했을 때 [A3] 셀, [B3] 셀의 값으로 옳은 것은? 2017년1회

	A	B
1	가-011	01월15일
2		
3		
4		

① 다-011, 01월17일
② 가-013, 01월17일
③ 가-013, 03월15일
④ 다-011, 03월15일

10. 다음 중 판매관리표에서 수식으로 작성된 판매액의 총합계가 원하는 값이 되기 위한 판매수량을 예측하는데 가장 적절한 데이터 분석 도구는? (단, 판매액의 총합계를 구하는 수식은 판매수량을 참조하여 계산된다.) 2016년 3회

① 시나리오 관리자
② 데이터 표
③ 피벗 테이블
④ 목표값 찾기

11. 다음 중 아래 그림과 같이 [A1:A2] 영역을 선택한 후 채우기 핸들을 아래쪽으로 드래그 했을 때 [A5] 셀에 입력될 값으로 옳은 것은? 2016년 1회

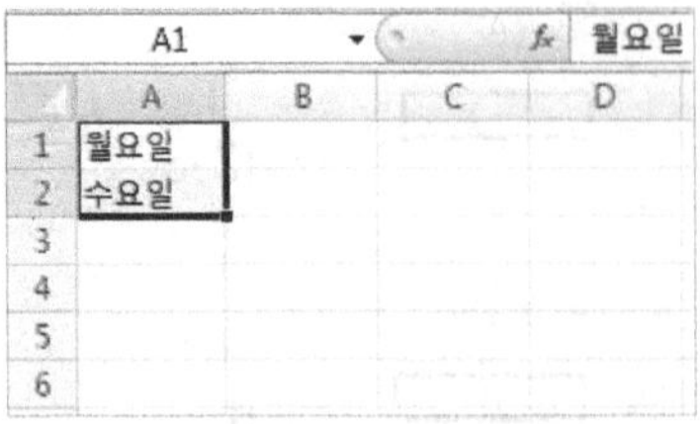

A1		fx	월요일
	A	B	C	D
1	월요일			
2	수요일			
3				
4				
5				
6				

① 월요일   ② 화요일

③ 수요일   ④ 금요일

CHAPTER **10**

매크로 활용

기본 표 작성 **10.1**

매크로 생성과 실행 **10.2**

매크로 활용 **10.3**

연습 문제 **10.4**

필기 연습 문제 **10.5**

매크로(Macro)는 자주 사용하는 일련의 명령들을 마치 하나의 명령처럼 사용할 수 있도록 저장한 프로그램으로서 반복해야 하는 작업들을 자동화하여 불필요한 수고를 줄일 수 있게 해준다. 즉 매크로는 자주 보고 싶은 영상을 녹화시킨 후 듣고 싶을 때마다 재생하여 보는 것처럼 반복적으로 사용해야 하는 명령을 하나의 프로그램 형태로 저장해 두고 필요할 때마다 손쉽게 실행시켜 사용하는 것을 말한다. 이 장은 〈표 10.1〉과 〈표 10.2〉의 기본자료, 처리 조건, 요구 사항을 이용하여 기본 표를 작성한 후 매크로를 생성하고 실행하는 방법을 학습한다.

참조 자료

〈표 10.1〉 과정참조

과정반	수강료	수강일	장소
헬스A	75000	월수금	헬스돔1
헬스B	70000	화수목	헬스돔2
헬스C	65000	목금토	헬스돔3
수영A	55000	월수금	실내수영장1
수영B	50000	화금토	실내수영장2
수영C	45000	토일월	실내수영장3
요가A	85000	화수목	사파이어1
요가B	80000	금토일	사파이어2
요가C	75000	화목금	사파이어3
에어로빅A	70000	수금토	금강홀1
에어로빅B	65000	금토일	금강홀2
에어로빅C	60000	월화수	금강홀3

기본 자료

〈표 10.2〉

회원번호	성명	과정반	성별	키	체중	취미	수강료	수강일	장소
HS0001	이생순	헬스A	남	175	69	여행			
HS0002	기미노	헬스B	여	170	65	영화감상			
HS0003	감치미	수영A	남	166	76	노래			
HS0004	우국자	수영B	여	158	58	등산			
HS0005	김삼돌	수영C	여	165	59	여행			
HS0006	이삼식	요가A	남	159	56	영화감상			
HS0007	공도수	요가B	여	180	75	음악감상			
HS0008	이동숙	에어로빅A	여	179	79	요리			
HS0009	맹도리	에어로빅B	여	176	55	등산			
HS0010	박수상	에어로빅C	여	160	56	낚시			
HS0011	백수건	수영A	여	180	55	뜨개질			
HS0012	김미돌	수영B	여	166	50	요리	①	②	③
HS0013	이마루	수영C	여	171	52	영화감상			
HS0014	저마루	헬스C	남	157	53	음악감상			
HS0015	이막순	헬스C	남	166	51	노래			
HS0016	히딩거	헬스A	남	177	69	여행			
HS0017	마건달	헬스B	남	172	70	요리			
HS0018	이무달	에어로빅A	여	163	52	자전거			
HS0019	금장비	요가A	여	164	56	자전거			
HS0020	이장돌	요가B	남	155	66	노래			
HS0021	공미순	요가A	여	152	49	등산			
HS0022	허삼순	요가C	남	169	62	요리			
HS0023	오미주	에어로빅B	여	170	78	여행			

처리 조건

① 수강료 : 과정반으로 과정참조 테이블에서 찾음

② 수강일 : 과정반으로 과정참조 테이블에서 찾음

③ 장소 : 과정반으로 과정참조 테이블에서 찾음

요구 사항

① **테두리**는 〈표 10.2〉를 참조하여 적용하고 배경 색 및 글꼴은 변경하지 않는다.

② 1, 2, 3행을 삽입하고 A1셀에 **(주)한국스포츠 회원 등록 현황(12월)**를 입력한 후 셀 병합, 서식 지정은 하지 않는다.

③ I3셀에 **작성자** : ㅇㅇㅇ으로 작성자의 이름을 입력한다.

④ 표에서 항목명과 회원번호, 성명, 성별, 데이터는 **가운데 맞춤**한다.

⑤ 수강료는 1000단위마다 **쉼표 스타일**을 적용한다.

⑥ 인쇄 미리 보기의 페이지 설정에서 **확대/축소**를 85%로 설정하고 페이지 **가로 가운데 맞춤**한 후 **머리글** 오른쪽에 시스템 날짜, **바닥글** 왼쪽에 (주)한국스포츠를 추가하라.

⑦ 완성된 통합 문서를 작성자의 USB에 **회원현황12월**로 저장하고 아래의 매크로를 생성하라.

10.1 기본 표 작성

다음 따라하기는 〈표 10.1〉과 〈표 10.2〉, 처리 조건을 이용하여 매크로 실습을 위한 기본 표를 작성하는 실습이다.

따라하기

▶ **동작 1** 새 통합 문서의 Sheet1의 이름을 과정참조로 변경하고 A1:D13 범위에 〈표 10.1〉을 작성한다.

▶ **동작 2** Sheet2의 이름을 등록현황12월로 변경하고 A1:J24 범위에 〈표 10.2〉와 처리 조건 ①, ②, ③을 처리한 후 요구 사항 ① ~ ⑦을 처리한다.

▷ 완성된 표는 〈그림 10.1〉과 같다.

	A	B	C	D	E	F	G	H	I	J
1	(주)한국스포츠 회원 등록 현황(12월)									
2										
3									작성자 : 홍 길 동	
4	회원번호	성명	과정반	성별	키	체중	취미	수강료	수강일	장소
5	HS0001	이생순	헬스A	남	175	69	여행	75000	월수금	헬스돔1
6	HS0002	기미노	헬스B	여	170	65	영화감상	70000	화수목	헬스돔2
7	HS0003	감치미	수영A	남	166	76	노래	55000	월수금	실내수영
8	HS0004	우국자	수영B	여	158	58	등산	50000	화금토	실내수영
9	HS0005	김삼돌	수영C	여	165	59	여행	45000	토일월	실내수영
10	HS0006	이삼식	요가A	남	159	56	영화감상	85000	화수목	사파이어1
11	HS0007	공도수	요가B	여	180	75	음악감상	80000	금토일	사파이어2
12	HS0008	이동숙	에어로빅	여	179	79	요리	70000	수금토	금강홀1
13	HS0009	맹도리	에어로빅B	여	176	55	등산	65000	금토일	금강홀2
14	HS0010	박수상	에어로빅C	여	160	56	낚시	60000	월화수	금강홀3
15	HS0011	백수건	수영A	여	180	55	뜨개질	55000	월수금	실내수영
16	HS0012	김미돌	수영B	여	166	50	요리	50000	화금토	실내수영
17	HS0013	이마루	수영C	여	171	52	영화감상	45000	토일월	실내수영
18	HS0014	저마루	헬스C	남	157	53	음악감상	65000	목금토	헬스돔3
19	HS0015	이막순	헬스C	남	166	51	노래	65000	목금토	헬스돔3
20	HS0016	히딩거	헬스A	남	177	69	여행	75000	월수금	헬스돔1
21	HS0017	마건달	헬스B	남	172	70	요리	70000	화수목	헬스돔2
22	HS0018	이무달	에어로빅	여	163	52	자전거	70000	수금토	금강홀1
23	HS0019	금장비	요가A	남	164	56	자전거	85000	화수목	사파이어1
24	HS0020	이장돌	요가B	남	155	66	노래	80000	금토일	사파이어1
25	HS0021	공미순	요가A	여	152	49	등산	85000	화수목	사파이어1
26	HS0022	허삼순	요가C	남	169	62	요리	75000	화목금	사파이어3
27	HS0023	오미주	에어로빅B	여	170	78	여행	65000	금토일	금강홀2
28										

〈그림 10.1〉

10.2 매크로 생성과 실행

VBA(Visual Basic for Applications) 언어로 기록되는 매크로(Macro)는 빈번하게 반복되는 명령을 한꺼번에 모아두고 한 번의 클릭으로 자동 실행할 수 있다. VBA는 비주얼 베이직을 이용하여 엑셀 개체를 제어할 수 있는 프로그래밍 언어로 엑셀의 설치와 함께 이용할 수 있다. VBA를 이용하면 엑셀에서 지원되지 않는 새로운 형태의 프로그램을 만들수 있고 엑셀 매크로만으로 만들 수 없는 다양한 형태의 프로그램을 구현할 수 있다. 다음의 매크로 요구 사항 ①을 처리하는 매크로를 생성하고 실행하는 과정을 통해 매크로를 이해하고 이를 활용하는 방법을 익힌다.

요구 사항

① A4:J4 범위의 글꼴 : 돋움체, 굵게, 글꼴 크기 : 12, 글꼴 색 : 진한 파랑, 배경 : 흰색, 배경 1, 15% 더 어둡게를 적용하는 매크로를 생성하고 매크로 실행은 양식 컨트롤의 단추를 이용하여 실행하라.

- **매크로 이름**은 항목서식지정으로 하고 매크로 실행은 양식 컨트롤의 단추를 이용하여 실행하라. 단추의 텍스트는 **서식지정**으로 하고 단추는 L1:L2 범위에 위치시킨다.

② A4:J4 범위의 글꼴 : 맑은 고딕, 굵게 → 해제, 글꼴 크기 : 11, 글꼴 색 : 자동, 배경 : 채우기 없음를 적용하는 매크로를 생성하고 매크로 실행은 양식 컨트롤의 단추를 이용하여 실행하라.

- **매크로 이름**은 항목서식해제로 하고 매크로 실행은 양식 컨트롤의 단추를 이용하여 실행하라. 단추의 텍스트는 **서식해제**로 하고 단추는 L1:L2 범위에 위치시킨다.

10.2.1 매크로 생성

매크로 기록기(Macro Recorder)는 워크시트에서 작업하는 순서를 VBA 언어 형태로 기록한다. 매크로 기록기를 사용하여 매크로를 생성하려면 세심한 주의가 요구된다. 만약 매크로의 기록 과정에서 실수를 하게 되면 실수로 인해 발생하는 명령까지 모두 기록되기 때문이다. 매크로 기록기를 사용하려면 리본 메뉴 선택 탭에 개발 도구 탭이 있어야 한다.

 리본 메뉴 선택 탭에 개발 도구 탭이 없는 경우

개발 도구 리본 메뉴가 없다면 Office 버튼( ) → Excel 옵션 → 리본 메뉴에 개발 도구 탭 표시를 체크 → 확인을 차례로 클릭하여 개발 도구 탭을 추가해야 한다.

다음 따라하기는 매크로 요구 사항 ①에 따라 항목서식지정 매크로를 생성하는 실습이다.

따라하기

⊙ **동작 1** 완성된 기본 표에서 임의 셀을 선택한다.

⊙ **동작 2** 개발 도구 리본 메뉴에서 코드 그룹의 매크로 기록()을 클릭한다.

⊙ 〈그림 10.2〉와 같은 **매크로 기록 창**(대화 상자)이 열린다.

〈그림 10.2〉

⊙ **동작 3** 매크로 이름 상자의 임시 이름 Macro?을 지우고 항목서식지정을 입력한 후
확인 버튼을 클릭한다.

⊙ 개발 도구 리본에서 코드 그룹의 **매크로 기록**이 **기록 중지**()로 바뀌어 매크
로 기록 중임을 표시한다.

🔅 매크로 이름 작성 규칙

① 문자(영문자, 한글 문자) 혹은 밑줄을 사용하여 작성하고 공백을 포함하면 안 된다. ② 첫 글자는 반
드시 문자로 시작해야 한다. ③ 특수 기호(?, #, %, $, &, ! @ … 등)를 사용할 수 없다.

🔅 바로 가기 키의 용도

바로 가기 키는 작성된 매크로를 실행시키는 단축키를 지정한다. 예를 들어 대소문자 구분 없이
A를 입력하였다면 현재 작성 중인 항목서식지정 매크로는 Ctrl + A 키를 이용하여 실행시킬 수
있다.

▶ **동작 4**   A4:J4 범위를 선택하고 홈 리본 메뉴에서 글꼴 : 돋움체, 굵게, 글꼴 크기 :
12, 글꼴 색 : 진한 파랑, 배경 : 흰색, 배경 1, 15% 더 어둡게 셀 서식을 적용
하고 임의 셀을 선택한다.

   ⊙ A4:J4 범위의 셀 서식 지정이 항목서식지정 매크로로 기록된다.

▶ **동작 5**   개발 도구 리본 메뉴의 기록 중지(■)를 클릭한다.

   ⊙ 기록이 중지되고 항목서식지정 매크로가 만들어 진다.

☀ 매크로를 기록할 때 실수한 경우

가장 간단한 방법은 만들어진 매크로를 무시하고 새로 만든다.

다음 따라하기는 매크로 요구 사항 ②에 따라 항목서식해제 매크로를 생성하는 실습이다.

📑 따라하기

▶ **동작 1**   완성된 기본 표에서 임의 셀을 선택한다.

▶ **동작 2**   개발 도구 리본 메뉴에서 코드 그룹의 매크로 기록(📖)을 클릭한다.

   ⊙ 매크로 기록 창이 열린다.

▶ **동작 3**   매크로 이름 상자의 임시 이름 Macro?을 지우고 항목서식해제을 입력한 후
확인 버튼을 클릭한다.

   ⊙ 개발 도구 리본에서 코드 그룹의 **매크로 기록**이 **기록 중지**(■)로 바뀌어 매크
로 기록이 되고 있음을 표시한다.

▶ **동작 4**   A4:J4 범위를 선택하고 글꼴 : 맑은 고딕, 굵게를 클릭하여 해제, 글꼴 크기 :
11, 글꼴 색 : 자동, 배경 : 채우기 없음으로 셀 서식을 적용하고 임의 셀을 선
택한다.

   ⊙ A4:J4 범위의 셀 서식 지정이 항목서식해제 매크로로 기록된다.

▶ **동작 5**

개발 도구 리본 메뉴의 기록 중지(■)를 클릭한다.

　　　　⊙ 기록이 중지되고 항목서식해제 매크로가 만들어 진다.

10.2.2 매크로의 실행

매크로는 실행 창 , 바로 가기 키, 양식 컨틀롤, 도형, 매크로 등 다양한 방법으로 실행할
수 있다. 개발 도구 리본 메뉴의 Visual Basic을 사용하면 VBA로 기록된 매크로 코드를
볼 수 있다.

다음 따라하기는 매크로 실행 창으로 항목서식지정 매크로와 항목서식해제 매크로를 번갈
아 실행시키는 실습이다.

📇 따라하기

▶ **동작 1**　개발 도구 리본 메뉴에서 코드 그룹의 매크로(■)를 클릭한다.

　　　⊙ 〈그림 10.3〉과 같은 매크로 창이 열린다.

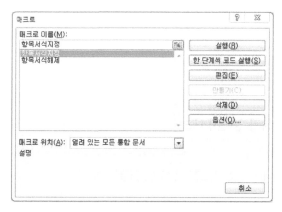

〈그림 10.3〉

▶ **동작 2**　항목서식지정 매크로를 선택하고 실행 버튼을 클릭한다.

　　　⊙ 항목서식지정 매크로로 A4:J4 범위의 셀 서식이 지정된다.

▶ **동작 3** 동일한 방법으로 항목서식해제 매크로를 실행한다.

  ▶ 항목서식해제 매크로로 A4:J4 범위의 셀 서식이 지정된다.

▶ **동작 4** 동일한 방법으로 항목서식지정 매크로를 실행한 후 항목서식해제 매크로를
    실행한다.

  ▶ A4:J4 범위의 셀 서식이 항목서식지정과 항목서식해제 매크로로 번갈아 실행
    된다.

다음 따라하기는 양식 컨트롤의 단추를 L1:L2 범위에 만든 후 항목서식지정 매크로를 연
결하여 실행하는 실습이다.

🖹 따라하기

▶ **동작 1** 개발 도구 리본 메뉴에서 컨트롤 그룹의 삽입(🗼)를 클릭한 후 양식 컨트롤
    에서 **단추(▰)**를 클릭하여 〈그림 10.4〉와 같이 L1:L2 범위에 삽입한다.

  ▶ 단추가 삽입되고 매크로 지정 창이 열린다. 단추 1은 임시로 부여된 텍스트로
    번호는 다를 수 있다.

〈그림 10.4〉

▶ **동작 2** 매크로 지정 창에서 매크로 이름으로 항목서식지정을 선택하고 확인 버튼을
    클릭한다.

  ▶ 항목서식지정 매크로가 단추에 연결된다.

💡 **단추는 삽입되었으나 매크로 지정 창이 안 열리는 경우**

단추에서 우측 버튼 → 매크로 지정하면 매크로 지정 창이 열린다.

▶ **동작 3** 텍스트 단추 1을 클릭한 후 텍스트 수정 모드에서 단추 1을 지우고 서식지정을 입력하고 임의 셀을 클릭한다.

  ⑤ 단추 내의 텍스트가 서식지정으로 변경되고 단추 활성 점이 없어진다.

▶ **동작 4** 동일한 방법으로 L4:L5 범위에 **단추**를 삽입한 후 서식지정해제 매크로를 연결하고 텍스트는 서식해제로 변경하고 임의 셀을 선택한다.

  ⑤ 단추에 항목서식해제 매크로가 연결된다.

▶ **동작 5** L1:L2 범위의 서식지정 버튼을 클릭한다.

  ⑤ 항목서식지정 매크로가 실행된다.

▶ **동작 6** L4:L5 범위의 서식해제 버튼을 클릭한다.

  ⑤ 항목서식해제 매크로가 실행된다.

▶ **동작 7** 서식지정과 서식해제 버튼을 번갈아 클릭한다.

  ⑤ 항목서식지정과 항목서식해제 매크로가 번갈아 실행된다.

요구 사항

③ A1:J1 범위를 **병합하고 가운데 맞춤**한 후 글꼴 : 돋움체, 굵게, 글꼴 크기 : 16, 글꼴 색 : 진한 파랑을 적용하는 매크로를 생성하고 매크로 실행은 기본 도형의 웃는 얼굴(☺)을 이용하여 실행하라.

  • **매크로 이름**은 제목서식지정으로 하고 매크로 실행은 기본 도형의 웃는 얼굴을 이용하여 실행하라. 도형은 L7:L8 범위에 위치시킨다.

④ 병합된 A1셀을 해제하고 글꼴 : 맑은 고딕, 굵게 → 해제, 글꼴 크기 : 11, 글꼴 색 : 자동을 적용하는 매크로를 생성하고 매크로 실행은 기본 도형의 해(☼)를 이용하여 실행하라.

  • **매크로 이름**은 제목서식해제로 하고 매크로 실행은 기본 도형의 해를 이용하여 실행하라. 도형은 L10:L11 범위에 위치시킨다.

다음 따라하기는 매크로 요구 사항 ③따라 제목서식지정 매크로를 생성하고 웃는 얼굴(☺) 도형을 이용해 실행시키는 실습이다.

따라하기

▶ **동작 1**   기본 표에서 임의 셀을 선택한다.

▶ **동작 2**   개발 도구 리본 메뉴에서 코드 그룹의 매크로 기록(🔲)을 클릭한다.

     ▶ 매크로 기록 창이 열린다.

▶ **동작 3**   매크로 이름 상자의 임시 이름 Macro?을 지우고 제목서식지정을 입력한 후 확인 버튼을 클릭한다.

     ▶ 개발 도구 리본에서 코드 그룹의 **매크로 기록**이 **기록 중지**(▪)로 바뀌어 매크로 기록이 되고 있음을 표시한다.

▶ **동작 4**   A1:J1 범위를 선택하고 홈 리본 메뉴에서 맞춤 그룹의 **병합하고 가운데 맞춤**을 클릭한 후 글꼴 : 돋움체, 굵게, 글꼴 크기 : 16, 글꼴 색 : 진한 파랑을 적용하고 **다른 셀**을 선택한다.

     ▶ A1:J1 범위의 셀 서식 지정이 제목서식지정 매크로로 기록된다.

▶ **동작 5**   개발 도구 리본 메뉴의 기록 중지(▪)를 클릭한다.

     ▶ 기록이 중지되고 제목서식지정 매크로가 만들어 진다.

▶ **동작 6**   삽입 리본 메뉴에서 일러스트레이션 그룹의 도형(▨)를 클릭한 후 기본 도형에서 웃는 얼굴(☺)을 선택하여 〈그림 10.5〉와 같이 L7:L8 범위에 삽입한다.

     ▶ 웃는 얼굴 도형이 삽입되고 활성 점이 표시된다.

〈그림 10.5〉

동작 7 삽입된 웃는 얼굴 도형에서 우측 버튼을 클릭하여 표시된 팝업 메뉴에서 매크로 지정을 클릭한다.
⊙ 매크로 지정 창이 열린다.

동작 8 매크로 지정 창에서 제목서식지정 매크로를 선택하고 확인 버튼을 클릭한다.
⊙ 웃는 얼굴 도형에 제목서식지정 매크로가 지정된다.

다음 따라하기는 매크로 요구 사항 ④따라 제목서식해제 매크로를 생성하고 해(☼) 도형을 이용해 실행시키는 실습이다.

📑 따라하기

동작 1 기본 표에서 A1셀이 아닌 임의 셀을 선택한다.

> 💡 **A1셀이 아닌 다른 임의 셀을 클릭하는 이유**
>
> A1:J1 범위는 A1셀로 병합되어 있으므로 A1셀이 선택된 상태에서 매크로 기록을 하는 실수를 범할 수 있다. 이러한 실수를 하지 않으려면 A1이 아닌 다른 셀을 선택한 상태에서 매크로를 기록하는 것이 바람직하다.

동작 2 개발 도구 리본 메뉴에서 코드 그룹의 매크로 기록(📄)을 클릭한 후 매크로 이름 상자의 임시 이름 Macro?을 지우고 제목서식해제를 입력한 후 확인 버튼을 클릭한다.
⊙ 개발 도구 리본에서 코드 그룹의 **매크로 기록**이 **기록 중지**(⬛)로 바뀌어 매크로 기록이 되고 있음을 표시한다.

동작 3 A1셀을 선택하고 홈 리본 메뉴에서 맞춤 그룹에 있는 병합하고 가운데 맞춤의 아래쪽 방향 화살표 클릭한 후 셀 분할을 클릭한다.
⊙ 병합된 A1:J1 범위의 셀이 분할 된다.

▶ **동작4** 홈 리본 메뉴에서 글꼴 : 맑은 고딕, 굵게 → 해제, 글꼴 크기 : 11, 글꼴 색 : 자동을 적용하고 다른 셀을 선택한다.

▶ **동작5** 개발 도구 리본 메뉴의 기록 중지(■)를 클릭한다.

　▶ 기록이 중지되고 제목서식해제 매크로가 만들어 진다.

▶ **동작6** 삽입 리본 메뉴에서 일러스트레이션 그룹의 도형(🔲)를 클릭한 후 기본 도형에서 해(⚙)를 선택하여 L10:L11 범위에 삽입하고 제목서식해제 매크로를 지정한다. 완료되었으면 임의 셀을 클릭한다.

　▶ 해 도형에 제목서식해제 매크로가 지정된다.

▶ **동작7** 웃는 얼굴(☺) 도형을 클릭하여 제목서식지정 매크로를 실행하고 해(⚙) 도형을 클릭하여 제목서식해제 매크로를 실행시킨다.

　▶ 번갈아 실행시켜 매크로가 정상적으로 작동하는지 확인한다.

10.3 매크로 활용

매크로는 반복 처리해야 하는 업무를 간단하게 자동화 시킬 수 있지만 여러 가지 한계가 있다. 그러나 VBA 코드를 이용하면 매크로에서 할 수 없는 복잡한 업무를 세련되게 자동화 시킬 수 있다. 매크로를 이용한 예는 앞서 언급한 셀 서식 지정 외에도 특정 범위의 계산을 수행하는 매크로를 생성하여 사용하거나 고급 필터에서 특정 레코드를 추출해내는 매크로를 생성해 사용할 수 있다.

요구 사항

⑤ A30:A31 범위에 특정 과정반(수영A)을 검색하여 다른 장소(A33:J33셀)에 복사하는 고급 필터 매크로를 작성하고 이를 이용하여 다른 과정반도 검색하라.

　• 매크로 이름은 **과정반검색**으로 하고 **매크로 실행**은 양식 컨트롤의 단추를 이용하여 실행하라. 단추는 B30:B31 범위에 위치시킨다.

다음 따라하기는 매크로 요구 사항 ⑤따라 과정반검색 매크로를 생성하고 양식 컨트롤의 단추를 이용해 실행시키는 실습이다.

📇 따라하기

▶ **동작 1**   A30셀에 과정반을 입력하고 A31셀에 수영A를 입력한다.

　　　　　▶ 고급 필터 사용을 위한 조건이 A30:A31 범위에 작성된다.

▶ **동작 2**   개발 도구 리본 메뉴에서 코드 그룹의 **매크로 기록**(🖼)을 클릭한다.

　　　　　▶ 매크로 기록 창이 열린다.

▶ **동작 3**   매크로 이름 상자의 임시 이름 Macro?을 지우고 **과정반검색**을 입력한 후 확인 버튼을 클릭한다.

　　　　　▶ **매크로 기록**이 **기록 중지**(◻)로 바뀌어 매크로 기록이 되고 있음을 표시한다.

▶ **동작 4**   A4:J27 범위를 선택하고 데이터 리본 메뉴에서 정렬 및 필터 그룹의 고급을 클릭한다.

　　　　　▶ 고급 필터 창(대화 상자)가 열리고 목록 범위는 $A$4:$J$27로 지정되어 있다.

▶ **동작 5**   조건 범위의 범위 지정 버튼을 이용하여 A30:A31 범위를 선택한다.

　　　　　▶ 조건 범위가 $A$30:$A$31로 지정된다.

▶ **동작 6**   다른 장소에 복사를 클릭한 후 복사 위치의 범위 지정 버튼을 이용하여 A33:J33셀을 선택한다.

　　　　　▶ 복사 위치가 $A$33:$J$33셀로 지정된다.

💡 복사 위치를 A33만 선택하지 않은 이유

데이터를 복사할 위치를 A33만 선택하면 고급 필터에서 한번은 정상적으로 레코드가 추출되지만 반복하여 추출할 경우 레코드 전체가 검색되지 않고 A33셀 필드만 반복하여 검색되기 때문이다.

▶ **동작7** 확인 버튼을 클릭한다.

　⊙ A33셀에 검색된 수영A 과정반 레코드가 검색되어 복사된다.

▶ **동작8** 개발 도구 리본 메뉴에서 코드 그룹의 매크로 중지를 클릭한다.

　⊙ 과정반검색 매크로의 작성이 완료된다.

▶ **동작9** 개발 도구 리본 메뉴에서 컨트롤 그룹의 삽입(🔧)를 클릭한 후 양식 컨트롤
에서 **단추(▬)**를 클릭하여 B30:B31 범위에 삽입한다.

　⊙ 매크로 지정 창이 열린다.

▶ **동작10** 매크로 지정 창에서 매크로 이름으로 **과정반검색**을 선택하고 확인 버튼을
클릭한다.

　⊙ 과정반검색 매크로가 단추에 연결된다.

▶ **동작11** 텍스트 단추 ?을 클릭한 후 텍스트 수정 모드에서 단추 ?을 지우고 **과정반검
색**을 입력하고 임의 셀을 클릭한다.

　⊙ 단추 내의 텍스트가 과정반검색으로 변경되고 단추 활성 점이 없어진다.

▶ **동작12** A31셀에 **헬스A**를 입력하고 **과정반검색** 버튼을 클릭한다.

　⊙ A33:J33 범위 아래에 헬스A 과정반 레코드가 검색된다.

💡 **정상적으로 검색되지 않을 경우**

위 따라하기의 동작1에서 동작12까지를 차근하게 다시 반복한다.

▶ **동작13** A31셀에 **요가***를 입력하고 **과정반검색** 버튼을 클릭한다.

　⊙ 모든 요가반이 검색된다.

▶ **동작14** A31셀에 **헬***를 입력하고 **과정반검색** 버튼을 클릭한다.

　⊙ 헬자로 시작하는 모든 헬스 반이 검색된다.

⊙ **동작15** A31셀에 수영B를 입력하고 과정반검색 버튼을 클릭한다.

⊙ 수영B 과정반이 검색된다.

⊙ **동작16** 완성된 문서를 매크로가 포함된 **회원현황12월**로 저장한다.

🔆 **매크로가 포함된 통합 문서의 저장**

회원현황12월로 저장하기 위해 저장 버튼을 클릭하면 VB 통합 문서의 저장 여부를 묻는 창이 열린다. 이 경우 매크로의 VB 코드를 저장하려면 창에 표시된 내용을 잘 읽어 본 후 아니오를 클릭하여 저장하면 VB가 포함된 문서로 저장된다. 예를 클릭하면 VB 코드는 저장되지 않는다. VB 포함 여부를 묻는 이유는 VB 코드가 바이러스에 취약하므로 통합 문서를 사전에 보호하기 위함이다. 만약 VB 코드를 함께 저장하였다면 바이러스 감염에 주의를 기울여야 한다.

10.4 연습 문제

기본 표를 이용하여 매크로 요구 사항 ⑥과 ⑦을 처리하는 매크로를 생성한 후 양식 컨트롤의 단추를 이용하여 실행시키고 이를 이용하여 특정 레코드를 검색하라.

요구 사항

⑥ D30:D31 범위에 **특정 성명(맹도리)을 검색**하여 다른 **장소(A33:J33셀)에 복사**하는 고급 필터 매크로를 작성하고 이를 이용하여 다른 성명도 검색하라.

- **매크로 이름**은 **성명검색**으로 하고 **매크로 실행**은 양식 컨트롤의 **단추**를 이용하여 실행하라. 단추는 E30:E31 범위에 위치시키고 단추의 **텍스트**는 **성명검색**으로 한다.
- 성명검색 버튼(단추)를 이용하여 공도수 레코드를 검색하라.
- 성명검색 버튼(단추)를 이용하여 허삼순 레코드를 검색하라.
- 성명검색 버튼(단추)를 이용하여 김씨 성을 가진 레코드를 모두 검색하라.
- 성명검색 버튼(단추)를 이용하여 이씨 성을 가진 레코드를 모두 검색하라.

⑦ G30:G31 범위에 **특정 체중(>=80)을 검색**하여 다른 **장소(A33:J33셀)에 복사**하는 고급 필터 매크로를 작성하고 이를 이용하여 다른 체중도 검색하라.

- **매크로 이름**은 **체중검색**으로 하고 **매크로 실행**은 양식 컨트롤의 **단추**를 이용하여 실행하라. 단추는 F30:F31 범위에 위치시키고 단추의 **텍스트**는 **체중별검색**으로 한다.
- 체중별검색 버튼(단추)를 이용하여 체중이 60이상인 회원을 검색하라.
- 체중별검색 버튼(단추)를 이용하여 체중이 55이하인 회원을 검색하라.
- 체중별검색 버튼(단추)를 이용하여 체중이 55이하인 회원을 검색하라.
- 최종 완성된 문서를 매크로가 포함된 **회원현황12월**로 재저장하라.

※ 매크로가 생성되어 양식 컨트롤의 단추가 삽입된 결과는 〈그림 10.6〉과 같다.

〈그림 10.6〉

10.5 필기 연습 문제

1. 다음 중 아래의 [매크로 기록] 대화상자의 각 항목에 입력하는 내용으로 옳지 않은 것은?
   14년 2회 기출

① 매크로 이름을 '매크로 연습'으로 입력하였다.

② 바로 가기 키 값을 'm'으로 입력하였다.

③ 매크로 저장 위치를 '새 통합 문서'로 지정하였다.

④ 설명에 매크로 기록자의 이름, 기록한 날짜, 간단한 설명 등을 기록하였다.

2. 다음 중 매크로 기록에 대한 설명으로 옳은 것은? 14년 3회 기출

① 매크로 이름의 첫 글자는 반드시 숫자이어야 하며, 문자, 숫자, 공백문자 등을 혼합하여 지정할 수 있다.

② 매크로의 바로가기 키는 숫자 0~9 중에서 선택하여 사용해야 한다.

③ 선택된 셀의 위치에서 매크로가 실행되도록 하려면 상대 참조로 기록해야 한다.

④ 매크로 기록 후 매크로의 이름은 변경할 수 없으나 바로 가기 키는 변경할 수 있다.

3. 다음 중 매크로를 실행하는 방법에 대한 설명으로 옳지 않은 것은? 14년 3회 기출

① [개발도구]-[코드] 그룹의 [매크로]를 클릭한 후 매크로를 선택하여 실행한다.

② 셀의 바로 가기 메뉴에서 [매크로 지정]을 클릭하여 셀에 매크로를 연결한 후 실행한다.

③ 매크로를 기록할 때 지정한 바로 가기 키를 눌러 실행한다.

④ 빠른 실행 도구 모음에 매크로를 선택하여 아이콘으로 추가한 후 아이콘을 클릭하여 실행한다.

4. 다음 중 매크로에 관한 설명으로 옳지 않은 것은? 14년 1회 기출

① 매크로 이름은 자동으로 부여되며, 변경할 수 있다.

② 매크로의 바로 가기 키는 〈Ctrl〉과 영문자 또는 숫자로 조합하여 사용할 수 있다.

③ 매크로는 해당 작업에 대한 일련의 명령과 함수를 비주얼 베이직 모듈로 저장한 것이다.

④ 매크로가 저장되는 위치는 '개인용 매크로 통합 문서', '새 통합 문서', '현재 통합 문서' 중
선택하여 지정할 수 있다.

5. 다음 중 선택 가능한 매크로 보안 설정으로 옳지 않은 것은? 14년 1회 기출

① 모든 매크로 제외(알림 표시 없음)

② 모든 매크로 제외(알림 표시)

③ 디지털 서명된 매크로만 포함

④ 모든 매크로 포함(알림 표시)

6. 다음 중 아래의 매크로 대화상자에 대한 설명에서 괄호 안에 들어갈 용어로 옳은 것은?
2015년 3회

> 매크로 대화상자의 (㉮) 단추는 바로 가기 키나 설명을 변경할 수 있고, (㉯) 단추는 매크로
> 이름이나 명령 코드를 수정할 수 있다.

① ㉮-옵션, ㉯-편집　　　　　　　　② ㉮-편집, ㉯-옵션

③ ㉮-매크로, ㉯-보기 편집　　　　　④ ㉮-편집, ㉯-매크로 보기

7. 다음 중 매크로에 대한 설명으로 옳지 않은 것은? 2015년 3회

① 모든 통합 문서에서 매크로를 실행시키고자 할 경우 '개인용 매크로 통합 문서'로 저장
위치를 설정한다.

② 매크로 이름에는 공백이 포함될 수 없으며 항상 문자로 시작되어야 한다.

③ 매크로는 VBA 언어로 기록되며, 잘못 기록하더라도 Visual Basic 편집기를 사용하여
매크로를 편집할 수 있다.

④ 바로 가기 키로 엑셀에서 이미 사용하고 있는 바로 가기 키를 지정할 수 있으나, 바로 가
기 키로 매크로를 실행하면 오류 메시지가 표시된다.

8. 다음 중 매크로의 바로 가기 키에 관한 설명으로 옳지 않은 것은? 2017년1회

① 기본적으로 조합키 〈Ctrl〉과 함께 사용할 영문자를 지정 한다.

② 바로 가기 키 지정 시 영문자를 대문자로 입력하면 조합키는 〈Ctrl〉+〈Shift〉로 변경된다.

③ 바로 가기 키로 영문자와 숫자를 함께 지정할 때에는 조합키로 〈Alt〉를 함께 사용해야 한다.

④ 바로 가기 키를 지정하지 않아도 매크로를 기록할 수 있다.

9. 다음 중 매크로의 바로 가기 키에 대한 설명으로 옳지 않은 것은? 2016년 3회

① 바로 가기 키는 수정할 수 있다.

② 기본적으로 〈Ctrl〉키와 조합하여 사용하지만 대문자로 지정하면 〈Shift〉키가 자동으로 덧붙는다.

③ 바로 가기 키의 조합 문자는 영문자만 가능하고, 바로 가기 키를 설정하지 않아도 매크로를 생성할 수 있다.

④ 엑셀에서 기본적으로 지정되어 있는 바로 가기 키는 매크로의 바로 가기 키로 지정할 수 없다.

10. 다음 중 매크로의 특징에 대한 설명으로 옳지 않은 것은? 2017년1회

① 매크로 기록을 시작한 후의 키보드나 마우스 동작은 VBA 언어로 작성된 매크로 프로그램으로 자동 생성된다.

② 기록한 매크로는 편집할 수 없으므로 기능과 조작을 추가 또는 삭제할 수 없다.

③ 매크로 실행의 바로 가기 키가 엑셀의 바로 가기 키보다 우선한다.

④ 도형을 이용하여 작성된 텍스트 상자에 매크로를 지정한 후 매크로를 실행할 수 있다.

11. 다음 중 매크로에 관한 설명으로 옳지 않은 것은? 2016년 1회

① 매크로 이름은 자동으로 부여되며, 사용자가 변경할 수 있다.

② 매크로의 바로 가기 키는 〈Ctrl〉과 영문자 또는 숫자를 조합하여 사용할 수 있다.

③ 매크로는 해당 작업에 대한 일련의 명령과 함수를 비주얼 베이직 모듈로 저장한 것이다.

④ 매크로가 저장되는 위치는 '개인용 매크로 통합 문서', '새 통합 문서', '현재 통합 문서' 중에서 선택할 수 있다.

12. 다음 중 [보안 센터] 창의 [매크로 설정]에서 [신뢰할 수 없는 위치에 있는 문서의 매크로]에 대한 선택 항목으로 옳지 않은 것은? 2016년 1회

① 모든 매크로 제외(알림 표시 없음)

② 모든 매크로 제외(알림 표시)

③ 디지털 서명된 매크로만 포함

④ 모든 매크로 포함(기본 설정, 알림 표시)

13. 다음 중 아래의 괄호 안에 들어갈 단추명이 바르게 연결된 것은? 2016년 2회

> 매크로 대화상자의 (㉮) 단추는 바로 가기 키나 설명을 변경할 수 있고, (㉯) 단추는 매크로 이름이나 명령 코드를 수정할 수 있다.

① ㉮-옵션, ㉯-편집

② ㉮-편집, ㉯-옵션

③ ㉮-매크로, ㉯-보기 편집

④ ㉮-편집, ㉯-매크로 보기

14. 다음 중 매크로에 대한 설명으로 옳지 않은 것은? 2016년 2회

① 매크로 이름은 대소문자를 구분하지 않으며, 공백이나 마침표를 포함하여 매크로 이름을 설정할 수 있다.

② 매크로를 실행할 〈Ctrl〉키 조합 바로 가기 키는 매크로가 포함된 통합 문서가 열려 있는 동안 이와 동일한 기본 엑셀 바로 가기 키를 무시한다.

③ 매크로를 기록하는 경우 실행하려는 작업을 완료하는데 필요한 모든 단계가 매크로 레코더에 기록되며, 리본에서의 탐색은 기록에 포함되지 않는다.

④ 엑셀을 사용할 때마다 매크로를 사용할 수 있게 하려면 매크로 기록 시 매크로 저장 위치 목록에서 '개인용 매크로 통합 문서'를 선택한다.

15. 새 워크시트에서 [A1] 셀에 셀 포인터를 두고, [개발 도구] 탭의 [상대 참조로 기록]을 선택한 후 [매크로 기록]을 클릭하여 [그림1]과 같이 데이터를 입력하는 '매크로1'을 작성 하였다. 다음 중 [그림2]와 같이 [C3] 셀에 셀 포인터를 두고 '매크로1'을 실행한 경우 '성적 현황'이 입력되는 셀의 위치는? 2016년 3회

[그림 1]   [그림 2]

① [B1]   ② [C3]
③ [C4]   ④ [D3]

연습문제 해답

제1장

1	2	3	4	5	6	7	8	9	10	11
③	②	③	③	②	①	④	②	③	③	②

제2장

1	2	3	4	5	6	7	8	9	10	11	12	13	14	15
②	③	②	②	①	④	④	③	③	②	②	①	③	③	④

16	17	18	19	20	21	22								
②	④	②	③	④	④	③								

제3장

1	2	3	4	5	6	7	8	9	10	11	12	13	14	15
③	②	③	③	④	③	③	①	③	③	④	④	②	②	①

16	17													
②	③													

제4장

1	2	3	4	5	6	7	8	9	10	11	12	13	14	15
④	④	②	①	④	①	④	①	③	④	④	②	③	①	④

16	17													
②														

제5장

5.8

1	2	3	4	5	6	7	8	9	10	11	12	13
①	④	①	②	②	④	①	④	①	③	①	④	②

5.9

1	2	3	4	5	6	7	8	9	10	11	12	13	14
②	②	④	③	③	③	②	③	③	④	③	②	②, ④	④

15	16	17	18	19	20	21	22
①	①	④	③	③	③	①	③

제6장

6.2

1	2	3	4	5
①	②	②	①	②

6.5

1	2
①	③

제7장

1	2	3	4	5	6	7	8	9	10	11	12	13
①	③	③	②	②	②	③	②	②	①	④	②	③

제8장

1	2	3	4	5	6	7	8	9	10	11	12	13	14	15
①	④	①	③	②	②	④	②	③	①	③	④	④	③	③

16	17	18
③	③	②

제9장

1	2	3	4	5	6	7	8	9	10	11
①	④	①	④	④	①	②	③	②	④	②

제10장

1	2	3	4	5	6	7	8	9	10	11	12	13	14	15
①	③	②	②	④	①	④	③	④	②	②	④	①	①	④

INDEX

A

AND	112
ascending	115
AVERAGE	240

B

Backstage	16

C

COUNT	241
COUNTA	241
COUNTIF	241

D

DA	198
DCOUNT	198
DCOUNTA	198
descending	115
DMAX	198
DMIN	198
DSTDEV	198
DSTDEVP	198
DSUM	198
DVAR	198
DVAR DVARP	200
DVARP	198

E

Excel	12
Excel 통합 문서	57

H

HLOOKUP	206

I

IF	109
INDEX	247, 251

M

Macro	295
Macro Recorder	296
MAX	240
MIN	240

N

NOT	112

O

OR	112

R

RANK	151
ROUND	82
ROUNDDOWN	82
ROUNDUP	82

S

sort	115
Spread	12
SUM	81

T

TODAY 243

V

VBA 295

Visual Basic 299

VLOOKUP 206

W

WEEKDAY 244

Worksheet 16

ㄱ

계산 필드 283

고급 필터 189

ㄴ

날짜 데이터 48

날짜 서식 52

내림차순 115

논리 함수 112

ㄷ

데이터 레이블 167

데이터 맞춤 50

ㄹ

리본 메뉴 15

ㅁ

매크로 295

매크로 기록기 296

묶은 세로 막대형 차트 165

ㅂ

백스테이지 16

부분합 계산 142

빠른 실행 도구 모음 15

ㅅ

사용자 지정 목록 120

상대 참조 셀 148

서식 파일 29

셀 배경색 41

셀 범위 29

셀 범위 선택 29

셀 범위 참조 29

셀 병합 54

셀 서식 50

셀 선택 20

셀 주소 19

셀 포인터 19

수식 76

수식 복사 80

숫자 데이터 47

쉼표 스타일 52

스프레드시트 12

시트 탭 17

ㅇ

양식 컨트롤 247

엑셀 12

여백 조절	90
연속 항목 입력	73
열 너비 조절	54
열 삽입	86
오름차순	115
워크시트	16
워크시트 이름	17
윤곽 기호	154
응용 패키지	12
이름 상자	19
인쇄 미리 보기	87
인쇄 옵션	91

ㅈ

자동 필터	186
절대 참조 셀	148
정렬	115
제목 표시줄	15

ㅊ

차트	160
축 서식	216

ㅋ

콤보 상자	248

ㅌ

테두리 적용	28
텍스트 데이터	44

ㅍ

패키지	12
페이지 설정	89
표시 형식 그룹	52
피벗 테이블 보고서	266
필터	186

ㅎ

행 높이	55
행 삽입	85
홈 탭	15
확장자	57

엑셀 실전솔루션

1판 1쇄 발행 2018년 02월 26일
1판 5쇄 발행 2024년 03월 04일
저   자 강경원
발 행 인 이범만
발 행 처 **21세기사** (제406-2004-00015호)
　　　　　경기도 파주시 산남로 72-16 (10882)
　　　　　Tel. 031-942-7861　　　Fax. 031-942-7864
　　　　　E-mail : 21cbook@naver.com
　　　　　Home-page : www.21cbook.co.kr
　　　　　ISBN 978-89-8468-743-1

정가 25,000원